中南法律评论

第三辑

熊倍羚　主编

郑州大学出版社

图书在版编目(CIP)数据

中南法律评论. 第三辑/熊倍羚主编. —郑州：郑州大学
出版社，2022.12
ISBN 9787-5645-9190-8

Ⅰ.①中… Ⅱ.①熊… Ⅲ.①法律-文集
Ⅳ.①D9-53

中国版本图书馆 CIP 数据核字(2022)第 204651 号

中南法律评论. 第三辑

ZHONGNAN FALÜ PINGLUN. DI-SAN JI

策划编辑	王卫疆	封面设计	苏永生
责任编辑	宋妍妍	版式设计	凌 青
责任校对	樊建伟	责任监制	李瑞卿

出版发行	郑州大学出版社	地　址	郑州市大学路 40 号(450052)
出 版 人	孙保营	网　址	http://www.zzup.cn
经　销	全国新华书店	发行电话	0371-66966070
印　刷	郑州宁昌印务有限公司		
开　本	787 mm×1 092 mm　1/16		
印　张	13.75	字　数	290 千字
版　次	2022 年 12 月第 1 版	印　次	2022 年 12 月第 1 次印刷

书　号	ISBN 978-7-5645-9190-8	定　价	56.00 元

编 委 会

前　言

自 2018 年以来,《中南法律评论》一直秉持学术自主、关注现实的宗旨,致力于为法学生提供学术交流平台,以推动法学学科的纵深发展。通过各方的不懈努力,《中南法律评论》顺利完成了第三辑的组稿工作。在此特别向中南财经政法大学校长助理、国际交流部部长徐涤宇教授,中南财经政法大学法学院张家勇教授,中南财经政法大学法学院刘征峰副教授,中南财经政法大学法学院昝强龙老师以及中南财经政法大学研究生院和法学院的各位领导、老师表示衷心的感谢!同时,本书的审定也离不开《中南法律评论》编辑部全体成员的辛勤付出。其中,来自不同专业的硕士研究生、博士研究生以及知名院校的外审老师对文章进行了严格把关,感谢各位编辑和专家为审稿工作所做的贡献!

《中南法律评论》(第三辑)经编委会审核讨论,最终收录十四篇文章。作者分别来自清华大学、浙江大学、上海交通大学、中国人民大学、北京师范大学、四川大学、中央财经大学、中南财经政法大学、华东政法大学、沈阳师范大学、郑州师范学院等国内知名院校,值本辑出版之际,编写组衷心感谢各位作者的不吝赐稿!

本辑由"学术前沿""法学专论""实务研究"三个栏目组成。"学术前沿"紧扣学术热点,聚焦于主题"版权过滤义务",收录了来自中南财经政法大学硕士研究生李凡的一篇文章,就"通知—删除"规则展开讨论。"法学专论"注重理论探讨,共收录来自中南财经政法大学硕士研究生李东洋,中南财经政法大学硕士研究生庄鸿山,北京师范大学硕士研究生岳艾洁、刘素清,上海交通大学硕士研究生吴天然,郑州师范学院教师王艺玶,浙江大学本科生周冰,沈阳师范大学硕士研究生万文杰,华东政法大学博士研究生吴佳昊以及中国人民大学硕士研究生汪猷义的九篇文章,主题囊括《民法典》中的人格权禁令、法定代表人的越权代表行为、虚假疫情信息的刑法规制、作品的"实质性相似"判断规则、信息交流的反垄断法规制、次级债的风险监管、"绷扒吊拷"的历史演变、哈特的法律现实主义理论以及"严重市场扭曲"算法对 WTO 反倾销法律体系的影响。"实务研究"则关注实务研究,主要收录了来自清华大学硕士研究生黄昧,四川大学硕士研究生许源源、刘星辰,四川大学硕士研究生肖杨钟以及中央财经大学硕士研究生周远洋的四篇文章，其结合具体实践分别对行政行为撤销规则、检察官助理制度、认罪认罚从宽程序和国家监察制度展开分析。

本书编写组始终不忘初心，坚持与时俱进的理念，密切关注新时代下法学学科的前沿问题；坚持以质取稿的审稿原则，以严谨的审稿态度对待每位作者的来稿。但由于能力原因，还存在许多不足之处，望学界同仁给予谅解并指正。未来我们将努力改进、继续成长，为更多法学生提供展示自我的机会！

《中南法律评论》编写组

2022 年 3 月

目　录

学术前研

我国版权内容过滤义务构建之困境及破解

李 凡①

摘 要:网络版权内容过滤技术经过近几年的发展已日渐成熟和完善,为网络版权间接侵权规则的变革提供了新的方向与可能性。增设版权内容过滤义务不可避免地与避风港规则传统理念形成冲突,也从侧面印证了现有避风港规则亟待变革的现状。私法上审查义务应当纳入注意义务体系之中,版权过滤义务具有事前审查义务与事后补救义务的双重属性。此外,版权内容过滤义务的法定化不可一蹴而就,当前要以行业自治为主,辅以政府的适当引导与干预;而后不断总结实践经验和理论研究成果,循序渐进地推进"义务化"进程。在规范设计层面,要充分考虑版权过滤义务与个人隐私、言论自由等网络用户利益的冲突与平衡,考量与合理使用制度的兼容性,同时细化过滤义务的适用范围和过滤标准、允许公权力适当干预以保障多方主体利益。

关键词:注意义务 内容过滤技术 版权侵权 利益平衡

一、问题的提出

2019 年欧盟《数字化单一市场版权指令》第 17 条开创性地规定了平台需要承担主动审查的"过滤义务",改变了之前世界版权法体系中以"通知—删除"义务为基础的被动注意义务模式,为世界版权业者和研究人员所广泛关注。在内容过滤技术不够成熟的早期,过滤措施并不能有效区分版权侵权内容,反对设置版权内容过滤义务的观点层出不穷。如今在新技术和市场条件下,版权内容的技术比对更为准确,错误过滤概率大大降低,面对沉重的网络盗版压力,版权内容过滤措施保护版权的正面效用迅速增加。从提高整体社会福利角度出发,问题不在于是否应当实施版权内容过滤措施(答案无疑是肯定的),而在于如何实施,如何破解其适用困境,降低版权内容过滤技术可能被滥用的风险。不少学者们在借鉴研究欧盟《数字化单一市场版权指令》和

①李凡,中南财经政法大学知识产权学院 2022 级知识产权法学博士研究生;本文受高等学校学科创新引智计划(B156058)资助。

相关域外实践的基础上,对设置版权过滤义务的合理性与必要性作了充分的论证与分析,但对于设置版权内容过滤义务可能出现的现实困境和难点认识不清,有必要进行多层面的梳理和分析,以为相关难题的解决提供更为明晰的框架。

具体而言,版权过滤措施要真正落地,成为网络服务提供者特定情况下需要履行的法定义务,会面临多重阻碍:在立法层面,要妥善处理版权过滤义务与避风港规则内在理念之间的冲突,明确其在网络版权侵权责任规则中的定位。在可操作性层面,如何从现行的自愿建立模式过渡为"法定义务",如何通过制度设计平衡多方主体利益,以及细化过滤义务的范围和标准等问题,这些都是未来设置版权内容过滤义务时要面临的考验。本文拟对上述问题进行逐一分析,首先从重塑注意义务体系的角度回应实践中注意义务与审查义务混同的现状,明确版权过滤义务在立法层面上的内涵与定位问题;而后对当下版权过滤义务从"自愿性"过渡到"法定性"的问题进行分析,指出当前应当以行业自治为主,辅以政府的适当引导与干预等,市场运作逐渐趋于成熟和标准化,再总结实践经验和理论研究成果,制定法定化的版权过滤义务。最后,版权过滤义务的适用范围和过滤标准问题是规则设计的重难点,宽泛的在先审查义务不可取,应当秉持审慎的态度,限定过滤义务的适用范围和标准。

二、版权过滤义务的理论定位

(一)分析前提:注意义务体系的扩张与解读

当网络服务提供者采取过滤识别技术筛查平台版权侵权内容,其等同于承担了事前预防和主动审查侵权内容的义务;这与我国在借鉴和制定避风港规则时所秉持的"不要求网络服务提供者承担主动审查义务"似乎形成冲突。但事实上,该问题本质不是设置版权过滤义务与避风港规则之间的冲突,而是如何看待"主动审查义务"与"注意义务"之间关系的问题。美国《数字千年版权法》(Digital Millennium Copyright Act,DMCA)规定,网络服务提供者驶入避风港的前提是采取"标准技术措施"来防止版权侵权。最高人民法院《关于审理侵害信息网络传播权民事纠纷案件适用法律若干问题的规定》(以下简称《规定》)第8条也将网络服务提供者"已采取合理、有效的技术措施"作为认定其不具有过错的条件。可见,网络服务提供者的过错认定标准及注意义务程度会随着技术发展而提高。

司法实践中网络服务提供者的注意义务不断扩张,从避风港规则、红旗标准发展为同信息管理能力相适应的更高的注意义务,如《规定》要求在"重复侵权、直接获利"等特定情形下,网络服务提供者要承担更高的注意义务,随即在 XGLM 诉 KY 数码案①、HH

---

①上海知识产权法院(2016)沪 73 民终第 300 号民事判决书。

诉BDWK侵犯著作权纠纷案①、DYTC诉TD网络科技侵权案②等司法判例中也有所体现。这种发展趋势也导致注意义务不断向审查义务靠拢,引发了其与审查义务的冲突。究其缘由,是司法文件或案例判决中所提及的高注意义务弹性过大,内涵边界不明晰。法院基于强化网络版权保护的理念,在审理相关案件时常以网络服务提供者未达到更高的注意义务而认定其构成侵权,但又不能明确指出注意义务的具体内容,故实质上是在要求网络服务提供者履行普遍审查义务。有学者也指出,经司法实践发展而来的注意义务,在实践效果上等同于在承担审查义务。③ 实践上注意义务的扩张与理论上注意义务内涵的模糊性之间形成矛盾,也使版权过滤义务的定位难以明晰,无法确定其究竟属于避风港规则共识下不要求承担的版权审查义务,还是属于更高标准的注意义务。

在实践层面审查义务与注意义务已趋于混同的情况下,理论层面有必要做出回应,重塑注意义务体系,理想的方式是:摒弃过去以事前和事后为界限,将审查义务和注意义务区分开来的传统理解,将审查义务纳入注意义务范畴。这样可能有违于避风港规则中"不要求承担审查义务"的共识,但该共识缘于我国借鉴参考美国DMCA的相关规定,DMCA本身对事前审查义务的态度也是摇摆不定的。④ 为明确网络服务提供者不同于承担审查义务的出版商,只需要承担以过错为要件的间接侵权责任,DMCA第512条不要求网络服务提供者承担主动审查义务,但另一方面又委婉提及了某些情况下的监控义务,如适当采用"一些过滤技术防止侵权内容传播,并及时删除明显的侵权信息"等⑤,我国在借鉴避风港规则时,同样不要求网络服务提供者承担同出版商一样的审查义务,但却忽略了上述制度本身对于该问题的摇摆态度。

提高注意义务门槛,将审查义务应当作为注意义务的下位概念,重塑注意义务体系,这样更契合司法实践的发展趋势,也更符合注意义务的定位。依照侵权责任理论,注意义务是网络版权侵权认定之基石,因网络服务提供者是否"明知""应知"或者"知道"侵权行为的发生很难被认定和证明,故其主观过错的判断以及版权侵权责任的认定一般以注意义务的履行情况为准。因此,注意义务绝不应当仅仅限于事后采取合理措施的义务。原本相关司法文件的规定同样是将审查义务作为注意义务的一类⑥,只

①北京市海淀区人民法院(2012)海民初字第5558号民事判决书。

②北京市朝阳区人民法院(2011)朝民初字第14201号民事判决书。

③王杰:《网络存储空间服务提供者的注意义务新解》,《西北政法大学学报》(法律科学)2020年第3期。

④梁志文:《网络服务提供者的版权法规制模式》,《西北政法大学学报》(法律科学)2017年第2期。

⑤王迁:《网络环境中的著作权保护研究》,法律出版社2011年版,第42页。

⑥《关于审理著作权民事纠纷案件适用法律若干问题的解释》第20条规定:"出版者对于其出版行为的授权、稿件来源和署名、所编辑出版物的内容等未尽到合理注意义务的,依据《著作权法》第48条的规定,承担赔偿责任。"

是随着网络版权侵权纠纷兴起,受避风港规则中"不要求承担主动审查义务"观念的影响而未被提及。另外,将私法上的审查义务纳入注意义务之中,也有利于厘清与公法上审查义务的界限。我国相关公法规范在明确网络服务提供者的审查义务时,实质上将知识产权方面的审查义务也纳入了公法审查的范围内,造成民事与行政法律关系交叉,同时在某种程度上架空了避风港规则。[1]

(二)版权过滤义务的内涵

《著作权法》没有对属于间接或者帮助侵权行为的网络服务提供者的侵权责任进行具体规定,当前平台版权责任承担的法律主要由《民法典》侵权责任编第 1194~1197 条的相关规定构成,直接移植 DMCA 以"通知—删除"义务为基础的被动责任模式。

1. 事前审查义务与事后补救义务的多重作用

所谓事前审查义务,是指特定情形下,网络服务提供者需要运用版权内容过滤技术对用户上传内容进行事前审查,由于海量的用户内容难以通过人工审查的方式——予以识别,故需要借助自动化的内容过滤技术来节省人力物力成本。可见,网络服务提供者通过版权过滤技术对用户上传内容进行事前审查的版权过滤义务,属于事前注意义务的一种。一方面,网络服务提供者的角色有变,随着行业竞争的日益激烈和运营模式的革新,其不再单纯提供信息储存或者技术通道,而是积极参与到用户上传内容的编排、整理,关注用户需求和体验,根据实时情况促进相关作品的传播与推广,通过话题和奖励等方式激励用户上传具有影响力的优质内容。据此,以增设适当事前义务的方式来提高相关类别网络服务提供者的注意义务具有正当性。另一方面,各类新型技术的发展与升级使得大部分网络服务提供者在技术层面的运营管理能力都有了大幅度提高,设置与之技术水平相适应的事前义务也有利于达成新的利益平衡。

所谓事后补救义务,是指网络服务提供者在收到权利通知后删除相关侵权内容,并且运用版权过滤措施防止相同内容被再次上传。实质上是将避风港规则"通知—删除"的要求升级为"通知—屏蔽"。[2] 明确事后审查义务,可以显著减轻事前审查义务产生的经济成本,对抑制网络版权侵权现象能起到较大作用,同时也能兼顾版权方对作品使用多样化的需求。[3] 事后审查义务与特殊的事前审查义务相结合,能够重新恢复网络服务产业发展与创作者版权保护需求之间的平衡。

---

① 姚志伟:《技术性审查:网络服务提供者公法审查义务困境之破解》,《法商研究》2019 年第 1 期。
② 朱开鑫:《从"通知移除规则"到"通知屏蔽规则"——DMCA"避风港制度"现代化路径分析》,《电子知识产权》2020 年第 5 期。
③ 熊皓男:《论网络服务提供者的版权审查义务》,《电子知识产权》2021 年第 6 期。

2. 可作为侵权认定的考量因素之一

网络服务提供者的侵权认定须以存在主观过错为前提,是否履行版权过滤义务可以作为考量是否"明知"或"应知"的要素之一,但不可单独据此作出认定。理由在于:借助过滤技术分析得出的用户上传内容使用作品比例或者数量方面的相关结论属于技术判断,而侵权认定属于法律判断,二者不可等同。具体来说,使用他人作品并不必然构成侵权,在版权领域还存在着诸多限制与例外情形,而综合所有要素对侵权与否进行判定的工作无法靠机器全部完成。因此在建立版权内容过滤技术系统的同时,还要建立人工审查或救济机制予以辅助。

3. 有别于公法审查义务

需要注意的是,这里所说的版权过滤义务始终是侵权法意义上注意义务的一部分,有必要与行政管制意义上的强制审查义务区别开来。在网络盗版现象猖獗之时,版权权利人不满于避风港规则对网络服务提供者的"庇护",转而寻求行政执法等维权路径。公法意义上的审查义务在我国相关立法中已予以明确,例如我国《网络安全法》就规定了在发现侵权内容后如何制止并向行政部门通报的模式。① 而私法上的审查义务尚处于理论研讨阶段,或者通过解释论的方法在相关司法文件中可寻得踪迹。需要作出明确区分的意义在于,鉴于二者来源与性质的不同,故在对私法上的审查义务进行设计时,要注意在审查范围上不可重合,同时适用要件也要根据公私法规范的不同性质来作出区别性的规定。

三、版权过滤义务的设置路径:"自愿性"到"义务性"的过渡

前述分析是为解决设立版权过滤义务在立法层面上的规则冲突与定位问题,接下来要解决的则是版权过滤义务在操作性层面的障碍。我国目前仍然是自愿采取版权过滤措施,但从长远来看,其终究会发展成为义务性措施,只是这个实现的过程需要循序渐进,不可无视现实情况贸然推进。学界对版权过滤机制的"义务化"还存有较大争议,对于其作为法定义务是否会对创新和竞争带来潜在损害,这些都还没有达成统一共识。因此,最妥当的方式是在当前以行业自治为主,辅以政府的适当引导与干预;而后随着市场运作逐渐趋于成熟和标准化,再总结实践经验和理论研究成果,制定法定化的版权过滤义务。

---

① 《中华人民共和国网络安全法》第 47 条规定:"网络运营者应当加强对其用户发布的信息的管理,发现法律、行政法规禁止发布或者传输的信息的,应当立即停止传输该信息,采取消除等处置措施,防止信息扩散,保存有关记录,并向有关主管部门报告。"

（一）当前：以行业自治为主，政府适当引导与干预

网络版权侵权问题是产业和技术发展而带来的新挑战，在当前实践和理论层面都未能完全厘清该问题时，最好先将其作为自愿性安排交给市场去调节，以平台治理和行业自律的方式去应对。在《数字单一市场版权市场指令》中，欧盟除了实质性要求网络服务提供商承担主动义务外，还提出著作权人应当与网络服务提供商合作建立版权内容过滤机制，以对话协商的方式达成"最佳实践"，既考虑到网络服务的性质、技术水平和行业惯例，同时又要保障著作权人的合法利益，保证公开透明。我国也有很多网络服务平台积极采取自治举措的相关实践，例如几大网络视频平台联合发布的《中国短视频版权自律公约》，积极倡导以"黑名单"等方式防止侵权内容的上传。企鹅号也曾推出"版权人合伙计划"，让其从被动维权变为主动维权，为版权人提供声明版权、全网监测以及一键维权诉求的权益。在现有阶段，让平台结合自身经营情况判断是否有采取版权过滤措施的内在需求和市场竞争需要，自愿选择建立过滤系统或者寻求与著作权人的合作，是更合理的方式，同时在市场实践下，也能逐渐形成最佳的过滤技术标准与实践方案，为今后版权过滤措施的"义务化"奠定基础。

但不可否认的是，以服务商自愿建立又或者与著作权人合作开发版权过滤系统为主的实践存在以下困境：一是这样的合作被限定在有限范围内，例如 YOUTUBE 公司便只与通过其资格审核的版权人合作，其所能起到的效果和影响也是有限的。二是弱势著作权人在协商机制中没有话语权，难以确保自身合法权益得到充分保障。能充分参与协商对话，并且有能力与网络服务提供商相抗衡的版权人是少数，被赋予过滤审查保护的作品也多是大公司的作品，单个著作权人的审查请求往往得不到回应。三是协商对话机制可能会忽视用户利益，侵害其言论自由和合理使用作品的相关权益。因此，在协商对话模式还不够成熟，以及相关主体利益未能得到切实保障时，还是需要政府适当干预和引导。

具体而言，在建立协商对话模式初期，政府应当积极组织相关网络服务提供者共同探讨建立过滤机制以打击网络侵权盗版行为的问题，并积极引导各大网络平台与版权巨头、著作权集体管理组织以及知名著作权人之间的合作与对话，共同协商建立相应的过滤审查机制，尽可能达成双方主体利益共赢。

（二）今后：对特定主体设立法定版权过滤义务

经过市场运作而形成的版权过滤技术方案和为中小型服务商所用的第三方过滤系统已趋于成熟和标准化，在实践中逐步被落实。此时便可以总结实践经验和理论研究成果，制定法定化的版权过滤义务，从而有效矫正之前以避风港规则为基础的被动义务所存在的对权利人版权责任配置标准过高，对网络服务提供者版权责任配置标准过低的情况，实现以避风港规则为基础的被动注意义务和以"版权内容过滤义务"为

基础的主动审查义务的紧密结合和功能互补。① 因此,建议在《民法典》及相关法律中增加网络服务提供者"版权内容过滤义务"条款,实现网络服务平台版权责任配置标准以"通知—必要措施"为基础的被动注意义务模式向平台"版权过滤义务"和"通知—必要措施"义务两者相结合的被动注意和主动审查义务相结合的模式转型。具体来说,应当在当前《民法典》第1195条前面增加关于平台"版权过滤义务"的第一款,现有条款顺延成为第二款、第三款和第四款。法定化的规范设计要随着国内技术发展和对国内外相关实践情况的跟进和借鉴而不断调整,但可以达成共识的内容是:通常情况下网络服务提供者要依据当事人的请求采取过滤审查措施;从法律制度层面细化采取过滤义务的范围和量化标准;对成本分担问题着重考虑。新增条款可以表述如下:"网络服务提供者对于利用其控制的服务器进行传播的信息,应当采取以涉嫌侵权内容过滤为主的必要技术措施进行审查,阻止涉嫌侵权信息的传播;未采取必要技术措施进行审查导致相关侵权行为产生的,网络服务提供者与作出侵权行为的网络用户承担连带责任。"尽管目前施行版权过滤措施"义务化"困难重重,但可以相信,随着内容过滤技术容错率和精准率的进一步升级以及互联网海量信息时代的来临,将版权过滤技术作为网络服务提供者的法定义务仍然只是时间问题。②

四、版权内容过滤义务构建的现实思考

(一)与网络用户利益的冲突与平衡

在法律上明确网络服务提供者履行版权内容过滤义务的责任,需遵循利益平衡原则来构建具体实施细则。其中最值得关注的是其与个人用户利益的冲突,因著作权人在与网络平台博弈的过程中,个人用户的声音往往很容易被淹没③,同时以过滤技术来审查用户上传内容对用户利益的影响是多方面的,包括对用户言论自由的侵犯,对其合理使用行为的错误排除,以及对个人隐私的侵犯等。因此在设置版权过滤义务时,要注重对用户利益的保障,设计配套的错误过滤申诉机制。

1. 与用户隐私利益的冲突与平衡

版权内容过滤措施作为一种基于算法的技术规制,其当前缺少法律规制的公开透明或公众监督,不可避免地影响到网络用户的基本权益,其中争议之一就是实施版权

---

① 张晓君,上官鹏:《中国在线内容分享平台版权责任的配置路径——兼评〈数字化单一市场版权指令〉第17条平台承担"过滤义务"的观照》,《出版发行研究》2021年第7期。

② 崔国斌:《论网络服务商版权内容过滤义务》,《中国法学》2017年第2期。

③ 谭洋:《在线内容分享服务提供商的一般过滤义务——基于〈欧盟数字化单一市场版权指令〉》,《知识产权》2019年第6期。

内容过滤措施对网络用户个人隐私产生的影响。过去普遍认为,版权内容过滤措施以阻止盗版作品传播为目的,接触的是那些网站公开传播的信息,不涉及用户非公开交流的信息;过滤系统不需要永久存储用户传播的信息内容,更不需要存储和识别用户的身份信息。除非发生争议,也不需要人工接触过滤系统筛查的内容。因而,只要采取技术过滤的网络服务提供者将过滤范围严格限定在用户上传到运营商服务器并对外公开的内容,那么其几乎不可能接触并侵犯到设计用户合理隐私期待的网络信息。但此种观点过于粗糙和笼统。事实上,网络服务平台的内容过滤系统在运行过程中可能接触到的用户信息范围,以及可能对用户隐私产生的影响程度,需要考量更多实证因素,如商业模式、资源共享程度、信息传输与存储技术等。①

一方面,用户隐私权的保护程度与国家公共政策考量相挂钩,根据权利配置和社会福利优化的原则,如果保护版权所带来的社会收益足以弥补适度限制隐私权所带来的社会成本,决策者自然会要求网络服务商承担版权内容过滤义务。当今数字经济环境下,版权一定程度上代表着知识经济时代的财产秩序,是一种客观价值秩序的表达形式。能否维护良好的网络版权秩序也极大地影响着版权制度的运行效果。故版权内容过滤措施以阻止盗版作品传播,维护网络版权秩序为目的,具有一定的正当性。另一方面,版权内容过滤系统是计算机基于算法和模型作出的逻辑判断,例如哈希算法识别和指纹算法识别,目前还难以涉及解析以自然语言为基础的文件内容。② 换言之,以机器过滤为基础的内容过滤技术本身不会增加额外隐私风险,其筛查侵权作品的过程均在机器系统内部操作完成,不涉及向第三方披露或公开,不会对用户隐私造成实质性损害。波斯纳法官也曾指出,"计算机对于数据的初步过滤远远谈不上侵犯个人隐私(计算机并不是有意识的人)"。③

2. 与用户言论自由的冲突与平衡

作为阻止版权侵权言论传播的内容过滤机制本身并不需要考虑言论保护问题,其不直接损害公众的言论权利。在设计过滤措施时,决策者并不需要在著作权法的框架下引入或考虑额外的言论保护抗辩。但这仅仅是理想情况,版权过滤机制在阻止侵权内容传播的同时,不可避免会影响到一些合法内容的传播。④ 尽管网络服务商的过滤措施并非传统言论保护意义上的公法审查或限制措施,但其对网络用户的言论自由仍然会造成重大影响,要求其履行过程受到言论保护规则的有效约束,已经成为社会共识。

依照传统言论保护框架,判断一项限制言论的措施是否合理,要看其是否内容中立,根据其中立程度来选择恰当的言论保护标准。域外学者主张版权内容过滤措施属

---

①朱晓睿:《版权内容过滤措施与用户隐私的利益冲突与平衡》,《知识产权》2020 年第 10 期。
②李舟军,王昌宝:《基于深度学习的机器阅读理解综述》,《计算机科学》2019 年第 7 期。
③Richard Posner, Our Domestic Intelligence Crisis, Washington Post, December 21, 2005, p. 31.
④崔国斌:《网络版权内容过滤措施的言论保护审查》,《中外法学》2021 年第 2 期。

于内容中立的言论限制措施①,故可以采用较宽松的言论保护标准进行审查②,其中核心在于判断要素的后两项,即过滤措施适用范围和保留替代性选择。其一,要将版权过滤措施实施对象限制在合理范围之中,即仅针对"复制作品实质部分后的传播行为"进行审查和过滤,"演绎或接近合理使用的行为"则不应在过滤对象之列,理由是在现有技术和法律背景下,技术过滤系统尚且不能准确区分和识别出演绎或合理使用行为,而只有复制作品的内容达到实质比例后,该行为才大概率不会陷入演绎或合理使用的模糊边界,故版权内容过滤措施应当针对"复制作品实质部分并对外传播的侵权行为",才能大幅度降低侵犯合法言论的可能性。其二,版权过滤措施对网络内容进行审查时,要确保用户特定表达方式被阻止后还有其他足够的替代性选择。以当前常见的关键词过滤机制为例,该过滤机制可能很难满足这一要素,因用户的特定表达因某些关键词的存在被过滤或阻止后,其可能很难找到其他的关键词来准确替代,寻找替代表达,不断试错的过程也会付出相应成本。故版权过滤措施不一定能保证用户拥有充分的替代性表达渠道。

(二) 与合理使用制度的兼容性

过滤技术虽然可以精准识别信息内容和特征,但目前尚未智能化到可以区分合理使用行为,这始终是内容过滤技术作为版权侵权审查措施时最大的难点。过滤系统依靠算法支撑才能够得以运用,算法依靠具体参数才能起到作用,而合理使用制度则无法被算法化,版权过滤技术难以适应合理使用判断标准的不确定性。③ 讨论版权过滤措施与合理使用机制运行的兼容性,就要对合理使用是否可被算法"定量分析"进行探讨。

1. 通过定量分析确定最高限度的合理使用标准

依照现行《著作权法》第 24 条,"适当引用""不可避免地再现或者引用""少量复制"等均体现了合理使用制度的规范要求——适量使用。如果超出合理必要的数量限度,就会对正常作品造成影响,不符合合理使用的条件。在这一点上,版权过滤技术能够实现对文字作品、视听作品等进行重复率检测,从而从量化上判断使用是否适当。此外,尽管合理使用的判断标准始终存在抽象化的问题,但通过内容过滤技术,可以确定最高限度的合理使用标准,正如 CNKI 的学术不端文献检测系统,重复率低不等于

---

①Christina Bohannan, Copyright Infringement and Harmless Speech, Hastings Law Journal, Vol. 61, No. 5, 2010, p. 1114.

②依照美国司法实践,宽松的中间审查标准(intermediate scrutiny or mid-level scrutiny)包括下列五项要素:①限制措施是否落入政府的职责范围? ②限制措施是否实现重要或实质性的政府利益? ③政府利益是否与言论保护的限制有关? ④限制是否足够窄——没有超出必要的范围? ⑤限制之外是否留下充分开放的交流机会或实质性的替代选择。

③谭洋:《在线内容分享服务提供商的一般过滤义务——基于〈欧盟数字化单一市场版权指令〉》,《知识产权》2019 年第 6 期。

不存在抄袭现象,但重复率高意味着该成果借鉴了他人成果的主要或实质性部分,显然超出了合理使用的范围。换言之,合理使用的判断标准难以在非个案情形下完全明确统一,但其仍存在着一定的成立范围。

2. 以人工审查作为辅助手段

在过滤系统上设置处理不同类型文件时以数字、市场、百分比等量化标准作为参数在技术上是可以达到的,但过滤系统无法识别独创性部分,也无法识别一个作品中的实质性内容或者市场价值,在面对转化性使用时也难以得出正确的结论。因此人工审查是未来过滤技术措施中不可缺少的一个环节,在过滤系统分析作品时重点将引用率高的数字作品交由人工复审,以避免出现误删的情况。机器搭配人工的二重审核方式是在现阶段保证过滤系统算法正确运行的必要阶段,数据库过滤、关键词审核、图片、音频审核等都被过滤系统予以应用。代表性视频网站"哔哩哔哩"在整理平台图片和视频问题时就采取了机器搭配人工的审查方式,先由平台采取截图审核技术,然后经过图片传输、计算、审核、返还结果后交由人工复审即可对图片进行二次判断。

(三) 适用主体与情形

尽管有必要对网络服务提供者施以版权过滤义务,但宽泛的在先审查义务仍然不可取,应当秉持审慎的态度,限定过滤义务的适用范围,避免对其施加不合理的负担。一方面,并非所有网络服务提供主体都有履行版权过滤义务的必要;另一方面,对版权过滤义务的适用情形或者标准应当予以限定。

1. 适用主体

履行版权过滤义务要求网络服务提供者自身对网络信息数据有一定的掌控能力,故并非所有网络服务商都有能力以及有必要去履行版权过滤审查义务。有必要对网络服务提供者按照对信息数据的接触和控制能力来做出细分,其中网络版权侵权信息接触和控制能力强的主体则应当被施以相应的过滤审查义务。

由此分析可得出的是,为网络用户提供平台服务和信息储存服务的主体应当承担版权过滤义务。理由在于:首先,诸如百度云盘一类的网络信息储存空间服务提供者可以直接接触和控制存储于其服务器之中的海量文学作品、视频以及图片等,其中不乏大量的版权侵权内容,若能采取适当的过滤审查措施,则侵权纠纷也会大大减少。我国行政部门早已以行政执法的方式赋予其公法上的审查义务,要求其"运用相关技术措施,及时屏蔽侵权作品"。因此,在私法上也有必要对其赋予相应的过滤审查义务。其次,包括各类视频网站、购物平台以及文学、音乐作品分享平台在内的网络服务平台提供者也应当承担相应的版权过滤义务。其对用户上传内容和信息有一定的控制能力,且也能直接或者间接从其中获利,赋予其版权过滤义务具有合理性。而相对的,并不直接接触网络信息内容或者不具有控制能力的网络服务主体则不需要履行版权过滤义务,否则会不当地增加其运营成本和负担,同时强行要求其对本不该直接接触和扫描的信息内容进行审查,还会有侵犯用户隐私和个人数据的风险。

2. 适用情形

无论是法律规定,还是司法解释等相关文件,都无法囊括所有可以或者应当要求网络服务提供者履行版权过滤义务的情形,有必要设定一般标准或总结代表性的情形来供法院在审理具体案件时适当参考。网络服务提供者版权侵权的过错认定包括"明知"和"应知"两方面,鉴于"明知"的认定途径较为狭隘和清晰,故司法实践中的争议主要集中于"应知"层面的认定,即考查网络服务提供者是否对网络用户的侵权行为尽到合理的注意义务。版权内容过滤义务作为网络服务提供者在特定情形下需要履行的注意义务之一,其适用情形首先应囊括《关于审理侵害信息网络传播权民事纠纷案件适用法律若干问题的决定》(以下简称《规定》)中要求提高注意义务的相关情形,包括:

其一,在服务商"积极编排和整理上传内容"的情形下,应当要求其必要时对这部分内容履行过滤审查义务。此类行为包括但不限于:设立专门频道、设立经人工整理编排的推荐栏目,以及上传并首页推送热播剧或者知名作品。这在相关司法实践中也有所体现,如上述提到的"DYTC 诉 TD 网络科技侵权一案"[①],TD 网专门设立了影视、体育等专门频道,说明服务商有对平台内容进行定期的整理、分类和编排,那么赋予其在必要时审查过滤相关内容的义务也具有正当性。在"XXSY 诉 STL 著作权侵权案"[②]中,网站根据上传的作品内容,设有新书速递、推荐专栏等栏目,同样也可说明网络服务提供者自身在运营中对上传内容进行了积极管理,故可以在必要时要求其履行过滤审查义务。其二,对于重复侵权行为,网络服务提供者应当履行过滤审查义务以防止相同的侵权行为再次发生。不同国家对于制止重新侵权行为的措施有所不同,美国避风港规则相关条款是要求网络服务提供者采取必要措施以防止相同的侵权人再次侵权;欧盟的做法是要求网络服务平台采取实质性措施防止相同侵权内容的出现,即一个是防止侵权者个人,一个是防止侵权内容本身。我国相关实践也要求对重复侵权行为赋予更高的注意义务,例如在"HH 诉 BDWK 案"[③]中,BDWK 采用的反盗版系统无法识别出标题不同但实质内容相同的侵权文件,被认为是没有采取合理措施来制止重复侵权行为。在"HX 诉 BJQJ 案"[④]中,法院则认为 BJQJ 网有义务制止同一用户重复侵权。可见我国司法实践对侵权内容本身和重复侵权人都有提出审查义务的要求。其三,若网络服务提供者可从上传内容中获得有特定联系的直接利益,那么应当

---

① 北京市朝阳区人民法院(2011)朝民初字第 14201 号民事判决书。
② 杭州市中级人民法院(2016)浙 01 民终 6209 号民事判决书。
③ 北京市海淀区人民法院(2012)海民初字第 5558 号民事判决书。
④ 上海市第一中级人民法院(2014)沪一中民五(知)终字第 263 号民事判决书。

播放一般性的广告以获取正当的服务费。在"SH 电影公司诉 QJ 网络案"①中,法院经审理认为网络服务提供者有插播一般广告并收取相关费用的权利,不属于《规定》第十一条②所列举的"从作品中直接获利"的情况。而在"JK 网络诉 XT 娱乐一案"③中,被告是通过提供该作品的下载服务而获取收益,这显然属于应当提高注意义务,要求其采取过滤措施的情形。当然,获取收益不代表就应当被认定为侵权,从特定作品中获利意味着要承担审查义务,因此侵权与否的认定还是要看否合格履行了相应的注意义务。

(四)过滤措施的标准化与认证体系

1. 过滤认证体系

未来,为了确保具有履行能力的网络服务平台商能履行法定的版权过滤责任,可以设置类似于质量认证体系和可追溯认证体系一样的"过滤义务"认证体系,对各类网络服务平台商的相关设备和技术,以及管理制度上是否具备承担"过滤义务"的版权责任能力进行认证。其一,要以主流技术标准作为进入认证程序的门槛,基于技术飞速发展,应当以一年为周期确定法定的主流技术名单;其二,对网络服务平台进行认证审查时,应当对其使用技术的具体软硬件基础、操作程序、管理制度和人力资源配备等进行符合平台"过滤义务"主动审查目的的全面审查;其三,为确保该认证体系对平台版权过滤责任的保障作用能真正落实,有必要设置规定平台"过滤义务"认证体系的通过期限。

2. 适当的过滤标准

过滤标准设置的宽松与严苛不仅直接影响其实施效果,同时也会牵涉错误过滤机制的运行。法律不解决技术本身的问题,具体的过滤技术标准只能由具有专业技能的相关部门依据具体情况予以规定,著作权法所能做的是声明版权过滤义务的有无,明确一个最为合理的标准尺线,既不可太过严苛以至于用户的合法上传内容也被错误过滤,也不可太过宽松而漏掉原本应当予以过滤的侵权内容。同时,过滤技术虽然可以精准识别信息内容和特征,但目前还没有智能化到可以区分合理使用行为,这始终是内容过滤技术作为版权侵权审查措施时最大的难点,也为确定合理的过滤标准增加了难度。

在当前版权过滤机制由网络服务提供者自行或者合作建立的模式下,过滤标准需要由行业或者平台自行确定,在出现侵权纠纷或者争议时,再由法院或者相关公权力

---

①广州市中级人民法院(2014)穗中法知民终字第 53 号民事判决书。

②最高人民法院院《关于审理侵害信息网络传播权民事纠纷案件适用法律若干问题的规定》第 11 条规定:"网络服务提供者从网络用户提供的作品、表演、录音录像制品中直接获得经济利益的,人民法院应当认定其对该网络用户侵害信息网络传播权的行为负有较高的注意义务。"

③山东省高级人民法院民事判决书(2013)鲁民三终字第 36 号民事判决书。

部门予以纠正。从行业规制的专业性和高效性来看,国家版权行政主管部门是制定网络版权内容过滤技术标准的更适宜主体。① 首先,过滤标准宜以"相对比例"判断为主,可以附带对"绝对数量"的分析。理由在于,网络用户上传的内容纷繁多样,字数或者时长等方面一般不受限制,故用"绝对数量"进行分析和判断并不能得出准确可靠的结论。其次,要确定一个合理的"相对比例"标准,可以先对特定行业的具体情况进行调研,先确定一个适中的标准;而后配套错误过滤申诉机制的运行,若收到大量用户的合理使用申诉,那么则要对此再次展开调研,结合现实情况对标准再进行调整,以逐步达到平衡的局面。此外,要建立错误过滤申诉机制,由于过滤技术本身具有局限性,也存在一定的错误率会损害用户上传合法内容的权益。因此,在今后明确规定版权过滤义务时,务必要设置相应的错误过滤申诉机制来纠正对用户合法权益的不当限制。对错误过滤机制的设置要遵循公开透明、便利,以及可追责性的原则。最后,尽管如同众多学者所言,在当下推行版权过滤措施的"义务化"存在重重困难,但这不妨碍学术界对该进程的逐步实现以及相关困境继续进行研究,寻求破解路径。版权过滤义务作为事前审查措施,对其进行研究也会相应地涉及我国避风港制度的改革与反思,有必要在网络版权治理视角下整体看待。针对网络版权义务的具体制度设计,依然要着重考虑过滤标准的量化、适用范围以及过滤成本的负担。同时,还要关注行政监管规则的实践,以及过滤技术的突破更新,在整个治理模式的动态调整下,不断发现新的法律问题与冲突。

(责任编辑:李欣洋)

---

① 叶亚杰:《网络服务商版权内容过滤的基本设想与实现路径》,《编辑之友》2018 年第 1 期。

法学专论

论我国民事"禁令"程序的建构

——以《民法典》人格权禁令为例

李东洋①

摘　要:《民法典》出台后,其"人格权编"中对"人格权禁令"的规定便受到广泛关注和讨论。人格权禁令并非程序维度上的行为保全和先予执行范畴,而是民事实体法为预防权利人受到难以弥补的损害而作出的实体救济制度,且其相对于一般的事后救济,更加注重事前的防治。我国现存的民事程序法中并未对"禁令"相关程序作出规定。为落实人格权禁令的配套实施,有必要借鉴其他域外国家或地区禁令程序或其类似程序的建设经验,结合我国的司法实践,建构民事诉讼"禁令"程序,以保障权利人的合法权益不受侵犯。

关键词:禁令　行为保全　非讼程序　人格权禁令

一、问题的提出

自《中华人民共和国民法典》(以下简称《民法典》)正式颁布实施以来,其人格权编中对"人格权诉前禁令"制度作出的全新规定就受到了广泛而热烈的讨论。令状(writ)一词在古英语有两层含义,一种是向法院提起的信函(letter),一种是指由大法官法庭以国王名义签发给郡长、法庭或者政府官员,要求接收令状的人实施一定行为或者不实施一定行为的命令。② 本文要讨论的"禁令"属于后者,其目的在于保护或预防权利人合法权益被侵犯。具体而言,所谓禁令,是指在侵害行为正在发生或即将发生,如果不及时加以制止将导致严重损害的紧急情况下,利益相关人依法请求人民法院向行为人发出的责令其停止侵权行为或禁止做出某行为的临时性命令。③ 在《民法

---

①李东洋,中南财经政法大学法学院 2019 级诉讼法学硕士研究生。
②薛竑:《人身保护令制度研究》,西南政法大学 2006 年博士学位论文,第 1 页。
③如无特别说明,本文"禁令"一词代指民事"禁令"程序,不带引号的禁令一词专指依据民事实体法,经由"禁令"程序,由法院签发的禁令裁判文书。

典》出台之前,我国知识产权法就已经出现了类似的"禁令"制度。①《中华人民共和国反家庭暴力法》(以下简称《反家庭暴力法》)也设专章规定了"人身安全保护令"以保护特殊情况下,家事法律关系中较弱势一方的人身权及部分财产权。上述规定皆属于实体法上的禁令,与程序法上的禁令存在诸多区别。究其本质,前者以实体请求权为基础。以人格权为例,"人格权禁令的请求权基础是人格权请求权,本质上属于实体法上的权利保护请求权的产物。这正是立法将人格权禁令规定在《民法典》人格权编,而不是作为诉讼制度规定在《民事诉讼法》中的根本原因"。② 人格权属于对世权,具有固有性、绝对性和防御性,人格权禁令正是人格权防御性的外化形式,这种防御性请求权具体包括消除危险请求权(妨害防止请求权)和排除妨害请求权。消除危险请求权只要存在将来有被妨害之可能即可以行使。排除妨害请求权的行使则要满足两个要件:一是妨害持续发生,二是妨害超过了一般人所应忍受的限度。③ 而《民事诉讼法》中,被大多数学者认为的程序法上的"禁令"多指诉前行为保全,其在本质上只是一种临时性措施,而非具有实质执行力的实体法规定,也不是实体请求权的外化形式,所以也不能代替实体法的"禁令"制度。从请求权的视角看,权利人向人民法院申请颁发"禁令"必须具有实体法上的请求权(如人格权请求权),并以实体法为依据,而不能以程序法为依据。王利明教授也指出,《民法典》所规定的诉前禁令与程序法上的诉前禁令虽有密切联系,但也存在明显区别。④ 张卫平教授同样认为:"不能否认人格权行为禁令是一种独立的、实体上的措施,没有保全的意向。"⑤

有学者言:"民事诉讼法的核心目的就是让实体法规定的制度能够良好、有序地在民事诉讼里充分实现。"⑥实体法的制度实施往往需要程序法的配套落实,因此在修订《民事诉讼法》时,应当新增与实体法匹配的"禁令"程序。当然,该禁令制度或程序的客观范围并不局限于人格权受侵害的情形,除了人格权行为禁令之外,知识产权禁令和人身安全保护令也是如此。⑦ 还有学者认为,在环境公益诉讼中也有必要设置禁令制度以发挥预防损害发生或进一步扩大的功能⑧,但本文主要以人格权禁令为例。

---

①如《著作权法》第 49 条规定:"著作权人或者与著作权有关的权利人有证据证明他人正在或者即将实施侵权行为,如不及时制止将会使其合法权益受到难以弥补的损害的,可以在起诉前向法院申请采取责令停止有关行为和财产保全措施。"

②吴英姿:《人格权禁令程序研究》,《西北政法大学学报》(法律科学)2021 年第 2 期。

③范雪飞:《请求权的一种新的类型化方法:攻击性请求权与防御性请求权》,《学海》2020 年第 1 期。

④王利明:《论侵害人格权的诉前禁令制度》,《财经法学》2019 年第 4 期。

⑤张卫平:《〈民法典〉的实施与民事诉讼法的协调和对接》,《社会科学文摘》2020 年第 9 期。

⑥张卫平:《民事诉讼法研讨(一)——紫荆民事诉讼青年沙龙实录》,厦门大学出版社 2017 年版,第 540 页。

⑦张卫平:《〈民法典〉的实施与民事诉讼法的协调和对接》,《社会科学文摘》2020 年第 9 期。

⑧刘明全:《环境诉讼禁令制度的法理与二元构建》,《法商研究》2017 年第 6 期。

笔者认为,在程序法上,应当建立一种特殊的诉讼程序,即"禁令"程序,将其置于"非讼程序"框架之下,以落实《民法典》人格权禁令的配套实施,保障权利人的合法权益不受侵犯。在分析脉络上,笔者先结合比较法的制度变迁,对禁令制度进行本体论的研究,以归纳其制度理性,再在前述研究基础上探讨具体的程序和制度设计。

二、其他国家和地区"禁令"程序的建设经验

(一)英美法系国家中的禁令制度

英美法律中的"禁令"最早起源于普通法,但是在现代司法实践中占主导地位的是衡平法中的禁令。原因是衡平法可以于审判结束之前进行救济,对潜在的危险进行消除,且其禁令可以针对将来并持续到永久。① 英美法系代表国家之一的美国,其法律中共有三种形式的禁令救济:临时限制令、初步禁令以及永久禁令。② 其中,临时限制令和初步禁令是临时性措施。临时限制令适用于诉讼前阶段,目的在于维持现状,颁布临时限制令需要听取双方的陈述。初步禁令适用于诉讼程序启动后至判决前的阶段。永久禁令作出实体判决时给予胜诉方的救济,是针对专利权的剩余保护期下达的,以禁止被告再次侵权。

以上可以看出,英美法律中的三种类型的禁令涵盖了"诉讼前—诉讼中—诉讼后"三个阶段,其中,与本文所要讨论的人格权禁令具有相似性的当属诉讼前的临时限制令,但其虽然也有防止给当事人造成无法弥补的损失的效果,却被认为属于行为保全的范畴,这与我国人格权禁令的实体性救济手段的本质不符。至于诉讼程序过程中所做出的初步禁令,与我国人格权禁令发出时间不符。而永久性禁令虽然有禁止被告再次侵权的功效,但其作用范围仅仅是针对专利权,而且永久性禁令属于事后救济的手段,我国的人格权禁令最主要的特点是事先预防。由此可得,我国所要建构的"禁令"程序与英美国家还存在较大差异。

(二)大陆法系国家中的禁令制度

与英美法系的禁令制度相比,大陆法系的代表——德国、日本和法国没有完全相同的禁令制度,与之类似的是诉前保全程序。

德国法律中,假扣押与假处分制度被认为属于保全程序。因为假扣押主要涉及金钱债权,而人格权属于人身权利,因此下文主要讨论假处分。德国假处分可分为

---

① 杜颖:《英美法律的禁令制度》,《广东行政学院学报》2003 年第 3 期。
② 张卫平:《〈民法典〉的实施与民事诉讼法的协调和对接》,《社会科学文摘》2020 年第 9 期。

三种类型:保全假处分、定暂时状态假处分和给付假处分。保全假处分标的是保全某个不以金钱为内容的请求权,例如要求交还或者给付某物的请求权。① 定暂时状态假处分的目的在于鉴定争议的法律关系确定暂时状态,法律自身使用了"持续法律关系"这一用词,当然包括持续的人身关系②。给付假处分是为了保护申请人免受特别重大的不利,具有更加紧急的迫切性。德国对假处分的裁判,采用裁定的形式。

若将我国人格权禁令纳入上述类型考虑,其应当属于定暂时状态假处分。理由如下:第一,保全假处分多为保全物权的假处分,与人格权的人身属性存在区别。第二,定暂时状态假处分中的"持续法律关系"一词与人格权人身法律关系相合,人身关系通常具备持续性和稳定性,如夫妻关系。当然,侵害他人人格权的行为所构成的虽然属于侵权法律关系而非人身关系,但是人身侵权行为在未被追究法律责任之前通常也具备持续性的特点。第三,给付假处分的要求是申请人遭受特别重大的不利益、具有更加紧急的迫切性时方可启动,而人格权侵权行为实践中很难达极高的破坏程度。若以定暂时状态假处分的角度来思考我国人格权禁令,会发现两者的根本目的还是存在细微差别,前者是确定两造的暂时状态,而后者则是停止或者预防侵权行为的发生。由此可见,德国并未将人格权禁令规定为一种独立的诉讼程序,而是选择诉前保全的方法。

相比于德国,日本在混合式诉讼模式之下借鉴了英美法系的做法,当某人的精神权利正在被侵犯或将要被侵犯时,赋予其向法院请求救济的权利。例如,在日本债法修改中,许多学者就建议规定人格权请求权中的禁令制度,以预防和制止侵权的发生和扩大。③ 在日本民事保全程序中,与德国相比,其假处分程序是以物权请求权之执行保全为目的的保全,而除此之外的则被称为暂定临时地位的假处分。出于迅速实施程序之必要,有关这种程序的裁判,一律采用决定。④ 由此观之,日本的民事保全程序和德国类似,具有浓厚的大陆法系色彩,但其在此基础之上,又借鉴了英美法系的一些经验,形成了适合本国发展的诉讼制度。

法国规定有"紧急审理程序",是为"紧急情况"与执行困难设置的一种特别程序。⑤ 经该程序,法院可以作出判决和裁定,紧急审理判决通常是为了解决孤立的附

---

① [德]汉斯-约阿希姆·穆泽拉克:《德国民事诉讼法基础教程》,周翠译,中国政法大学出版社2005年版,第431页。

②同上。

③王利明:《论侵害人格权的诉前禁令制度》,《财经法学》2019年第4期。

④[日]新堂幸司:《新民事诉讼法》,林剑锋译,法律出版社2008年版,第23页。

⑤[法]让·文森,塞尔日·金沙尔:《法国民事诉讼法要义》(上),罗结珍译,中国法制出版社2001年版,第307页。

带事件,如结清逾期罚款。而关于紧急审理裁定,法国民事程序法做了相关定义。[①] 紧急审理程序要求经过对审程序,其裁定的作出需要经过对审辩论,且该裁定属于"临时性裁判决定"。而且紧急审理程序的法官不能进入实体纠纷解决诉讼程序中,法国学者也普遍认为紧急审理程序不应当触及权利实体,即不解决当事人之间的实质争议。此外,值得注意的是,紧急审理程序中由各法院院长作为独任法官管辖案件、作出裁决。[②]

结合我国法律现状来看,法国"紧急审理程序"并不能完全适应我国司法需要。原因包括以下几点:紧急审理程序对审辩论的要求难以适应我国"人格权禁令"的效率需求,赋予双方当事人充分、完整的辩论权必然导致程序时间成本的提高;紧急审理程序中由各法院院长管辖的要求不符合我国"案件多法官少"的司法特点,在全民法律意识逐渐增强的时代背景下,各法院院长显然无法完全顾及各个案件的具体事宜。

以上是对域外国家和地区有关"禁令"程序的立法考察,虽然宏观上并无可直接适用于我国"禁令"程序建构之模式,但具体观之,各国家和地区的立法规定都存在部分精妙之处可供借鉴,如英国和美国临时限制令中对"听取双方陈述"的规定,本质在于防止造成突袭,剥夺被申请人发表意见的权利;再如德国规定采取"裁定"的裁判形式,一方面考虑到禁令的本质并非判决,不具有既判力,另一方面也考虑到程序上的效率问题。具体的经验借鉴详见本文程序建构与设计部分。

三、建构"禁令"程序的价值基础和必要性分析

(一)建构"禁令"程序的价值基础

"禁令"程序本质上兼具程序正义与程序效益价值。就前者来说,该程序通过与各实体法进行衔接,不仅可以实现申请人相关实体权利保护(如人格权、知识产权等)、预防损害结果的发生与扩大、维护社会秩序与实质正义的重要功能,而且这一过程本身追求双方程序性权利义务的对等,不至于出现一方压制另一方的恶劣局面。在申请人的权益受到侵犯时,赋予其救济权本就属于正义的应有之义,"这也被称为矫正正义,即破坏分配正义的社会成员应当为其破坏行为付出代价,并使被破坏的非正义恢复到正义状态"。[③] 只追究事后的损害赔偿是远远不够的,在可以预防侵害的发生

---

① 法国《新民事诉讼法典》第 484 条规定:"紧急审理裁定是指在法律赋予并非受理本诉讼的法官命令立即采取某种必要措施之权力的情况下,应一方当事人请求,另一方当事人到场或者对其传唤之后,做出的临时性裁定。"[法]让·文森,塞尔日·金沙尔:《法国民事诉讼法要义》(上),罗结珍译,中国法制出版社 2001 年版,第 308 页。

② 罗嘉佳:《我国民事诉讼财产保全制度研究》,广东财经大学 2018 年硕士论文学位论文。

③ 曹永明:《民事诉讼中的禁令制度》,太原科技大学 2008 年硕士学位论文。

和结果的扩大时,程序应当赋予权利人救济的空间,"禁令"程序的正义价值即在于此。

恰当的程序不仅应当通过纠纷的解决使资源分配达到效益最大化,而且程序本身必须尽可能地降低诉讼成本。"禁令"程序的效益价值包括以下三个方面:首先,在侵权行为即将实施之前、法院依据申请禁令发出后,被申请人只要自觉遵守禁令,停止侵权行为,申请人的合法权益即已得到保护。此时并不涉及损害赔偿问题,因为侵权行为尚未发生,且无进行诉讼之必要,这就节省了大量的资源耗费。其次,尽管禁令并不具有实质既判力,但其具有拘束力与威慑力,被申请人不得采取违反禁令的措施,在此情况下,被申请人可能会主动与申请人达成和解,或者在后续程序中采取较为配合的态度,加速纠纷的解决。最后,法院认定案件事实都要基于证据,这是一条从已知的现在倒推算未知的过去的逆向之路,静态的事实认定尚且存在疑难,遑论动态。侵权案件中,损害事实的不断发生必将导致损害结果的逐步扩大,结果是必将耗费更多的司法成本来认定案件事实,这形成了一个损害不断发生与审理久拖不决的恶性循环。而"禁令"程序的建立,正好可以加以遏制。原因有二:其一是通过禁令迫使被申请人停止实施侵权行为,阻断损害事实的持续发生,让双方定格在现有状态,便于法官尽早查明案件事实,节约成本;其二是禁令并非终局判决,不会影响案件的最终结果,因此也不违背程序公正。

除了上述两种价值之外,赋予"禁令"程序独立性价值是十分必要且合理的。首先,禁令所发挥的预防侵害,权益保障功能并不需要依附于民事诉讼而实现,申请人完全可以只申请禁令而不启动诉讼程序。其次,在人格权独立成编的"民法典"新时代,人格权人的利益需求呈现出多样化的特点,存在维护名誉、预防隐私泄露、防止肖像滥用等维权需求,如果简单地将禁令视为侵权诉讼的附属产品,则阻断了人格权人预防侵权需求的实现,也妨碍了其正常行使权利。最后,虽然"禁令"程序的两造与民事诉讼的当事人相同,且二者的基础事实存在牵连性,但"禁令"程序存在独立的程序客体,无须依附民事诉讼而进行。

(二)建构我国"禁令"程序的必要性分析

1. 纠纷解决多元化的需要

我国正逐步融入世界经济高速发展的浪潮之中,争议和纠纷也呈现出逐年递增的趋势,这对我国现有的法律制度形成了严峻的挑战,因此,我国的法律制度应当逐步进行修正,运用多元化的方式解决纠纷(目前已存在的纠纷解决方式普遍属于"事发后解决"型纠纷解决方式)。一般认为,民事非讼案件不处理双方的争议,但也有学者认为:"非讼案件实际上既包括不存在对立的双方当事者,只有国家作为监护者介入的场面,也包括存在当事者双方激烈争讼,其对抗性不亚于一般诉讼的场面。"①就此而

---

① [日]谷口安平:《程序的正义与诉讼》,王亚新译,中国政法大学出版社1996年版,第19页。

言,将"禁令"程序纳入非讼程序框架之中未尝不可,且"禁令"程序的建立是将潜在的纠纷扼杀在萌芽阶段的必要手段(可认为是"事发前预防"型纠纷解决方式,与"事发后解决"型纠纷解决方式大相径庭)。即通过该程序一方面迅速保护申请人的合法权益,另一方面发挥对被申请人的威慑力,使其不再从事或立即停止侵权行为,从而直接达到消弭潜在纠纷的效果。反过来说,若真等到侵权行为已经发生或产生严重损害之后再启用诉讼手段,往往覆水难收,收效甚微。因此在程序法上建立和完善"禁令"程序是纠纷解决方式多元化背景下的大势所趋。

2. 树立司法权威的必要

在知识产权中,工商行政部门、专利局等行政机关可以依据证据认定行为人构成侵权之后,对其作出行政处罚的决定。与其相比,法院则没有此种权力,常常只能寄托于判决生效后的执行程序,虽然执行程序具有强制执行力,但其通常只能产生于具有执行名义之后。这就导致现实中很多知识产权被侵权人选择行政部门处理而不愿谋求法院的保护,从侧面反映了司法权威缺失的现状。在《民法典》对人格权禁令作出明确规定的背景下,行政部门无权处置公民之间侵犯隐私权、名誉权等人格权的行为,而法院必须承接重担,建立起与之匹配的程序。司法作为确保法律实现的重要手段,所应具有的调整、补救、监督、预防功能也应当加以完善,包括"禁令"程序在内的法律制度的建立已是刻不容缓。相比于通过一般诉讼程序获得执行依据,利用非讼程序简便、快速、高效的特点在较短时间内迅速实现对权利人的保护才是"禁令"的应有之义。

3. 司法实践的迫切要求

现存的知识产权禁令和人身安全保护令虽然在一定程度上起到了打击违法的作用,但还很不完备,其适用范围局限于知识产权和人身安全领域,而现实生活中还存在大量的具有紧迫性的网络名誉侵权、隐私泄露,环境公益诉讼等案件①,但其最终的裁判却是以行为保全裁定的形式作出的。传统的民事救济理论在这些领域中显得苍白无力,只有等到损害发生后才能盖棺论定。因此有必要设计一种一般性的"禁令"程

---

①例如"2013年3月22日,江西省都昌县人民法院网事审判庭发出'(2013)都网初字第2号'民事裁定书,裁定禁止网名为'要网名干嘛'的被告在都昌在线网继续刊登题名为《这样贪污成风作风败坏的领导,上级难道不知道?》的文章。这是我国首例人民法院针对网络侵权发出的诉前禁令。"孙彩虹:《我国诉前禁令制度:问题与展开》,《河北法学》2014年第8期。再如"钱钟书书信案"中,由于立法未对人格权禁令作出规定,法院只得依据行为保全作出了裁定。还有热议一时的"清华学姐"事件:2020年11月20日,清华大学美术学院一名女生声称某男同学借背包掩护摸其臀部,并在其微信朋友圈公布该男生个人隐私等信息,并扬言要让他"社会性死亡"。次日下午,该女同学在学校保卫处看完监控录像后发现只是背包误碰,并无身体接触,于是向男同学表示道歉。该事件中,被指责"咸猪手"的男同学的个人信息率先被曝光,在短短几小时之内便受到了广大网友们指名道姓的舆论批评甚至是人格侮辱,女生道歉后,网友们不依不饶,认为其有恶意诬陷他人的嫌疑,对其人肉搜索并口诛笔伐,铺天盖地的负面评论和人身攻击一时难以收场。

序,将禁令这一法律武器的适用范围适当扩大,针对现存的侵权行为(尤其是人格权侵权行为)进行预防。

4. 法律观念转变的要求

很长一段时间内,法律总是被认为是权利救济的最后手段,虽然其强调的是司法对于纠纷解决的终局性特点(这并无可厚非),但这样的观念本身只看到了事后救济,而忽略了事前和事中救济的存在。相比于事后救济,事前和事中救济往往能起到防止侵权事实发生和损害结果扩大的良好作用。随着民法典时代的到来,人格权禁令实体法律规定的公布实施,可以看到民法典对事前和事中救济持支持与鼓励态度,事前和事中救济的优越性也被逐渐挖掘出来,这种从"治患于已然"到"防患于未然"的法律观念上的转变使得社会公众对"禁令"制度配套程序的渴求也愈发强烈。"禁令"制度既可以在侵权行为即将实施之前发生作用,也可以在侵权行为正在实施中实现申请人的权利保护。

四、"禁令"程序的建构与设计

(一)"禁令"程序的入法路径

美国、英国、德国和日本等国家在"禁令"程序具体细节设置方面虽然存在差异,但他们无一例外地都把禁令定位为民事诉讼的一般程序之一(此处"一般程序"并非与我国"特别程序"对应,而是突出该程序适用的案件范围的多样性)。我国在《民事诉讼法》的修订中应新增一般的"禁令"程序。

通常情况下,民事审判程序可分为诉讼程序与非讼程序,诉讼程序存在权益争议,且追求程序正义的价值目标,往往耗时较长,终局裁判具有既判力。① 而非讼程序不解决权益争议,往往更注重效率价值,程序较为简便快捷,且裁判不具有绝对的既判力。"当然,一项非讼请求也有可能包含有潜在的争讼性质,第三人参加诉讼就往往具有揭示这种争讼性质的效果,但是在非讼程序阶段争议尚未出现。"②鉴于此种考虑,结合"禁令"程序争讼与非讼相互交织的法理特点,笔者个人认为,"禁令"程序可以借鉴"督促程序"的部分内容,立法可以将其纳入"非讼程序"框架之内。③ 具体原因如下:

---

①夏先华:《人身安全保护令制度研究》,中南财经政法大学 2017 年硕士学位论文。

②[法]让·文森,塞尔日·金沙尔:《法国民事诉讼法要义》(上),罗结珍译,中国法制出版社 2001 年版,第 766 页。

③程啸教授也认为人格权禁令程序性质上属于非讼程序。但非讼程序种类繁多,程啸教授并未明确指出其与哪种程序类似或对应。程啸:《论我国民法典中的人格权禁令制度》,《比较法研究》2021 年第 3 期。

"禁令"程序本身属于特殊程序,要求迅速性、及时性,对权利人的合法权益产生即时的保护效果。① 因此,这和一般意义上的诉讼程序烦琐、复杂的特点大相径庭,如采用诉讼程序发出"禁令"势必无法发挥禁令的本质预防作用。再者,不可将"禁令"程序与行为保全制度相混淆,"禁令"程序本身具有独立价值,不依附于诉讼程序而存在,可单独作出并生效。正如张卫平教授所说:"以民法学者的认识,人格权行为禁令不同于民事诉讼法上规定的行为保全,因此,在程序上也不应适用获得行为保全裁定的程序,且认为此种行为禁令不以是否存在或可能存在相关本案诉讼为前提。"②

"禁令"程序和督促程序存在较多相似之处。首先,两程序都要求简便快捷,督促程序要求迅速保障债权的实现,"禁令"程序要求迅速保障权利人的合法权益。其次,法院仅经过形式审查即可作出裁定,在督促程序中无须担忧支付令对对方实体权益产生的影响,若对方提出异议,支付令立即失效。"禁令"程序同样可以采取此种操作模式,法院在接收申请后,只需要进行形式审查,认为符合"禁令"程序发出的条件即可直接向对方当事人发出禁令,若对方当事人在期限之内没有提起异议,"禁令"即直接产生约束力;若对方当事人提起异议,则导致"禁令"失效,此时双方当事人存在明显争议,若申请人无异议,则拟制为向法院提起诉讼,选择采用诉讼的方式解决其矛盾和纠纷。并且此种操作模式的优点在于:在禁令失效的情况下,申请人可预知对方当事人将会对其采取侵权行为,此时再衔接民事诉讼中的行为保全制度可以实现对原告的权利保护。最后,两程序都存在发生争议的可能性,但都不解决实质争议③,待争议出现以后,需要立即终结督促程序和"禁令"程序,债权人或人格权人可以通过诉讼途径解决纠纷。④

"禁令"程序的裁判形式采取裁定较为妥善。德国法对"定暂时状态假处分"就采取裁定的形式,而我国的"禁令"程序与之类似,本身并不存在法院的实质审理,不宜直接作出发生绝对既判力的判决。且判决的救济手段为上诉,不免费时费力。而若采用通常用于解决诉讼障碍或特殊事项的"决定",又与禁令程序本身的独立性和非讼性相违背。故采用裁定的形式较为妥善,其不仅符合禁令程序所要求的快速、高效的特点,还具有在对方当事人异议的情况下与诉讼程序相衔接的功能。

"禁令"程序无须进行调解或和解。⑤ 诉讼程序中,法院调解或当事人和解往往可以形成"皆大欢喜"的结局,而在"禁令"程序中,法院应只作为程序意义上申请的受理

---

①形式上可类似于法国的"紧急审理程序",要求在短时间内做出。

②张卫平:《〈民法典〉的实施与民事诉讼法的协调和对接》,《社会科学文摘》2020 年第 9 期。

③此处借鉴法国的"紧急审理程序",不解决案件的实体问题,紧急审理程序的法官不进入实体纠纷解决诉讼程序中。

④此时涉及"禁令"程序与诉讼程序相衔接的问题,可参考我国台湾地区的"将来给付之诉"和"不作为之诉"制度,下文有论及。

⑤参考前述域外国家和地区的立法例,均无法院对禁令进行调解的情况。

方、禁令的发出者和异议的接收者,而不应当实质地处理和解决申请人与被申请人的争议,且出于保障社会公共秩序的考虑,应当对禁令案件中的当事人处分权作适当限制。对于当事人而言,其完全可以私下和解,亦可于"禁令"程序终结后再行调解或和解。因此"禁令"程序确无施行调解、和解之必要性,这也与其非讼特点相吻合。

(二)"禁令"程序的适用原则

1. 处分原则

处分原则又称为处分权主义,"所谓处分权主义,即诉讼的提起、终结以及审判对象的确定,由当事人享有主导权的原则。"[①]虽然将"禁令"程序纳入非讼程序之内,但并不影响处分原则在此程序中的贯彻实施。结合域外立法经验可以认为,一方面,"禁令"应依据申请人提出的申请,法院应当在尊重申请人意思自治的前提和基础上进行书面审查。另一方面,在"禁令"发出、送达被申请人之后,禁令并不当然发生既判力,而是充分尊重被申请人的个人意志及其程序选择权,若其自愿接受并遵守禁令,则无须进入强制执行程序,若其对禁令提出异议,则"禁令"程序终结。总而言之,无论是程序的启动或是终结都是申请人与被申请人进行处分的结果。

2. 利益平衡原则

近现代英国最早的"禁令"属于"玛利瓦禁制令"(这被丹宁勋爵称为"我一生中最重大的一次司法改革"[②]),该项禁令最大的特点在于单方性,即法院在进行审查后,在不通知被申请方的前提下(考虑到被申请人知晓后可能会转移财产、逃避执行)直接颁布,不过在后来"拉苏诉皮鲁萨汉案"中,丹宁法官认为应当"听取双方的陈述"[③],以保障利益的平衡。《美国联邦民事诉讼规则》第 65 条第 1 款第 1 项明确规定:"预备禁令不得在未通知对方当事人的情况下发出。"《英国民事诉讼规则》第 22 条同样规定:"申请通知书签发后,须尽可能送达申请通知书和支持申请通知书的证据,以及无论如何,不得迟于法院确定对申请举行审理程序之日前 3 日送达。"[④]笔者认为,在被申请人不知情时,法院迅速颁布禁令确实可以起到防止转移财产等作用,但此等追求效率未免忽视了程序公正,置被申请人知情权和正当程序于不顾,失之偏颇。在"禁令"程序中,法院虽然不对当事人双方的选择直接进行干预,但在某些具体的程序进程中仍要注重维护双方利益的平衡。例如,在出现申请人滥用"禁令"程序损害被申请人合法权益之虞时,法院应当严格按照程序要求对申请人的资格,所提交的证

---

① 张卫平:《民事诉讼法研讨(一)——紫荆民事诉讼青年沙龙实录》,厦门大学出版社 2017 年版,第 485 页。

② [英]丹宁勋爵:《法律的正当程序》,李克强等译,法律出版社 1999 年版,第 145 页。

③ 同上,第 148 页。

④ 郭小冬:《人格权禁令的基本原理与程序法落实》,《法律科学》(西北政法大学学报)2021 年第 2 期。

据,可能给被申请人造成的影响进行利益权衡,综合考量双方的诉求和权益,尽量维护其权利义务的对等,防止出现"头重脚轻"的情况。

(三)"禁令"程序的适用条件和范围

结合相关域外经验和《民法典》的规定,笔者认为,"禁令"程序的适用条件是存在紧急情况,不立即进行救济将给权利人造成难以弥补的损失。

至于"禁令"程序的适用范围,结合具体的司法实践来看,至少应当包括人格权禁令、人身安全保护令、知识产权禁令、海事禁令和环境公益诉讼禁令。其中,人格权禁令作用范围是公民的人格权;人身安全保护令的作用范围主要是婚姻家事案件和同居案件;知识产权禁令主要作用范围是著作权、专利权和商标权(英国和美国已有规定);海事禁令主要作用于海事海商案件(近现代最早的"玛利瓦禁制令"就属于海事案件);环境公益诉讼禁令主要在生态环境领域等环境公益案件中发挥作用。虽然这四种禁令的功能和目的不尽一致,但就其本质层面,都是对权利人所面临的权益受损风险进行预防。值得注意的是,禁令制度本身是一项特殊的救济制度,既不应当将一般的侵权行为列入,也不应当将合同违约等行为列入。①

(四)"禁令"程序的申请和启动

法院只能依照申请人的申请并加以程序性审查。禁令的申请人与被申请人共处于同一侵权之债的法律关系之中,是法律特别保护的领域中的主体。申请的事项应当是责令被申请人为或者不为的具体事由,包括被申请人侵害其特定权利的事实,纠正该侵权行为的主要方式。申请的理由主要应当指明其请求符合禁令的基本条件和要求,以及法律上的具体规定。

"禁令"程序的启动要件分为实质要件和程序要件两方面,缺乏其中任一要件,将导致申请被驳回的后果。

实体要件包括:第一,申请人有证据(这一点与《民法典》的相关规定形成匹配与对接)。该证据无须严格证明,只要能够证明申请人的权利存在被侵犯危险的可能性即可。第二,对难以弥补的损害进行衡量,申请人需要提供相关的数据或资料对此加以证明,法官对此自由裁量。举例来说,在预备公开明星隐私照片的案例中,申请人可以提供鉴定机构或评估公司对自身隐私权进行评估,得出意见,提交给法院。因为人身权不同于财产权,其很难用金钱价值予以衡量,因此,法官在审查时要结合具体案情站在申请人的角度具体分析可能给其造成的伤害。

程序要件包括:第一,被申请人明确。第二,向有管辖权的人民法院提出申请,笔者认为,鉴于"禁令"程序要求快速高效送达的特点,被申请人住所地或经常居住地法院属于有管辖权的人民法院。第三,申请人应当提出书面申请。

---

① 王琳,关正义:《建立我国民事诉讼禁令制度的思考》,《求是学刊》2015 年第 3 期。

法院在受到申请人提交的相关材料之后即进行程序性审查,而非实体性审查。程序性审查不要求进行公开审理,也不需要两造进行质证,而是依据申请人提交的相关材料和证据判断其是否符合发布禁令的条件,之所以不采取对席审理的操作模式,不仅是因为对席审理与非讼程序法理相悖,也是考虑到如果采取对席审理的模式,法院在向被申请人送达"禁令"程序申请之后,会出现"打草惊蛇"的局面,即此时禁令尚未发出,而被申请人已经预知法院可能做出不利于其的裁判,因此恶意提前于禁令发出之前实施侵权行为,造成的结果是"禁令"程序并不能发挥其应有的作用。而程序性审查后发出禁令的操作模式的优点在于在禁令送达被申请人之后可以直接对其产生拘束力,违背禁令将受到司法惩罚。但该"禁令"并非完全具有强制执行力,不会严重限制被申请人的人身自由,只对其可能或正在实施的侵权行为加以适当约束,且被申请人能够获得充分的程序保障,如其有异议,可以直接提出,以使禁令失效。

(五)"禁令"程序的流程

法院在收到禁令申请之后,应当在 5 个工作日内进行形式审查,如认为不符合申请条件,应当裁定驳回申请。如认为符合条件,有必要发出禁令的,应当向被申请人发出禁令。被申请人收到禁令后,即受该禁令约束,不得采取违背禁令的措施。被申请人签收禁令后 15 日之内,不向法院提出书面异议的,"禁令"发生强制执行力,被申请人不得再申请异议。若被申请人在收到禁令 15 日内向人民法院提起书面异议的,法院应当进行形式审查,异议成立的,应当裁定终结"禁令"程序,并通知申请人,在申请人无异议的情况下,视为其向该法院提起民事诉讼,此时申请人可选择向法院申请诉前行为保全。

禁令的存续期间是禁令制度的重要内容,其一端维系着人格权利益的保障,另一端牵涉对义务人行为自由的兼顾。禁令持续期间可分为三种类型:"至法院审理终结时失效""存在固定的有效期间"和"至法院依申请撤销禁令时失效"。笔者认为,第一种类型期间过短且不适用于非讼程序;第三种类型具有相对的终局效力,被申请人义务过重,可能会由此产生更多的矛盾和纠纷;第二种类型则较符合"禁令"程序,也能实现权利义务的平衡。具言之,在被申请人异议期间届满后,该禁令的有效期不得超过六个月,但此期间可以根据申请人的申请撤销、变更或者延长。这一方面可以与我国"人身安全保护令"的有效期相一致①,另一方面则考虑到禁令本质上是对被申请人的行为限制,在被申请人侵害申请人人格权的风险消失后,禁令即丧失存在的必要性。

---

① 《中华人民共和国反家庭暴力法》第30条规定:"人身安全保护令的有效期不得超过六个月,自作出之日起生效。人身安全保护令失效前,人民法院可以根据申请人的申请撤销、变更或者延长。"

（六）"禁令"程序的裁判及对错误的救济

"禁令"程序的裁判形式为裁定，因为其本身属于非讼程序。而相比于决定，裁定更能保证生效法律文书的实现。与此同时，以"裁定"的形式作出裁判也与现今《反家庭暴力法》的规定相匹配。① 在法院通过"禁令"程序作出裁定之后，应当立即送达被申请人，自送达之日起该裁定发生约束力，若异议期届满，则该裁定在六个月之内发生强制执行力。

对"禁令"裁定错误的救济：鉴于"禁令"程序纳入非讼程序的范围，对其不可以提起上诉或者再审，而应有一套特殊的救济方式。笔者认为可以采取如下救济方式：人民法院院长对本院已经发生法律效力的禁令，发现确有错误，应当提交审判委员会讨论通过后，裁定撤销原禁令，驳回权利人的申请。这样的救济方式符合非讼程序的特点，且足以实现纠错的功能。

（七）"禁令"程序的其他方面

1. 关于"禁令"担保制度

"诉前禁令的适用带有很大的风险，因此，法院在核发诉前禁令时除了采取谨慎的态度外还需考虑对被申请人相应的权利给予必要的保障和救济。"②为维持两造之间的利益平衡，防止滥用"禁令"程序，有必要建立"禁令"担保制度。人民法院在审查相关材料之后，如认为发出禁令可能给被申请人带来不利影响，可以要求申请人提供与其不利益程度相匹配的财产担保，当然这个限度应当由法院结合具体情况自行裁量，因为禁令制度和财产保全不同，其往往无法预估申请人未提供担保的情况下，可能给被申请人造成损失的具体大小。但该制度应该存在例外规定，以防止特殊情况下部分申请人因无力提供担保而成为被遗漏的救济者的情形，如申请人贫困、无力提供担保等，笔者认为在此种情况下，法院可以免除其提供担保的义务。此外，关于担保的形式、范围可以交由法官结合具体的案情加以判断。

2. 关于"禁令"错误或恶意申请"禁令"的赔偿

"禁令"制度本身具有风险性。申请"禁令"错误给被申请人造成损失的，应当允许被申请人提起侵权损害赔偿诉讼。赔偿的数额可以比照一般侵权数额确定。如有证据证明申请人恶意利用"禁令"制度侵犯被申请人合法权益，法院应当对其采取制裁措施。申请禁令错误的一般情形，包括但不限于申请理由虚构，证据虚假或不充分等，实践中应当结合具体的案情进行分析和判断。

---

①《中华人民共和国反家庭暴力法》第 26 条规定："人身安全保护令由人民法院以裁定形式作出。"

②孙彩虹：《我国诉前禁令制度：问题与展开》，《河北法学》2014 年第 8 期。

3."禁令"程序与将来给付之诉、不作为之诉的衔接

若以一般诉讼程序角度考虑《民法典》第九百九十七条,则其对应诉讼法上的内容应为给付之诉。鉴于其主要目的在于预防对方当事人实施损害申请人权益的行为,则对应的诉讼类型可归纳为将来不作为给付之诉。在我国司法实践中,在把给付之诉类型化为"现在给付之诉"和"将来给付之诉"的情况下,一般认为现在给付之诉具有诉的利益,将来给付之诉则要具体考虑义务人的态度、给付内容的性质等因素。但在"禁令"程序存在的前提下,符合禁令的发出条件时,申请人并无提起将来不作为之诉的现实必要,通过非讼程序即可解决该问题,因此不存在诉的利益。而在法院发出禁令,被申请人提出异议之后,"禁令"程序终结,在这样的情况下,双方当事人已产生实质争议,原告可以请求被告不得实施侵权行为,"禁令"程序也可以实现与"将来不作为给付之诉"的衔接。

倘若以"明星隐私照片案"为例,义务人扬言要将某明星隐私照片公布到网上,此时可认为对该明星存在现实紧迫的危险,其隐私权有极大可能性被侵害,该明星应申请启动"禁令"程序,若法院发出禁令,被申请人提出异议,则"禁令"程序终结,该明星可以义务人为被告请求法院判决其将来不得实施侵害该明星人格权的行为。

五、结　论

民事"禁令"制度在我国还未正式建立起来,但司法实践中已经出现类似的案例严重影响到了权利人的正常生活和工作,在《民法典》人格权禁令已经正式颁布实施的今天,民事程序法如何与之进行完整的配对与衔接是至关重要的问题。笔者通过分析域外国家和地区对此制度和类似程序的建设经验,结合我国具体司法现状,提出与此对应的程序设计,以建议《民事诉讼法》的修订中新增"禁令"程序,更好地保护公民的人格权不受侵犯。这一"禁令"程序作为一般非讼程序不仅应当适用于"人格权",也可以逐步作用于人身安全保护、知识产权和环境公益诉讼等领域,但其中更深层次的问题还有待于进一步研究和挖掘。

（责任编辑：马特）

再论公司法定代表人的越权代表行为

庄鸿山①

摘　要:基于代表与职务代理在制度功能和规范构造上的同质性,应从代理的视角认识法定代表人的代表行为。法定代表人代表行为的本质是特殊的职务代理行为,其效果归属于公司的前提是法定代表人在代表权范围内行为。法定代表人的代表权来自公司章程或决议的授权,其范围应依授权行为的客观解释确定。法定代表人原则上享有概括代表权,但也可能受到法定或意定的限制。因法律的推定共知性,代表权的法定限制具有绝对效力,法定代表人超越法定限制构成越权代表,相对人仅能通过证明已尽到合理的审查义务主张表见代表的效果。但法定代表人超越意定限制的行为并不当然构成越权代表,法人对代表权的意定限制若未经有效的对外通知,对相对人不发生效力,代表行为仍为有效。据此,公司法定代表人的越权代表行为可分为"超越法定限制且不构成表见代表"与"超越意定限制且相对人非善意"两种类型。法定代表人越权代表未获公司追认的,对公司不发生效力,代表行为应归于无效。因相对人非善意,应适用《民法典》第 171 条第 4 款确定的责任配置规则,由法定代表人与相对人依各自过错承担责任,但在法定代表人越权行为与其职务地位存在关联时,得依《民法典》第 61 条第 2 款或第 62 条第 1 款由法人承担缔约过失责任。

关键词:法定代表人　代表权限制　相对人善意　越权代表

一、问题的提出

　　公司法定代表人超越权限限制对外实施代表行为的性质及效果,特别是法定代表人越权代表公司对外担保的效果可否归责于公司,学界一直存在争议,实务中亦存在重大分歧。② 这一问题涉及对代表行为本质的认识。我国通说及立法区分代表与代

---

　　①庄鸿山,中南财经政法大学法学院 2020 级民商法学硕士研究生;本文受中南财经政法大学中央高校基本科研业务费专项资金(202110638)的资助。
　　②刘俊海:《公司法定代表人越权签署的担保合同效力规则的反思与重构》,《中国法学》2020年第 5 期;邹海林:《公司代表越权担保的制度逻辑解析——以公司法第 16 条第 1 款为中心》,《法学研究》2019 年第 5 期;高圣平,范佳慧:《公司法定代表人越权担保效力判断的解释基础——基于最高人民法院裁判分歧的分析和展开》,《比较法研究》2019 年第 1 期。

理,认为法定代表人作为法人的机关,其代表行为在法律上即视为法人自身的行为,直接对法人发生效力,无须借助代理规范实现效果归属。① 但这一逻辑在越权代表的领域又无法得到完全贯彻,在法定代表人越权代表的场合,学说多主张应类推适用代理规范以保护善意相对人,《中华人民共和国民法典》(以下简称《民法典》)第 504 条由此被称为"表见代表"的规则。②

上述观点至少面临三重诘问:第一,若代表与代理本为性质不同的两类制度,越权代表类推适用代理规范之正当性基础何在? 第二,如果坚持"法定代表人的行为就是法人的行为",《民法典》第 61 条第 3 款中对法定代表人代表权的限制又应如何实现? 第三,法定代表人的越权行为分别会对公司法人、法定代表人和交易相对人产生什么法律效果? 在越权代表行为无效的情形下,公司法人是否需要对相对人承担责任? 囿于传统的代表理论和"法定代表人的行为就是法人的行为"的固有观念,上述问题始终未能得到妥当的解决。

值得注意的是,近年来已有学者就代表和代理的关系加以反思,并指出代表只是一种特殊的商事代理制度。③ 事实上,《民法典》第 61 条第 3 款与第 170 条第 2 款高度近似的条文表述也在一定程度上揭示出代表与职务代理的同质性。从代理法的角度解释法定代表人的代表行为以及代表权的限制,或可为解决上述问题提供新的方案。④ 不过,就上述两款条文的内涵以及它们与表见代理(表见代表)制度之间的关系,学界尚且存在不同认识⑤,因此亦有进一步厘清之必要。

此外,《最高人民法院关于适用〈中华人民共和国民法典〉有关担保制度的解释》(以下简称《担保制度解释》)第 7 条就法定代表人越权对外担保的问题规定了具体的处置规则。该条以相对人是否善意为标准确定担保合同对公司的效力,并规定公司在担保合同对其不生效力的情况下仍需承担赔偿责任,其规范基础为何,能否一般性地适用于各种类型的越权代表行为,值得研究。有鉴于此,本文拟先检讨法定代表人代表制度的本质,在此基础上厘定法定代表人代表权的性质、来源与范围,进而探讨《民法典》第 61 条与第 504 条"代表权限制不得对抗善意相对人"的规范内涵,明确法定代表人越权代表行为的效果归属,并探讨由此产生的责任承担问题。

---

①王利明,杨立新,王轶,程啸:《民法学》(第六版),法律出版社 2020 年版,第 111 页;黄薇:《中华人民共和国民法典总则编解读》,中国法制出版社 2020 年版,第 181 页。

②朱广新:《法定代表人的越权行为》,《中外法学》2012 年第 3 期;石一峰:《商事表见代表责任的类型与适用》,《西北政法大学学报》(法律科学)2017 年第 6 期。

③殷秋实:《法定代表人的内涵界定与制度定位》,《法学》2017 年第 2 期;蒋大兴,王首杰:《论民法总则对商事代理的调整——比较法与规范分析的逻辑》,《广东社会科学》2016 年第 1 期。

④类似视角展开的研究,冉克平:《论商事职务代理及其体系构造》,《法商研究》2021 年第 1 期。

⑤汪渊智:《论职务表见代理》,《山西大学学报》(哲学社会科学版)2020 年第 6 期;徐深澄:《〈民法总则〉职务代理规则的体系化阐释——以契合团体自治兼顾交易安全为轴心》,《法学家》2019 年第 2 期;吴越,宋雨:《公司担保合同中善意相对人认定标准研究——基于〈民法总则〉对〈合同法〉50 条之扬弃》,《社会科学研究》2018 年第 5 期。

二、解释立场之选择:代表本质之反思

根据《民法典》第 61 条第 2 款,"代表"系法定代表人以法人名义实施的行为。但法定代表人如何"代表"法人,其代表行为的本质为何,理论上有两相对立之学说,即"代表说"与"代理说"。采取何种学说解释法定代表人的代表行为,关涉后文解释立场与进路之选择,故在此作简要评述。

(一)代表说之批判

对于法定代表人的代表行为,通说认为,法定代表人是法人的机关,其作为法人之一部,系代表而非代理法人对外从事行为,其行为就是法人的行为,效果直接归属于法人,而无须借助代理规范实现效果归属。① 这一观点被认为是法人本质采"法人实在说"立场所决定的。② 在代表说下,代表所形成的法律关系仅为双方关系,系法人与相对人之间的直接关系,代表人在执行职务时与法人混为一个人格,因此代表人的行为在法律上就被视为法人的行为。在效果归属上,因代表人与法人为一体关系,代表人也不存在由法人授权的问题。

但是,代表说的理论自足性存在疑问,特别是在处理法定代表人越权代表、超越经营范围等问题时,其逻辑难以自洽,只能转而求助于代理规范。③ 易言之,代表说无法妥当地解释超越授权这一"对法人的自我行为的限制"的逻辑悖论④,难以容纳对代表权的限制制度。而在侵权行为、事实行为的效果归属上,代表说也无独立价值。称"侵权行为和事实行为"可被"代表"实际上是一种"误导性的说法",因为二者都不是表示行为。⑤ 在侵权责任的归属上,《民法典》第 1191 条足以处理法定代表人侵权行为的责任归属问题,故并无区分机关侵权与雇员侵权情形之必要。⑥

从域外法学说看,在《德国民法典》颁行之初,即有学者指出,代表说在法律行为的效果归属技术上与代理说并无差别。⑦ 当前的德国通说亦认为,二者的差异并不应

---

①[德]福尔克·博伊庭:《德国公司法上的代表理论》,邵建东译,载梁慧星:《民商法论丛》(第13 卷),法律出版社 2000 年版,第 533 页。

②梁慧星:《民法总论》(第五版),法律出版社 2014 年版,第 133 页;陈甦:《民法总则评注》(上册),法律出版社 2017 年版,第 422 页;[日]近江幸治:《民法讲义Ⅰ:民法总则》,渠涛等译,北京大学出版社 2015 年版,第 111 页。

③陈甦主编:《民法总则评注》(下册),法律出版社 2017 年版,第 1205-1206 页。

④蒋大兴,王首杰:《论民法总则对商事代理的调整——比较法与规范分析的逻辑》,《广东社会科学》2016 年第 1 期。

⑤朱庆育:《民法总论》(第二版),北京大学出版社 2016 年版,第 460 页。

⑥刘骏:《揭开机关理论的面纱:区分"代表"与"代理"以及"机关"与"雇员"之无益论》,《河南大学学报》(社会科学版)2020 年第 5 期。

⑦朱庆育:《民法总论》(第二版),北京大学出版社 2016 年版,第 463-464 页。

当被高估。这一问题的实质是法律行为的归责问题,"法人机关"理论并不否认代表行为的归责特征。在这一意义上,机关理论只是有助于更好地解释归责的原因。[①] 在德国法上,董事会虽属于法人的机关,但其在对外行为时,仍得适用代理的规范。[②] 这也说明,即使是在法律行为的效果领域,代表与代理之间也并非"泾渭分明"的关系。

我国立法与学说之所以近乎一致地采用代表说,强调代表与代理的区分,并将其贯彻于法定代表人代表制度中,有着特定的历史渊源。我国的法定代表人制度是比照行政"首长负责制"建立的。[③] 这一制度源于计划经济时代国有企业实行的厂长(经理)负责制,保留了强烈的管制色彩。[④] 在厂长负责制下,企业经营管理的职能属于厂长,法人机关的职能全由厂长一人行使。[⑤] 厂长对内享有最高决策、管理权,对外享有代表权、签字权。厂长既是法人的权力机关和意思机关,又是法人的执行机关和代表机关。法定代表人由此被定位为法人必设的"意思表达机关",具有代表法人的法定权限。

这一制度虽具历史价值,但其功能定位的妥当性,在强调公司自治理念的今天殊值检讨。采取独任制的法定代表人制度,是"厂长负责制"向现代公司治理机制"不完全改革"的结果,并非逻辑上的必然结论。法定代表人制度受到批评的根本原因在于其管制色彩与公司自治理念的冲突。从组织法的角度看,法定代表人的权力扩张实质上导致了法人分权治理结构向"厂长负责制"的不当回归,法定代表人因其特殊地位,逐渐成为法人一切行为的代表,渗透到企业的全部活动当中。[⑥] 此种权力结构失衡将可能导致公司利益受损,也与现代公司治理强调的自治理念相背离。[⑦] 从交易法的角度看,法定代表人制度的价值主要在于全面表达公司的意志,具有明确行为归属、保障交易安全的积极功能,但这一功能并非无可取代,法人对外的意思表达完全可以通过代理制度实现。况且,法人通过法定代表人或是其他工作人员进行法律行为,在生活事实上也无明显差异。因此,对代表与代理效果归属的区分构造并无绝对的必要性。[⑧]

---

① Vgl. Leuschner, in: Münchener Kommentar zum BGB, 8. Aufl., 2018, § 26, Rn. 4, 17.

② Vgl. Leuschner, in: Münchener Kommentar zum BGB, 8. Aufl., 2018, § 26, Rn. 17.

③ 朱庆育:《民法总论》(第二版),北京大学出版社 2016 年版,第 425 页。

④ 袁碧华:《法定代表人的制度困境与自治理念下的革新》,《政法论丛》2020 年第 6 期。

⑤《全民所有制工业企业法》第 45 条规定:"厂长是法定代表人。企业建立以厂长为首的生产经营管理系统。厂长在企业中处于中心地位,对企业的物质文明建设和精神文明建设负有全面责任。""厂长领导企业的生产经营管理工作,行使下列职权……"

⑥ 方流芳:《国企法定代表人的法律地位、权力和利益冲突》,《比较法研究》1999 年第 1 期。有学者称之为"僭主现象",蔡立东:《论法定代表人的法律地位》,《法学论坛》2017 年第 4 期。

⑦ 袁碧华:《法定代表人的制度困境与自治理念下的革新》,《政法论丛》2020 年第 6 期。

⑧ 陈甦:《民法总则评注》(下册),法律出版社 2017 年版,第 1205-1206 页;刘骏:《揭开机关理论的面纱:区分"代表"与"代理"以及"机关"与"雇员"之无益论》,《河南大学学报(社会科学版)》2020 年第 5 期。

代表说自身所存在的缺陷使其难以容纳代表权的限制制度,并造成了理论与实务的一系列误读。因此,有必要对法定代表人制度的规范价值作批判性的反思。基于客观的解释标准,追溯至"规范领域的事理结构"及"法秩序内在固有的法律原则的事理结构",依"同类事项、相同处理"之原则,对制定法作一定的解释修正,以避免评价矛盾。① 学界在这一方面已经作出颇多努力,由此达成的基本共识是,应当回归代理说,从商事代理的视角解释法定代表人的地位及其代表行为。②

(二)代理说之提倡

代理说认为,法人的代表人在执行法人的对外业务时,实际上就是法人的代理人。③ 代表人仍是具有独立人格的行为主体,代表人与法人之间的关系,与个人与个人之间的代理关系无异,代表人的行为不是所谓"法人自己的行为",而是代表人的自我行为,其效果因有效的代理权而归属于法人,法人通过代理人的行为取得权利义务。④

代理说被认为是在法人本质理论上采"法人拟制说"的结果⑤。理论上认为,由于我国立法对法人本质采"法人实在说",故代理说在我国缺乏根据。但事实上,法人本质的立场选择与法人具体制度的构建并没有必然联系。⑥ 在法律行为领域,法定代表人的代表权与法人代理人的代理权,实质上并无不同。⑦《民法典》虽然分别规定了代表与代理制度,但二者在"规范领域的事理结构"上却具有高度的相似性。代表说在效果归属领域并无独立价值,而以越权代表的视角察之,代表行为此种"代理构造"则更为突出。⑧ 学界将《合同法》第 50 条理解为"表见代表",实际上就是借鉴代理说的结果。⑨ 而从法定代表人的制度沿革可见,脱胎于"厂长(经理)负责制"的法定代表

①[德]卡尔·拉伦茨:《法学方法论》,黄家镇译,商务印书馆 2020 年版,第 420-421、499-500 页。
②解释论上的努力,如殷秋实:《法定代表人的内涵界定与制度定位》,《法学》2017 年第 2 期;刘骏:《再论意定代理权授予之无因性》,《交大法学》2020 年第 2 期。立法论上的建议,如曾大鹏:《民法典编纂中商事代理的制度构造》,《法学》2017 年第 8 期;袁碧华:《法定代表人的制度困境与自治理念下的革新》,《政法论丛》2020 年第 6 期。相反观点,杨代雄:《越权代表中的法人责任》,《比较法研究》2020 年第 4 期。
③梁慧星:《民法总论》(第五版),法律出版社 2014 年版,第 133 页。
④[日]近江幸治:《民法讲义I:民法总则》,渠涛等译,北京大学出版社 2015 年版,第 111-112 页。
⑤[德]福尔克·博伊庭:《德国公司法上的代表理论》,邵建东译,载《民商法论丛》第 13 卷,法律出版社 2000 年版,第 533 页。
⑥李永军:《民法总论》(第三版),中国政法大学出版社 2015 年版,第 105 页;李游:《公司越权担保效力判定路径之辨识》,《河北法学》2017 年第 12 期。
⑦李宇:《民法总则要义:规范释论与判解集注》,法律出版社 2017 年版,第 156 页;梁慧星:《民法总论》(第五版),法律出版社 2014 年版,第 132 页。
⑧梁慧星:《民法总论》(第五版),法律出版社 2014 年版,第 132 页;陈甦:《民法总则评注》(下册),法律出版社 2017 年版,第 1205-1206 页。
⑨朱庆育:《民法总论》(第二版),北京大学出版社 2016 年版,第 473 页。

人制度,本身即带有经理人制度的基因。① 以经理权解释《民法典》第 61 条第 3 款,或更符合事理和交易安全之维护。② 而一般的经理权即属于《民法典》第 170 条规定的职务代理制度涵摄的范围。③ 据此,有学者旗帜鲜明地指出:"代表就是一种特殊的、适用于公司领域的代理,法定代表人本质上是具有法定公示意义的公司代理人。"④法定代表人的代表与法人工作人员的职务代理,本质均为商事领域的组织性、持续性和重复性代理。⑤

由于我国采取"民商合一"的立法体例,于《民法典》中同时规定了民事代理及适用于商事领域的职务代理,从体系功能上看,代表与职务代理的规范构造和制度功能上并无二致,两者皆为效果归属规范,即法人通过其成员对外实施法律行为,并将其效果归属于法人的制度。刻意将代表从代理中割离,并非事物本质所必然。⑥ 即便认为法定代表人系法人之机关,其"代表"行为归属于法人的前提,仍然是具有相应的代表权限及遵循公开原则的要求(《民法典》第 61 条第 2 款)。⑦ 此种构造,与代理行为的结构并无二致。因此,采取代理说更符合"规范领域的事理结构"。⑧

采代理说解释法定代表人的代表行为,还有助于准确区分代表人的自我行为与法人的行为,并妥当处理代表权限制及超越代表权的效果归属的问题。在制度构造和价值取向上,传统的代表说无法容纳代表权的限制。若"代表行为就是法人的行为",则法定代表人超越权限的行为也应一概归属于法人,不存在法人限制其代表权从而阻断行为归属的空间。如此处理,虽然保护了交易安全,但会使得利益的天平过度偏向于交易相对方,忽略了对法人自身自治价值的维护,甚至可能造成公司治理结构的道德风险。⑨ 反之,从代理的角度解释法定代表人的代表行为,则能够在法定代表人对外行为中容纳代表权限制的理念。虽然公司法定代表人的代表权原则上是全面概括的,但其也可能受到意定或者法定的限制,这使法人通过内部治理结构对代表人对外行为

---

① 我国台湾地区"民法"第 553 条规定,经理是"有为商号管理事务,及为其签名之权利之人"。与厂长负责制下的厂长之功能,较为相似。从比较法角度对经理制度的梳理与介绍,王保树,钱玉林:《经理法律地位之比较研究》,《法学评论》2002 年第 2 期。

② 刘骏:《再论意定代理权授予之无因性》,《交大法学》2020 年第 2 期。

③ 杨秋宇:《融贯民商:职务代理的构造逻辑与规范表达——〈民法总则〉第 170 条释评》,《法律科学》(西北政法大学学报)2020 年第 1 期。

④ 殷秋实:《法定代表人的内涵界定与制度定位》,《法学》2017 年第 2 期。

⑤ 冉克平:《论商事职务代理及其体系构造》,《法商研究》2021 年第 1 期。

⑥ 陈自强:《代理权与经理权之间——民商合一与民商分立》,北京大学出版社 2008 年版,第 100 页。

⑦ Vgl. Leuschner, in: Münchener Kommentar zum BGB, 8. Aufl., 2018, § 26, Rn. 17.

⑧ 朱庆育教授称其为"机关代理",朱庆育:《民法总论》(第二版),北京大学出版社 2016 年版,第 329 页。

⑨ 袁碧华:《法定代表人的制度困境与自治理念下的革新》,《政法论丛》2020 年第 6 期。

的控制以及组织法规范对法人自身利益的保护成为可能。同时,根据代理权独立性原理及"代表权限制不得对抗善意相对人"的规定,交易相对方的合理信赖亦能得到积极保护,从而在团体内部自治和外部交易安全两项价值之间实现平衡。

代理的本质是法律行为的效果归属规范。代理的基本构成要素是"以他人名义实施法律行为"及"在代理权范围内行为"。① 如果以代理理论来分析法定代表人及其代表行为,法定代表人的代表行为归属于法人的依据就是名为"代表权"的代理权,而不是代表人与法人之间所谓的"人格同一性"。② 据此,法定代表人代表权的来源与范围在代表行为的规范构造中就具有重要的意义。代表人必须享有代表权,并在权限范围内行为,才能将其行为效果归属于法人。其次,"以他人名义行为"亦为代理关系的重要特征,这是代理公开原则的要求。③《民法典》第 61 条第 2 款要求法定代表人"以法人的名义"从事民事活动,与代理公开原则保持了一致。原则上,为了保护交易相对人,代理人须公开代理的事实,令相对人能够识别代理人的存在,知道与其交易真正的对方当事人(被代理人),除非相对人并不关注被代理人的身份。④

此外,采代理说一体解释和处理公司法人中的代表与职务代理行为,能够使《民法典》第 61 条第 3 款与第 170 条第 2 款保持体系融贯,符合"同类事项、相同处理"的法律适用原则。准此,在代理说的立场下,公司法定代表人的代表行为,本质即为特殊的职务代理行为,其代表权实质上是代理权。法定代表人须在代表权范围内行为,才能发生有权代理的效果,将法律行为的效果归属于公司。因此,法定代表人的行为能否归属于法人,关键就在于其是否以法人的名义行为,并具有相应的代表权。

三、法定代表人超越代表权

如前所述,在代理说的视角下,公司法定代表人的代表权实质上是代理权。代理权在法律行为效力归属中居于核心地位,是使法律行为归属于被代理人的私法权力。⑤ 法定代表人须在代表权范围之内行为,其代表行为才能有效归属于法人。⑥ 因

---

① [德]维尔纳·弗卢梅:《法律行为论》,迟颖译,法律出版社 2013 年版,第 894 页。

② 殷秋实:《法定代表人的内涵界定与制度定位》,《法学》2017 年第 2 期。

③ 徐涤宇:《代理制度如何贯彻私法自治——民法总则代理制度评述》,《中外法学》2017 年第 3 期。

④ [德]迪特尔·梅迪库斯:《德国民法总论》,邵建东译,法律出版社 2000 年版,第 692-693 页;Vgl. Schubert, in:Münchener Kommentar zum BGB, 8. Aufl. , 2018, § 164, Rn.24。

⑤ 朱庆育:《民法总论》(第二版),北京大学出版社 2016 年版,第 337 页;梁慧星:《民法总论》(第五版),法律出版社 2014 年版,第 234 页;[德]维尔纳·弗卢梅:《法律行为论》,迟颖译,法律出版社 2013 年版,第 930 页。

⑥ 朱庆育:《民法总论》(第二版),北京大学出版社 2016 年版,第 337-338 页。

此,判断法定代表人是否超越代表权,首先需要确定法定代表人代表权的来源和范围。代理理论中的授权行为与基础行为关系间的分离原则可作为其分析框架。其次,由于法定代表人原则上享有概括的代表权限(《民法典》第61条第2款),因此,代表权的具体范围也应从限制的视角予以考虑(《民法典》第61条第3款)。

(一)代表权的来源:分离原则作为分析框架

代理权来自法律授权或者被代理人的授权,原则上,代理权的范围即授权的范围。通说认为,代理权的授予是独立于基础关系的单独行为,在意定代理中,须区分代理权授权行为和委托合同等基础关系。在代理权授予与基础关系分离的框架下,授权行为独立于基础关系,代理权的授予及其范围与基础关系的约定之间就不存在必然关系。① 依此逻辑,代理权的范围只能从代理权的"权源",即代理权授予行为中得到确定,而无法从基础关系中得到确定。值得注意的是,有观点认为在商事领域中不必固守分离原则,因商事代理权尤其是经理权系基于其职务地位,可由事务管理契约的成立而授予,即代理权授予与法律行为事务处理的委任得以一个法律行为完成。② 根据这一观点,法定代表人代表权的来源则应为代表人这一职务,代表权范围之确定,则可取决于基础关系之内容与职务之目的。

本文对此难以赞同。虽然代表权的授予通常不像一般意定代理有明确、可识别的授权行为(如授权书),而是以职务授予或者章程、决议列举或限定等方式为之。③ 但是,代理权授予行为与基础关系的分离只是观念上的分离,授权行为被基础关系所吸收,并不意味着授权行为不存在④;代理权的授予没有要式性,得以明示或默示为之,将基础关系中包含的代理权授予意思,或者职务之授予行为,解释为代理权授权之意思表示,使其在规范上与基础关系相分离,也不违反解释之原则。⑤ 因此,坚持代表权授予行为与基础关系相分离之立场,与代理基础理论可保持体系融贯,亦与法人内外关系区分之原理具有一致性。在分离原则下,法定代表人的代表权来自法人的授权。授权使法定代表人享有对外实施法律行为并将其归属于法人的权力。但法定代表人的职责与法人对代表人的内部指示,则属于基础关系的范畴。

公司法定代表人的代表权与法人工作人员的职务代理权一样,都来源于授权行为。法定代表人的代表权虽具有一定的"法定"色彩,但其本质属意定代理权。法定

---

① 朱庆育:《民法总论》(第二版),北京大学出版社2016年版,第342页;梁慧星:《民法总论》(第五版),法律出版社2014年版,第236-237页。

② 陈自强:《代理权与经理权之间——民商合一与民商分立》,北京大学出版社2008年版,第122-125页。

③ 陈甦:《民法总则评注》(下册),法律出版社2017年版,第1206-1207页。

④ 张俊浩:《民法学原理》,中国政法大学出版社1997年版,第268页。

⑤ Vgl. Schubert, in: Münchener Kommentar zum BGB, 8. Aufl., 2018, § 164, Rn. 210.

代表人的代表权来自法人组织章程或者权力机构任命的授权,并非无须授权或由法律授权。① 申言之,公司法定代表人的选任与变更,皆属于法人内部自治的事项,此种选任本身即体现了某种授权的意思。我国现行法没有强制规定担任公司法定代表人的人选,而是交由公司章程在一定范围内确定。章程是公司设立的必备要件,法定代表人属于章程的必要记载事项,故法定代表人虽然具有法定的"必设性"②,但是法定代表人的选任和代表权限,都是由作为公司自治性契约的章程予以确定的,这本质上体现的是公司内部的组织自治。③ 法定代表人虽然需要载入工商登记簿,但其代表权并非来自法律的授予,法律规定的登记毋宁是对法人内部自治结果的一种确认和公示,从而使其为相对人所知悉。④

　　而就授权的方式而言,代理权授予通常有两种形式,即被代理人向代理人发出授权意思表示的"内部授权",以及被代理人直接向交易相对人为表示的"外部授权"。公司对法定代表人的授权系以章程或决议形式为之,而公司章程、决议原则上仅对公司内部人具有法律约束力,故公司对法定代表人的授权性质上应属内部授权。但法定代表人之工商登记作为一种公示手段,可理解为"内部授权的对外通知"。⑤ 质言之,因内部授权系被代理人对代理人的单独行为,相对人通常不得而知,无法判断与其交易的相对方,若内部授权未通知相对人,相对人就无法信赖代理人为有权行为。因此,在代理行为中,通常需要由本人对外作出"代理权通知",即将授权之事实通知相对人。⑥ 此种通知可以以明示或者默示方式为之,例如,本人出具代理权凭证、授权书,或者赋予行为人某种通常享有代理权的职衔当中,登记为法定代表人等,皆属于代理权的通知。⑦ 而本人若要对法定代表人的权限进行限制,也需要以相同的方式,令交易相对人知悉,否则该限制对相对人不发生效力。内部授权的对外通知若已具备授权行为的全部要素,性质上也可认定为独立的、基于法律行为形成代理权的"外部授权"

---

①陈自强:《代理权与经理权之间——民商合一与民商分立》,北京大学出版社 2008 年版,第124-125 页;[德]卡尔·拉伦茨:《德国民法通论》(下册),谢怀栻等译,法律出版社 2003 年版,第828 页。

②袁碧华:《法定代表人的制度困境与自治理念下的革新》,《政法论丛》2020 年第 6 期。

③施天涛:《公司法论》(第四版),法律出版社 2018 年版,第 124-125 页。

④《民法典》第 65 条规定:"法人的实际情况与登记事项不一致的,不得对抗善意相对人。"由此可见,法人登记事项一般只具有正确性的推定效力和善意保护效力,不具有绝对效力。

⑤[德]卡纳里斯:《德国商法》,杨继译,法律出版社 2006 年版,第 83 页。

⑥朱庆育:《民法总论》(第二版),北京大学出版社 2016 年版,第 86-87 页。

⑦王浩:《"有理由相信行为人有代理权"之重构》,《华东政法大学学报》2020 年第 4 期。"内部授权的对外通知"与"代理权通知"本质是一致的,只是在表示方式上有所不同。前者通常是本人明示方式向特定人主动为之,后者则更多是对交易中的各种外观要素作客观的规范性解释的结果,应作一致理解。

行为。① 外部授权表示之受领人为交易相对人,通过对外部授权的规范解释,也可得出"外部代表权"的范围。

(二)代表权的范围:基于限制的视角

越权代表之核心在于代表权范围的判断、限制之性质及其对抗效力,这也就落脚到《民法典》第61条第3款的解释上。法定代表人的代表权来源于法人的授权,代表权的范围自应由授权行为界定。因此,代表权的范围即授权行为的解释问题。按照代理权授权的一般理论,无论是内部授权还是外部授权,通常是通过有相对人的意思表示为之。区别在于,内部授权情形下,意思表示受领人为代表人,而外部授权中交易相对人才是表示之受领人。问题在于,当外部授权与内部授权经由解释所得出的范围不一致时,应以何者为准?

原则上,内部授权系代理权授权之基本模式,在无外部授权的情况下,代理权范围应当依照被代表人对代理人的授权意思表示予以解释,以被代理人的意思而定。在一般意定代理中,代理人超越内部授权范围实施代理行为,即构成无权代理,依照《民法典》第171条第1款,未经被代理人追认,对被代理人不发生效力。在此情形下,交易相对人须承担代理人具有代理权的风险,即在代理人超越内部授权的场合,相对人需要承担无权代理的后果。② 但在商事领域问题则有所不同,商事领域更为强调交易安全的保护,其积极信赖保护的要件也应更加宽松。③ 易言之,在商事领域,代理权之范围有时是由法律规定,有时须结合商事交易的习惯、规则等进行客观解释。最为重要的是,在存在外部授权的情况下,基于对交易安全的保护,以及法人通过内部组织规范能够更有效控制代表的风险,应当依照外部授权的客观解释内容作为代表权的范围。

因此,就本人基于内部授权的意思自治与相对人基于外部授权的信赖两项价值进行衡量的结果是,法律应在商事领域侧重保护交易安全,若一个客观、理性的尽到交易中必要注意义务的交易相对人,依照其所能获得的交易信息,无法获知代表权存在限制,该限制就对其不生效力。这就是"不得对抗善意相对人"的意义,即法人对代表人代表权内部限制对外不生效,应以外部代表权之范围为准。在这一意义上,《民法典》第61条第3款可以被理解为代表权范围的解释规范,而非表见代表的规范。

就代表权范围的判断而言,在我国现行法上,法定代表人作为公司法人的意思表达机关,一般来说享有全面、概括的代表权限,即公司法人授予其法定代表人的代表权原则上是全面的。换言之,若法人章程或者决议没有对法定代表人的代表权作特别限制,则法定代表人一般有权代表法人为其目的范围内的全部行为,其代表权范围大体

---

① [德]维尔纳·弗卢梅:《法律行为论》,迟颖译,法律出版社2013年版,第981-983页。

② Vgl. Schubert, in:Münchener Kommentar zum BGB, 8. Aufl. , 2018, § 164, Rn. 25.

③ Vgl. Schubert, in:Münchener Kommentar zum BGB, 8. Aufl. , 2018, § 167, Rn. 98.

相当于法人的经营范围。根据法定代表人的身份(通常由商事登记表征),以及结合交易中的情境和习惯,交易相对人即可获知其享有代表权。但是,法定代表人的代表权,仍得受到法定或者意定的限制。以限制为视角分析代表权的范围,是一种"自外而内"确定代表权范围的进路。

首先,公司法定代表人的代表权是由法人章程或决议在法律规定的范围内授予的。法人授予法定代表人的代表权范围受到法律的限制,换言之,法律为代表权的范围规定了外部的边界。举例而言,《公司法》第 16 条关于公司对外担保的程序规定,构成对"可授权范围"的限制,也可理解为对授权行为的强制规范。易言之,公司不能够通过章程或者股东会决议的形式将对外担保权限授予法定代表人直接行使。授予该代表权的,该项授权也为无效,法定代表人不享有该项代表权。因此,对代表权的法定限制本质上是对授权行为的效力强制,法人授予法定代表人的代表权自始不包括法律所限制的权限内容,故法定代表人超越代表权法定限制的情形,不适用《民法典》第 61 条第 2、3 款,而应当适用《民法典》第 504 条。

其次,《民法典》第 61 条第 3 款承认法人可以依照法人章程或权力机构决议,对法定代表人的代表权予以限制。这与德国法有所不同。德国法上有"经理权不得限制"的规则,代理人与本人之间的内部关系不能限制外部的代理权。机关代表权亦同。限制董事会或经理等代理机关权力的章程和决议只在内部有效,违反限制的行为引起的是内部责任,但对第三人无效。[①] 基于授权行为之独立性与无因性的原则,经理权的限制只能被理解为内部指示,由此应当依代理权滥用规则处理经理人的越权行为。本文亦认可分离原则的立场,但在我国《民法典》第 61 条第 3 款已明确承认代表权限制的前提下,法定代表人的代表权即可以通过法人章程或者决议加以限制,而不只是存在于基础关系中并与代表权相分离的内部指示。自分离原则视角分析,不妨将此种限制理解为"代表权的一部撤回"。[②]

不过,法人章程和决议对代表权的限制,不一定能够"作用于"外部授权产生的代表权。为了保护交易安全,法律规定代表权意定限制"不得对抗善意相对人"。代表权的一部撤回须以合理方式"到达"交易相对人方能生效。具言之,法定代表人的授权方式兼有内部授权与外部授权两种形式,且应以外部授权范围为准,故法人对法定代表人代表权的内部限制,也须依照与外部授权或内部授权的外部通知的方式使其为相对人所知晓,才能发挥"限制"外部代表权的效力。易言之,对法定代表人代表权的内部限制,若未作出有效的外部通知,交易相对人没有获知此种限制的存在,而依照商事交易中通常的注意义务,他也没有被要求具体核实其存在时(即不应当知道),则该

---

①刘骏:《再论意定代理权授予之无因性》,《交大法学》2020 年第 2 期。

②陈自强:《代理权与经理权之间——民商合一与民商分立》,北京大学出版社 2008 年版,第 145-146 页;陈甦:《民法总则评注》(下册),法律出版社 2017 年版,第 1169 页。

限制对其不生效力,此时,代表人在外部代表权范围内所为的行为就是有权代表。法人未经对外通知的内部限制对善意的相对人不生效,此即"对抗"之含义。

综上所述,在分离原则框架下,以外部授权的客观标准判断法定代表人的代表权,将对交易相对人提供强有力的保护。除法律直接规定和基于法人本质与目的对代表权的限制外,法人内部基于意思自治对法定代表人代表权的限制,必须令相对人知情或者能够知情,才能影响代表行为的效果归属。若法人对法定代表人的代表权的意定限制未经有效外化,则法定代表人在外部授权范围内所为之行为属于有权代表,对法人发生效力。据此,法定代表人的越权行为可整合为两种类型:①超越法定限制,且不构成表见代理;②超越意定限制,且相对人非善意。

四、相对人非善意

《民法典》第 61 条第 3 款与《民法典》第 504 条均确定了"相对人非善意"时越权行为不对法人发生效力的规则。法定代表人超越代表权限制并不当然构成"越权代表",其还须满足"相对人非善意"的要件。该要件旨在保护交易中的善意相对人,从而维护交易安全,但作为对私法主体认知状态的规范评价,善意的认定因代表权限制的类型不同而有不同,故需要根据代表权限制的类型确定相对人的注意标准。

(一)相对人知道或者应当知道代表权限制

根据代理权授予与基础关系的分离原则以及内外授权的区分说,法定代表人的代表权范围原则上应依外部代表权范围而定。外部代表权的范围是客观解释的结果。根据现行法和交易实践中的一般观念,法定代表人作为法人的意思表达机关,原则上享有除法定限制以外全面、概括的代表权限。故法定代表人代表权的范围,需要从代表权限制的角度进行分析。

《民法典》第 504 条规定,法定代表人超越权限范围,除相对人知道或者应当知道法定代表人超越权限以外,代表行为有效。相对人"知道或者应当知道"的对象,即指向代表人越权之事实,更具体地说是了解代表权所存在的限制。总的原则是,若相对人明知代表权存在限制,则其没有被保护的必要,法定代表人违反代表权限制的行为构成超越代理权的无权代理。但在相对人是否应当知道存在限制的问题上,尚须区分限制的不同类型予以讨论。前文已述,根据代理权限制的依据,可将其分为法定限制和意定限制两种类型,并适用两种处置规范。

首先,在法律对法定代表人代表权存在法定限制的情况下,因法律的"推定共知性",相对人有义务知晓此种限制,故相对人在法律上被推定为非善意(《担保制度解释》第 7 条第 3 款)。以公司法定代表人对外担保为例,由于《中华人民共和国公司法》(以下简称《公司法》)第16条规定公司对外提供担保必须由股东会决议,在公司内部的组织法角度该条为效力性强制规范①,公司对法定代表人的授权不包括对外担保的权限。法定代表人代表公司对外担保,须经公司对外担保决议程序的特别授权。从相对人的视角看来,因此种限制为法定限制,其有义务知道法定代表人的代表权存在此种限制,故相对人有义务对担保行为是否已经内部决议程序进行审查,以确定法定代表人是否具有特别的代表权。易言之,代表权的法定限制无须对外通知即发生效力,相对人不得主张其不知代表权存在限制。但如果相对人已尽到对公司决议的合理审查义务,表见代理制度还可为善意相对人的保护提供规范基础。若相对人经过合理的形式审查有理由相信代表人已获有效授权,构成"有理由相信行为人有代理权",则可根据主张越权代表行为发生表见代表的效果,法定代表人的代表行为仍可有效。②

其次,在公司法人对法定代表人的代表权进行意定限制的场合,根据《民法典》第61条第3款,此种限制未经有效的对外通知,不对相对人发生效力,相对人被推定为善意。具言之,相对人只需根据交易中的外部有关事实,如工商登记、代表人身份等相关事实对代表人有无代表权作出判断并依此行事,无须主动调查法人内部的组织章程、决议等内部行为是否对代表人代表权存在意定限制。即在法人对代表权进行意定限制的场合下,相对人在法律上被推定为善意。若法人对法定代表人代表权的意定限制已经对相对人作出有效的通知,或者根据法律规定、交易习惯等因素相对人应当知道存在内部限制,则相对人属非善意,法人对法定代表人代表权的意定限制(代表权的一部撤回)对其生效,外部代表权范围被缩减,法定代表人超越意定限制的行为就构成无权代表。这一点在职务代理中同理,举例而言,百货商店将其工作人员置于特定营业环境中的行为即构成一种外部授权,其代理权的范围即根据交易习惯和一般观念而定。在通常的交易习惯和一般社会观念下,工作人员具有销售货物的职务代理权,有权代理商家与客户进行交易。若商家内部对工作人员的代理权加以限制,如不得为某种类之交易或对交易金额进行限制,若商家未通过店堂告示等方式对交易相对人作出有效的代理权通知,相对人既不知也无义务调查是否存在此种限制(不应知),故此种限制对交易相对人不生效力,工作人员超出意定限制的行为仍构成有权代理。与之同理,若法人对法定代表人代表权范围存在限制,须通过向交易相对人为个别通

---

①刘俊海:《公司法定代表人越权签署的担保合同效力规则的反思与重构》,《中国法学》2020年第5期。

②《最高人民法院关于适用〈中华人民共和国民法典〉有关担保制度的解释》第7条第3款:"第一款所称善意,是指相对人在订立担保合同时不知道且不应当知道法定代表人超越权限。相对人有证据证明已对公司决议进行了合理审查,人民法院应当认定其构成善意,但是公司有证据证明相对人知道或者应当知道决议系伪造、变造的除外。"

知、具体信息披露①予以限制,或者通过登记的经营范围予以公示。② 若无有效的外部通知,代表人违反内部限制并不当然构成无权代表,其在外部授权范围内所为的代表行为则属于有权代表,此时法人所承担的责任就不是表见责任或者权利外观责任。

故而,在相对人知道或者应当知道代表权存在限制的情况下,即法定限制的情况或者意定限制对相对人已作出通知的情况,法定代表人所享有的外部代表权范围被限缩,法定代表人超越此种限制则构成越权代表。若公司法人对法定代表人代表权进行意定限制,但没有通知相对人,且根据交易习惯和一般社会观念,相对人也没有了解是否存在此种限制的通常注意义务时,可认定相对人为善意,代表权的内部限制对相对人不生效力,法定代表人超越内部限制的行为仍得构成有权代表,其行为效果归属于法人。在代表权法定限制的场合,该限制无须通知也发生效力,认定相对人的善意则须以其尽到审查义务为前提。

(二)与表见代理及代理权滥用的关系

《民法典》第 61 条第 3 款、第 170 条第 2 款与第 172 条规定的表见代理制度具有类似的制度目的,即保护交易中的善意相对人。若实际交易中的相对人不是善意相对人,即未尽到在该等情形下一个尽到一般交易义务的人的注意义务,其对代理权范围的认识不具有合理信赖的基础,不值得保护。③ 但上述制度亦存在区分,《民法典》第 61 条第 3 款、第 170 条第 2 款针对代表和职务代理所确立的"内部限制不得对抗善意相对人"规则,与《民法典》第 172 条的表见代理制度存在若干差异之处,二者不属于竞合关系,也不属于特殊规范与一般规范的关系,而分属于不同的适用领域。

《民法典》第 61 条第 3 款、第 170 条第 2 款是基于法人内外区分的原则而设计的,旨在区分法人内部治理与外部行为效力之间的关系,具有提高商事交易效率及维护交易安全的目的,主要适用于代表权意定限制的场合。在意定限制中,相对人被推定为善意,法人内部限制须有效外化方能影响代表权的范围。若公司通过章程或者决议对代表人代表权的限制未经有效外化,法定代表人的行为仍得构成有权代表。此时,前述限制只能被解释为基础关系中的职责限定。代表人此种违反基础关系中的职责限

①上市公司根据证券法设有强制信息披露制度,因此相对人可获知其是否经过决议通过。如新近颁布的《最高人民法院关于适用〈中华人民共和国民法典〉有关担保制度的解释》第 9 条第 1 款:"相对人根据上市公司公开披露的关于担保事项已经董事会或者股东大会决议通过的信息,与上市公司订立担保合同,相对人主张担保合同对上市公司发生效力,并由上市公司承担担保责任的,人民法院应予支持。"

②温世扬,何平:《法人目的事业范围限制与"表见代表"规则》,《法学研究》1999 年第 5 期;朱庆育:《民法总论》(第二版),北京大学出版社 2016 年版,第 471-474 页。遗憾的是,我国现行的商事登记制度并没有在法定代表人登记设置权限范围的公示制度,法人对法定代表人内部授权的限制,就必须另以外部通知的形式为之。

③[德]维尔纳·弗卢梅:《法律行为论》,迟颖译,法律出版社 2013 年版,第 940-941 页。

定,其代表行为的效果归属不受影响,但可能产生违反内部义务约束的责任。① 由此,需要将代表人超越代表权的行为与超越内部限制的行为区分开来。

《民法典》第 172 条表见代理制度则是基于权利外观责任所构建,其核心在于保护相对人对于"代理权外观"的合理信赖。在法定代表人越权行为中,表见代理制度仅适用于代表权法定限制的场合。在表见代理制度中,相对人不被推定为善意,其须证明其"有理由相信"代理权存在,即负有更高程度的举证义务;通说认为,还须被代理人对代理权外观形成具有可归责性,方符合表见代理制度的适用条件。② 在法定限制中,代表权范围受到法律之限制,且基于法律的推定共知性,相对人不被推定为善意,表见代表制度可在相对人依代表人出具的内部决议文件或公章等外观合理信赖代表人有代表权时,为善意相对人提供信赖保护。

此外,依代理权滥用法理,若代理人违反内部的职责限定对相对人来说具有"显见性",即代理人超越职责的行为对相对人而言十分明显,例如代理的行为不属于公司经营范围,为私人事务而为行为,或交易价格显著低于市场价等不合理的行为,则可突破代理权的独立性,并据此认定相对人非善意,代理人构成无权代理。③ 即在法定代表人违反内部限制具有显见性时,该种限制无须外化也可对相对人产生效力。但根据前述外部授权的客观解释规则,此类行为即不可能落入客观、理性相对人认知的权限范围内,故法定代表人的行为显属超出外部授权范围,相对人亦应当被评价为非善意,法定代表人的行为即构成越权代表。由此,在法定代表人越权行为的场合,代理权滥用之法理可被前述《民法典》第 61 条第 3 款之解释规则所吸收。

五、越权代表的法律效果

(一)代表行为的效果归属

法定代表人违反法人内部对其代表权限制,并不当然构成越权代表。若代表人超越内部限制,但没有超越外部代表权范围的情形,因代表权的内部限制未经有效外化,不能对抗善意相对人,代表行为的效果归属因此不受影响法定代表人的行为属有权代表,其效果归属于法人,非属于真正的"越权代表"。法定代表人违反内部限制的行

---

① "江苏银大科技有限公司与中建材集团进出口公司担保合同纠纷上诉案",《人民司法·案例》2011 年第 12 期。

② 朱虎:《表见代理中的被代理人可归责性》,《法学研究》2017 年第 2 期;杨芳:《〈合同法〉第 49 条(表见代理规则)评注》,《法学家》2017 年第 6 期;李宇:《民法总则要义:规范释论与判解集注》,法律出版社 2017 年版,第 820-830 页。

③ [德]迪特尔·梅迪库斯:《德国民法总论》,邵建东译,法律出版社 2013 年版,第 728-730 页;胡东海:《论职责违反型代理权滥用——以〈民法总则〉第 164 条第 1 款的解释为中心》,《环球法律评论》2019 年第 2 期。

为,应按违反基础关系的义务处理,此处不属于代理法有关效果归属讨论的范围。

法定代表人真正的越权代表行为可分为两类,即超越法定限制且不构成表见代表,以及超越意定限制且相对人非善意的情形。在上述两种情形下,因法定代表人超越代表权且相对人非为善意,法定代表人行为构成越权代表,依代理说构成无权代理,其代表行为未经追认,对法人不发生效力。此处应当摒弃"法定代表人作为法人的机关,其行为就是法人的行为"的归属规则。法定代表人以法人名义作出的行为当然归属于法人,则法人将无法控制法定代表人的对外行为,公司法规范对于法人及其中小股东利益的保护规范也将被虚置。相反,在代理构造下,根据代理权独立性原理及"代表权限制不得对抗善意相对人"的规定,交易相对方的合理信赖亦能得到积极保护,从而在团体内部自治和外部交易安全两项价值之间实现平衡。

依《民法典》第 171 条第 1 款,行为人超越代理权实施代理行为,未经被代理人追认,对被代理人不生效力。据此,法定代表人越权代表的行为未获法人追认,对法人不生效力。同时,该行为的后果也不归属于法定代表人,因越权代表的构成要件即包括"相对人非善意",非善意的相对人无权依《民法典》第 171 条第 3 款请求行为人履行债务或赔偿履行利益。因此,法定代表人越权代表的行为,若不能得到法人的追认,即归于无效。但是,这并不意味着法人无须承担任何责任,在适用《民法典》第 171 条第 4 款的基础上,仍有由法人承担责任的可能,此观点容后文详述。

值得探讨的是,《民法典》第 504 条并未预留法人补正代表行为效力的空间。《担保制度解释》第 7 条第 1 款第 2 项规定,公司法定代表人越权对外担保,相对人非善意的,法定代表人的代表行为(担保合同)对法人不发生效力,文义上也无法人追认之余地,值得商榷。依照代理法的规则,虽然相对人非为善意,但使法定代表人的越权行为一概不对法人发生效力,并非最佳的选择。质言之,当事人是自己利益的最佳判断者,代表行为是否得有效归属于法人,仍应当尊重法人(权力机构或者经营决策者)的判断,应无理由禁止公司法人以决议程序对越权担保行为事后作出补正。同时,代表作为一种特殊的代理,基于体系解释的原则,法定代表人越权代表行为也应采取效力待定的构造。① 在解释上,得对《担保制度解释》第 7 条第 1 款作目的论解释,即在担保合同不发生效力之前,增加"未经公司追认"这一限定。同理,在违反意定限制且相对人非善意的情况下,也应当允许公司法人事后追认法定代表人的越权代表行为,从而更为尊重法人的团体自治。

(二)代表人超越权限限制的责任承担

如前所述,在代理说下,法定代表人超越权限限制对外实施的代表行为,可能因相对人可被评价为善意而构成有权代理(代表权意定限制的情形)或表见代理(代表权法定限制的情形),从而对法人发生效力;也可能因相对人非善意而构成越权代表,且

①朱广新:《法定代表人的越权行为》,《中外法学》2012 年第 3 期。

未获法人追认,从而不对法人发生效力。此为代理法内部的责任承担规则,解决的是法定代表人以公司法人名义从事的法律行为可否归属于公司法人的问题。但在代理法外部,公司法人和法定代表人亦有根据其他规范承担责任的可能。

首先,在法定代表人超越权限限制,但相对人为善意时,代表行为有效。在此,交易相对人的信赖优先得到保护,公司法人应承受代表行为之后果,即承担法律行为有效的责任。但公司可能因此遭受损失,公司承担责任后受损失的,有权向违反权限限制的法定代表人追偿。① 此时,法定代表人对公司法人承担赔偿责任的基础为《公司法》第149条,即公司董事、高管违反信义义务的赔偿责任。②

其次,在法定代表人超越权限限制,且相对人非善意时,代表行为不对公司发生效力。因相对人非善意,故在此不适用《民法典》第171条第3款,相对人就无权选择越权代表的法定代表人替代履行或赔偿履行利益。此时应当适用《民法典》第171条第4款,由行为人即法定代表人与相对人按照各自的过错承担责任,该责任的性质应为合同无效后的缔约过失责任(或侵权责任)。③ 但是,从最高人民法院出台的《全国民商事审判工作会议纪要》(以下简称"九民纪要")和《担保制度解释》看,公司在法定代表人超越法定限制对外担保无效的情况下,仍然需要对相对人承担担保合同无效后的赔偿责任,其形式为过错责任。④ 然而,令公司对债权人承担损害赔偿责任,实际效果相当于公司为他人债务承担了部分担保责任,这可能使得对代表权的意定或法定限制失去意义。⑤ 故上述责任基础与理据为何,值得认真检讨。

"九民纪要"的起草者认为,公司承担责任的原因是其对担保合同的无效存在过错,因而需要承担合同无效的缔约过失责任。⑥ 从实践来看,认为公司对担保合同无效存在过错主要存在两种解释路径。一种解释路径是,公司存在对法定代表人选任、监督不当或公章使用管理不规范的过错,故而应当对相对人承担缔约过失责任。⑦ 但

---

①《九民纪要》第21条、《担保制度解释》第7条第2款。

②《公司法》第149条规定的责任主体是"董事、监事、高级管理人员"而非法定代表人,但根据第13条,法定代表人由董事长、执行董事或者经理担任,由此可知法定代表人必然在第149条所列主体当中产生,因此,第149条适用于上述情形应无障碍。

③在我国法律上,该款责任定性为缔约过失责任或侵权责任皆可。张家勇:《论无权代理人赔偿责任的双层结构》,《中国法学》2019年第3期;陈甦:《民法总则评注》(下册),法律出版社2017年版,第1221–1222页。

④《九民纪要》第20条、《担保制度解释》第7条第1款第2项;最高人民法院民事审判第二庭:《〈全国法院民商事审判工作会议〉纪要理解与适用》,人民法院出版社2019年版,第190–193页。

⑤杨代雄:《越权代表中的法人责任》,《比较法研究》2020年第4期;刘俊海:《公司法定代表人越权签署的担保合同效力规则的反思与重构》,《中国法学》2020年第5期。

⑥最高人民法院民事审判第二庭:《〈全国法院民商事审判工作会议〉纪要理解与适用》,人民法院出版社2019年版,第182页。

⑦最高人民法院(2020)最高法民申4981号民事裁定书;最高人民法院(2020)最高法民终935号民事判决书;李志刚等:《公司对外担保无效之赔偿责任》,《人民司法》2020年第19期。

这种观点稍显牵强。法定代表人从事了越权代表的行为,并不意味着公司就存在选任不当和监督不严的过错。从法定代表人的越权行为反推公司存在过错,实质上还是认为公司应当为其法定代表人的过错负责。另一种解释路径是,因为法定代表人是法人的机关,其行为即为法人的行为,其过错亦被视为公司的过错,故公司应当为"自己的过错"承担责任。① 这一观点是基于代表说下法人与法定代表人具有人格同一性的推论。若将二者区分来看,其实质也是公司为其法定代表人的过错承担责任。从代理说的角度察之,或可将上述责任理解为公司作为被代理人为其法定代表人的缔约过失行为承担责任。对此,亦存在两种证成路径。

比较法上有观点认为,可以根据《德国民法典》第278条让法人为其机关或执行职务的工作人员在前合同关系中的债务不履行负责,这一观点值得借鉴。② 申言之,在上述情形中,虽然法定代表人缔结担保合同的代表权受到限制,其缔结的担保合同因不能归属于公司而无效;但法定代表人仍享有对外进行谈判磋商的权限并未被限制,故法定代表人以法人之名义与相对人谈判、磋商而产生的特别结合关系仍可依《民法典》第61条第2款有效归属于公司。据此,公司法人对交易相对人负有照顾和保护的义务,须为法定代表人在缔约过程中因过错导致的保护义务违反承担缔约过失责任。③ 但需要注意的是,该责任成立的前提条件是法定代表人至少应当享有谈判磋商的权限,且相对人基于其有权磋商的行为产生了合理的信赖利益。法定代表人权限之有无当依客观解释之标准确定,原则上应与其职务之履行存在关联。

除此以外,依德国法通说,法人在上述情形下应当根据《德国民法典》第31条的规定为其机关承担责任。④ 该条与我国《民法典》第62条第1款的规范意旨较为类似,即公司须为其法定代表人因执行职务致使他人损害的行为承担责任。⑤ 依《民法典》第62条第1款,若越权代表行为可被评价为"法定代表人执行职务"的行为,则应由法人承担责任。通说认为,执行委托事务或者从外观上看与执行委托事务有牵连的行为,都属于"执行职务"。⑥ 法定代表人越权代表显然并非执行委托事务的行为,但

---

① 最高人民法院民事审判第二庭:《〈全国法院民商事审判工作会议〉纪要理解与适用》,人民法院出版社2019年版,第192页。

② Vgl. Medicus/Lorenz, Schuldrecht I Allgemeiner Teil, 19. Aufl., 2010, §33, Rn. 383.

③[德]维尔纳·弗卢梅:《法律行为论》,迟颖译,法律出版社2013年版,第950–952页。

④ Vgl. Grundmann, in: Münchener Kommentar zum BGB, 8. Aufl., 2019, §278, Rn. 10;[德]维尔纳·弗卢梅:《法律行为论》,迟颖译,法律出版社2013年版,第950页。

⑤ 通说认为其属于法人自己责任。程啸:《侵权责任法》(第三版),法律出版社2021年版,第448页;陈甦主编:《民法总则评注》(上册),法律出版社2017年版,第433页。但若按代理说,亦可理解为替代责任。朱庆育:《民法总论》(第二版),北京大学出版社2016年版,第463–466页。

⑥ 陈甦:《民法总则评注》(上册),法律出版社2017年版,第433页。

若该行为与其职务之履行有内在关联,亦有纳入该款之可能。① 若其行为明显不属于执行职务的行为,而是为了纯粹的个人事务(例如担保个人的债务),则不得适用《民法典》第62条第1款,越权行为的法定代表人应当自负其责。

综上所述,《民法典》第61条第2款与第62条第1款构成规范竞合关系,皆得适用于法定代表人越权行为无效后的责任承担场合。在代理说的立场下,应优先考虑在《民法典》第61条内解决法定代表人从事法律行为的效力归属问题。② 基于体系协调的考虑,在解释上应保持二者归责标准的一致性。

六、结 论

法人是规范世界的构造物,需要通过其成员参与法律活动。通说严格区分代表和代理,认为法定代表人作为法人的机关,其行为就是法人的行为,从而无须借助代理理论实现效果归属。然而,从代表的制度功能和规范构造观之,法定代表人的代表行为与法人其他工作人员的职务代理行为并无本质区别,二者都是法律行为的效果归属规范。代表说过度强调法定代表人与法人人格的同一性,无法容纳对法定代表人代表权的限制,在法定代表人越权代表的场合难以实现逻辑自洽,且不利于实现公司的组织自治。基于代表与代理的同质性,采代理说解释法定代表人的代表行为,能够妥当处理法定代表人越权行为的效果归属问题。

公司法定代表人的代表权虽具有一定的"法定"色彩,但其本质仍属意定代理权。基于授权行为与基础关系的分离原则,法定代表人的代表权来自公司的授权,可通过授权行为的客观解释确定代表权的范围。当代表权外部授权的范围与内部授权不一致时,应以外部授权的范围为准。依《民法典》第61条第3款,公司对法定代表人代表权范围的意定限制未经有效外化,对善意相对人不生效力,法定代表人违反内部限制的行为,应按违反基础关系的义务处理,不影响代表行为的效力。此时法定代表人超越意定限制的行为性质仍为有权代表,而非表见代表。但在代表权法定限制的场合,基于法律的推定共知性,相对人应当知道法定代表人的代表权自始不包括被限制的内容,故法定代表人超越法定限制的行为构成越权代表,未经法人追认,对法人不发生效力。若相对人已尽到合理审查义务,合理信赖代表人有代表权的,应当依表见代理制度主张保护。

确定法定代表人越权代表行为的效果归属,本质上是在商事交易安全与法人利益

---

①因篇幅所限,此处不作过多展开。程啸:《侵权责任法》(第三版),法律出版社2021年版,第465页。

②陈甦:《民法总则评注》(上册),法律出版社2017年版,第433页;Medicus/Lorenz, Schuldrecht I Allgemeiner Teil, 19. Aufl. , 2010, § 33, Rn. 383.

● ● ● 51

保护之间作价值衡量。通过前述代表权范围的客观解释和代表权限制的生效规则，代表权的限制对善意的相对人不生效力，交易安全由此得到优先保护。在法定代表人超越代表权限制且相对人非善意的情形，则应侧重保护公司法人利益，越权代表未获公司追认即为无效。此时，原则上应当遵循《民法典》第 171 条第 4 款确定的责任配置规则，由法定代表人与相对人分担责任。但若法定代表人的行为与其职务履行有关，公司亦有为法定代表人之缔约过失承担责任之可能。如此，可以在代理说的框架下妥当划定公司责任的边界，兼顾交易安全与法人利益保护之价值。

（责任编辑：马特）

编造、故意传播虚假信息罪适用问题研究
——以虚假疫情信息的刑法规制为视角

岳艾洁、刘素清①

摘　要:虚假疫情信息的刑法规制由于面临罪名体系内部结构与信息传播外部条件的双重转变而在底层逻辑、社会危害、认定标准三方面表现为不同以往的特殊性,致使编造、故意传播虚假信息罪在规制虚假疫情信息时面临此罪与彼罪纠缠不清、罪与非罪界限模糊的窘境。立足当下犯罪治理需求的权宜之计是,明确本罪为规制虚假疫情信息的专一罪名以避免罪刑不均衡、同案不同判,亦在"宽严相济"刑事政策的指导下谨慎入罪以防侵害公民言论自由。着眼未来完善罪名适用的长久之计是,在立法层面重整虚假信息类犯罪体系,同时在司法层面阐明本罪构成要件的具体认定标准以防不当扩大犯罪圈。

关键词:虚假疫情信息　编造、故意传播虚假信息罪　言论自由　宽严相济

一、问题的提出

新冠肺炎疫情防控期间,"两高两部"出台的《关于依法惩治妨害新型冠状病毒感染肺炎疫情防控违法犯罪的意见》(以下简称《意见》)对妨害疫情防控罪名的法律适用问题进行了提纲挈领的梳理与总结。针对造谣传谣犯罪,《意见》列明了包括编造、故意传播虚假信息罪在内的四项罪名以规制虚假疫情信息。司法机关对虚假疫情信息的高度关注与严加治理,源于我国对"非典"抗疫时期既往经验的总结,从而在"鉴往知来"的基础上,能够对新冠肺炎疫情防控期间出现的共性问题及时预见与有效应对。

然而,社会现实的流变使得当下的虚假疫情信息案件呈现出不同以往的特征。一方面,随着互联网技术的日益精进,新媒体的触角遍布大众的日常生活,并深入社会治

---

①岳艾洁,北京师范大学法学院 2022 级刑法学博士研究生;刘素清,北京师范大学法学院 2019级刑法学硕士研究生。

理、医疗卫生等公共话题。在如此盘根错节的新媒体环境中,虚假疫情信息的传播如虎添翼。造谣传谣犯罪的行为样态也呈现更加复杂多样的特点,其造成的社会危害性不可同日而语。另一方面,我国通过出台相关司法解释与增设编造、故意传播虚假信息罪的方式织密了规制虚假疫情信息的刑事法网,但与此同时,罪名体系重叠、司法适用不一等问题也相伴而生。简言之,在罪名体系内部结构与信息传播外部环境的双重转变下,时下虚假疫情信息的刑法规制面临着一系列颇具个性的新问题。而以虚假疫情信息为规制对象的编造、故意传播虚假信息罪则不可避免地成为这些新问题的"聚集地"。基于此,本文从虚假疫情信息的刑法规制这一视角切入,对编造、故意传播虚假信息罪在疫情防控期间显现出的适用问题予以因时制宜的分析与反思,为日后应对虚假疫情信息犯罪探索更加完善的治理路径。

二、虚假疫情信息刑法规制的特殊性

"虚假信息"是对"谣言"这一生活用语的法律规范表述①,虚假疫情信息则是以疫情事实为内容的虚假信息。虚假疫情信息刑法规制的特殊性主要表现在底层逻辑、社会危害与认定标准三个方面。

（一）虚假疫情信息犯罪的底层逻辑转变

相较于一般虚假信息,独特的生成与传播机制是虚假疫情信息特殊性的直接表现,同时也揭示了虚假疫情信息犯罪不同于一般虚假信息犯罪的底层逻辑。虚假疫情信息生成与传播的特殊性来源于三个现实因素的共同作用。

第一,信息需求与信息供给之间的时差为虚假疫情信息的生成提供契机。一方面,疫情的突发性使得巨大的信息需求缺口暴露在公众的恐惧与不安情绪中;另一方面,认识新事物的渐进性又使得技术专家和政府部门在短时间内无法对疫情形势了如指掌,并迅速填补公众的信息需求缺口。由此,疫情的突发性与认知的渐进性促使公众信息需求与官方信息供给之间时间差的形成,虚假疫情信息因此得以趁虚而入,进而造成"当真相还在穿鞋的时候,谣言已经跑遍全城"的局面。

第二,信息时效与信息质量之间的矛盾为虚假疫情信息的传播创造条件。以互联网为依托的自媒体平台让普罗大众拥有了更多发声机会,"人人都有麦克风,人人都有话语权"已成为现实。② 相较于电视、广播、报刊等传统媒体,自媒体发布信息无须

①卢建平:《疫情下如何治理谣言传播》,《检察日报》2020年2月5日。

②截至2020年3月,我国网民规模为9.04亿,互联网普及率高达64.5%,我国手机网民规模达8.97亿,我国网民使用手机上网的比例达99.3%。中国互联网络信息中心(CNNIC):第45次《中国互联网络发展现状统计报告》,http://www.cac.gov.cn/2020-04/27/c_1589535470378587.htm,2020-12-01。

经历层层把关的筛选与审查流程即可将各类信息释放至公共空间。然而,自媒体的低门槛与粗过滤特点在增强信息时效性的同时,也在削弱信息的可靠性。由于缺乏严格的审核机制,虚假疫情信息无须事先经历"小心求证"的阶段即可通过自媒体平台迈入公众视野,驶入"病毒蔓延"一般的快车道。

第三,理性思维与鉴别能力的缺失为虚假疫情信息的泛滥创设环境。一方面,突如其来的疫情将大众置于恐惧与焦虑的舆论氛围下,"宁可信其有,不可信其无"的普遍心理促使个体的理性思维失调。另一方面,即便大众能够保持冷静理性的心态审视疫情信息,也少有人拥有与疫情信息相匹配的专业知识储备,导致大众在鉴别虚假疫情信息时面临"心有余而力不足"的窘境。因此,不论是在主观思维上,还是在客观能力上,苛求大众凭借个体力量抵御虚假疫情信息的"感染"是不切实际的。

(二) 虚假疫情信息犯罪的社会危害升级

与一般犯罪不同,造谣传谣犯罪不以"行为"而是以"言辞"为表现形式,因此研究造谣传谣犯罪势必牵涉"言论自由"这一宪法性基本权利的紧张关系。[①] 然而,任何权利都有其特定边界和限定条件,言论自由亦非例外。在刑法视域中,行使言论自由权利不能触及"社会危害性"这条法治红线,否则行为就可能质变为"言论犯罪",具备刑事可罚性。刑法对造谣传谣的明令禁止就是对滥用言论自由行为的严厉谴责与制裁,因为虚假信息很大可能会沿着"误导群体认知—干扰民众判断—影响公众行为"的因果逻辑链条,最终引发扰乱社会平稳运行、损害社会公共秩序的危害后果。易言之,社会公共秩序是造谣传谣犯罪侵害的核心法益,这也是编造、故意传播虚假信息罪,编造、故意传播虚假恐怖信息罪与寻衅滋事罪等造谣传谣犯罪被统一编入刑法分则第六章第一节"扰乱公共秩序罪"的法理原因。

然而,不同内容的虚假信息对社会公共秩序侵害的严重程度又各有差异,这与虚假信息本身的传播力与影响力不无关系。根据美国社会学家奥尔波特提出的谣言传播公式,谣言传播力(R)大致为"事件重要性(I)"与"真相模糊性(A)"两者的乘积。[②] 其后,荷兰学者克洛斯又对这一公式进行了修正,将"受众批判能力(C)"纳入谣言传播力度的影响因素[③],并形成了"R = I * A/C"这一结构更加完整的谣言传播公式。据此可以理解为,谣言的传播力度与"事件重要性""真相模糊性"成正比,同时又与"受众批判能力"成反比。

鉴于疫情信息的高"真相模糊性"与低"受众批判能力",虚假疫情信息的传播力

---

①《中华人民共和国宪法》第 35 条规定:"中华人民共和国公民有言论、出版、集会、结社、游行、示威的自由。"

②Gordon W. Allport, Leo Postman, The psychology of rumor, New York: Henry Holt, Rinehart & Winston, 1947, pp. 32-33.

③Chorus A. , The Basic Law of Rumor: The Journal of Abnormal and Social Psychology, 313(1953).

与影响力比一般虚假信息更强。从事件重要性而言,疫情信息既是全国开展防疫工作的重要依据,又与人民群众的生命健康安全息息相关,其重要性不言而喻。在真相模糊性的指标上,虚假疫情信息尤其突出。相较于险情、灾情、警情等公共信息,疫情信息的评估难度更大。尤其在疫情初期,新冠肺炎的病理症状、传播途径、扩散规模等疫情底数均尚未摸清,加之疫情的可扩散性与跨地域性更增大了查明疫情现状工作的难度。事件重要性与真相模糊性促进了虚假疫情信息的传播,而受众批判能力在抑制虚假疫情信息传播的作用上力有未逮。诚然,疫情信息的受众十分广泛,但理解门槛颇高的疫情信息远超一般人的认知范畴,因此受众对疫情信息的批判能力不可谓不低。申言之,根据谣言传播公式,虚假疫情信息的传播力非凡,其对公共舆论的影响广泛且深刻,因而对社会秩序的危害程度往往也更上一级。更遑论在举国上下全面防疫的紧要关头,虚假疫情信息犯罪还要耗费额外的公共资源与社会治理成本,危害后果更远胜平常。

(三) 虚假疫情信息犯罪的认定标准模糊

何谓虚假信息,特别是如何认定虚假疫情信息?这是司法机关办理虚假疫情信息案件无论如何都绕不开的,刑法或者相关司法解释也未予明确的关键问题。虚假信息的认定是采取"未经证实"的形式标准,抑或选择"事实虚假"的实质标准,很大程度上影响着虚假疫情信息犯罪的入罪门槛和打击面积。譬如,对于当时尚未认知,但事后查证属实的疫情信息,两种标准下得出的结论就会截然不同。倘若为后者,那么虚假疫情信息的证实还需要医学专业知识作为鉴别信息的能力支撑。然而,绝大多数司法工作人员并不具备相应的专业素质,也难以对虚假疫情信息作出权威且准确的判定。可见,认定疫情信息是否系刑法意义上的虚假信息是司法的重点与难点。与此同时,鉴于虚假疫情信息的编造或传播必须造成严重扰乱社会秩序的危害后果方有入刑必要,那么具体何种情形才能恰当启动刑事追责,亦是值得司法机关深思熟虑的问题。

此外,根据刑法规定和相关司法解释,虚假疫情信息的编造或传播可能构成三个罪名,即编造、故意传播虚假恐怖信息罪,编造、故意传播虚假信息罪和寻衅滋事罪。以上三罪由于罪状相似而在虚假信息罪名的适用问题上素有争议,司法机关在罪名的认定过程中亦可能产生此罪与彼罪辨别不明的疑惑。① 质言之,若要对虚假疫情信息犯罪予以正确定罪量刑,则必须以厘清三罪的关系为前提和基础。

---

① 《意见》在造谣传谣犯罪部分列举的相关罪名,并未提及同样具有适用可能性的编造、故意传播虚假恐怖信息罪。

三、虚假疫情信息视域下编造、故意传播虚假信息罪的体系定位

编造、故意传播虚假信息罪是刑法规制虚假疫情信息最契合的罪名。合理界定该罪与其他虚假信息罪名的适用关系,是疫情背景下适用编造、故意传播虚假信息罪面临的关键问题。正确认识编造、故意传播虚假信息罪需要首先在整体上把握虚假信息类罪名各自的作用场域,以便在虚假信息刑法规制体系中对该罪的适用情形进行准确定位。

(一)我国虚假信息刑法规制历程的回顾

编造、故意传播虚假信息罪与编造、故意传播虚假恐怖信息罪,网络型寻衅滋事罪之所以存在关系不清,界限不明的尴尬现状,与我国虚假信息刑法规制"一波三折"的发展历程紧密相关。

一是编造、传播虚假恐怖信息罪之规制内容的扩充。2001 年 12 月 29 日《刑法修正案(三)》增设编造、故意传播虚假恐怖信息罪,标志着我国虚假信息刑法规制的开端,彼时规制的虚假信息仅限于"爆炸威胁、生化威胁、放射威胁等恐怖信息"。① 直至 2003 年"非典"疫情全国爆发,"两高"出台的《关于办理预防、控制突发传染病疫情等灾害的刑事案件具体应用法律若干问题》中将"与突发传染病疫情等灾害有关的恐怖信息"囊括进编造、故意传播虚假恐怖信息罪中的"恐怖信息"②,以此将虚假疫情信息纳入刑法规制。虚假疫情信息以虚假恐怖信息为名进入刑法视野并非"非典"时期的特有现象,2013 年《关于审理编造、故意传播虚假恐怖信息刑事案件适用法律若干问题的解释》(以下简称《虚假恐怖信息解释》)进一步明确,"恐怖信息"包括"重大疫情信息",如此将虚假疫情信息视为虚假恐怖信息的处理逐步司法常态化。③

二是寻衅滋事罪之适用空间的延伸。与《虚假恐怖信息解释》发布时间相近,由"两高"出台的《关于办理利用信息网络实施诽谤等刑事案件适用法律若干问题的解

---

① 1997 年《中华人民共和国刑法》第 291 条第 1 款规定:"投放虚假的爆炸性、毒害性、放射性、传染病病原体等物质,或者编造爆炸威胁、生化威胁、放射威胁等恐怖信息,或者明知是编造的恐怖信息而故意传播,严重扰乱社会秩序的,处五年以下有期徒刑、拘役或者管制;造成严重后果的,处五年以上有期徒刑。"

② 2003 年最高人民法院和最高人民检察院联合颁布的《关于办理妨害预防、控制突发传染病疫情等灾害的刑事案件具体应用法律若干问题的解释》第 10 条规定。

③ 2013 年最高人民法院颁布的《关于审理编造、故意传播虚假恐怖信息刑事案件适用法律若干问题的解释》第 6 条规定。

释》(以下简称《网络诽谤解释》)规定了寻衅滋事罪在网络空间的适用情形。① 寻衅滋事罪由此形成线上与线下两种行为模式,该罪的适用空间也延伸为现实与虚拟并存的双重领域。可见,司法机关再次通过司法解释将虚假信息的编造与故意传播行为划入他罪的规制范畴。故针对虚假疫情信息而言,彼时形成了编造、故意传播虚假恐怖信息罪与网络型寻衅滋事罪共同规制的基本格局。

三是编造、故意传播虚假信息罪之新罪名的增设。虚假信息刑法规制的"第三折"则是直接通过刑事立法专门设置了新的罪名。2015 年 8 月 29 日《刑法修正案(九)》在刑法第二百九十一条第二款增设了编造、故意传播虚假信息罪。② 值得注意的是,该罪规制的虚假信息仅限于"险情、疫情、灾情、警情"四类,即"四情"信息,但是对"四情"虚假信息的传播媒介未予线上或线下的区分。该罪的增设使虚假疫情信息首次以刑法明文规定的形式受到刑法规制。

然而,由于《虚假恐怖信息解释》和《网络诽谤解释》至今依然有效,虚假信息的刑法规制因此面临编造、故意传播虚假恐怖信息罪,编造、故意传播虚假信息罪以及网络型寻衅滋事罪"各据一隅"的局面。在其他两罪规制虚假疫情信息均有据可依的情形下,适用编造、故意传播虚假信息罪的棘手之处便在于如何合理划清此罪与彼罪的界限。

(二) 本罪与编造、故意传播虚假恐怖信息罪的"角力"

本罪与编造、故意传播虚假恐怖信息罪处于同一条文,两罪的罪状也十分相似。除"编造与故意传播"的行为特征相同,两罪规制的虚假信息内容也有交叉重合,两罪适用之争议亦大多来源于此。具体而言,以"重大疫情"为内容的虚假信息依据《虚假恐怖信息解释》可被归入虚假恐怖信息的范畴,而虚假疫情信息也在本罪所规制的"四情"信息之列。

1. "重大疫情"虚假信息与一般虚假疫情信息难以界分

若对以上两种虚假疫情信息进行纯粹的文义比较,那么归属于虚假恐怖信息的"重大疫情"虚假信息相比其他虚假疫情信息而言,性质与危害应当更加"重大"。并且从刑罚的角度来看,法定刑设置更高的"重大疫情"虚假信息理应具有更严重

---

① 《关于办理利用信息网络实施诽谤等刑事案件适用法律若干问题的解释》第 5 条第 2 款规定:"编造虚假信息,或者明知是编造的虚假信息,在信息网络上散布,或者组织、指使人员在信息网络上散布,起哄闹事,造成公共秩序严重混乱的,依照刑法第二百九十三条第一款第(四)项的规定,以寻衅滋事罪定罪处罚。"

② 1997 年《中华人民共和国刑法》第 291 条第 2 款规定:"编造虚假的险情、疫情、灾情、警情,在信息网络或者其他媒体上传播,或者明知是上述虚假信息,故意在信息网络或者其他媒体上传播,严重扰乱社会秩序的,处三年以下有期徒刑、拘役或者管制,造成严重后果的,处三年以上,七年以下有期徒刑。"

的社会危害性。① 但是,由于触及公民生命健康权与社会公共秩序,任何疫情信息均"兹事体大",不论理论还是实践都难以对其作出重大与否的区分。即便能够以疫情信息重大与否作出区分,进而适用不同的罪名与刑罚标准,则使刑法脱离了对"社会危害性"这一犯罪本质特征的把握。因此,虚假疫情信息本身不应有也难有重大与否之分,而只能依据其实际造成的危害后果在同一罪刑标准下施以轻重有别的处罚。

2."重大疫情"虚假信息与虚假恐怖信息不可兼容

按照同类解释规则,"重大疫情"虚假信息作为一种虚假恐怖信息,理应具有与"爆炸威胁、生化威胁、放射威胁"等价的"恐怖"特征。此处的"恐怖"存在两种解释进路:一种是内容上涉及恐怖活动;另一种是效果上引发社会恐慌。若选择后一解释进路,鉴于引发恐慌情绪是虚假信息犯罪的共同特征,虚假恐怖信息的特殊性无从体现。而前一解释进路不仅便于理论与实务辨别虚假恐怖信息,还能够解释虚假恐怖信息刑法规制力度更大的理由——"涉恐"虚假信息往往对公众安全感的冲击更加强烈,对以公众安全感为基础的社会秩序也具有更强的破坏力。与其他"涉恐"罪名同理,"恐怖"的含义应当从规范意义上理解。对此,《中华人民共和国反恐怖主义法》第三条界定"恐怖主义"为:"通过暴力、破坏、恐吓等手段,制造社会恐慌、危害公共安全、侵犯他人财产,或者胁迫国家机关、国际组织,以实现其政治、意识形态等目的的主张和行为。"可见,手段的暴力性或威胁性是界定"恐怖"的关键要素。这一判断标准也与虚假恐怖信息中"爆炸威胁、生化威胁、放射威胁"以及"劫持航空器威胁"的特征具有一致性。然而,"重大疫情"性质上属于自然界原发的"天灾",而非上述恐怖信息指向的"人祸",不存在人为创设并用以威胁的可能,故"重大疫情"虚假信息与"虚假恐怖信息"逻辑上无法兼容。《虚假恐怖信息解释》之所以将"重大疫情"虚假信息解释为"虚假恐怖信息",更多是考虑到编造、故意传播虚假恐怖信息罪是"非典"时期唯一能够规制造谣传谣行为的罪名,也是虚假疫情信息唯一能够借助司法解释"傍身"的罪名,故此举亦被学者生动地称为刑事司法的"救火式应对"。②

3. 想象竞合与法条竞合的殊途同归

若从罪数角度切入,将两罪视为想象竞合或法条竞合关系也非妥当之策。鉴于"犯罪构成要件之间的关系是决定成立法条竞合还是想象竞合以及何种类型法条竞

---

①构成编造、故意传播虚假恐怖信息罪的,"处五年以下有期徒刑、拘役或者管制;造成严重后果的,处五年以上有期徒刑"。其中,被认定为"严重扰乱社会秩序"的,最高可判十五年;构成编造、故意传播虚假信息罪的,"处三年以下有期徒刑、拘役或者管制,造成严重后果的,处三年以上,七年以下有期徒刑"。

②张书琴:《网络谣言刑法治理的反思》,《学海》2014 年第 2 期。

合的前提和基础"①,判断两罪关系应当从两罪的犯罪构成要件入手。"法条竞合的本质是犯罪构成要件的竞合"②,按照我国刑法理论通说,法条竞合既包括包容关系的竞合,也包括交叉关系的竞合。③ 据此,由于两罪规制的"虚假信息"具有内容上的交叉关系,故可以将两罪认定为交叉关系的法条竞合。但也有观点认为,构成要件的交叉关系应当属于想象竞合而非法条竞合。④ 如若认为两罪为想象竞合关系,那么定罪量刑应当以法定刑更重的编造、故意传播虚假恐怖信息罪为依据。对于另一观点,"交叉竞合则是由于立法用语本身的复杂变动以及涵义辐射范围等原因,被动产生的法条之间的竞合而非立法者有意为之,因此就不应适用'特别法优于普通法'的规则,而应该按照重法优于轻法的原则处理"⑤,故法条竞合最终也会适用编造、故意传播虚假恐怖信息罪。因此,不论将两罪认定为交叉关系的法条竞合还是想象竞合,处理结果均被编造、故意传播虚假恐怖信息罪所垄断。然而,如此不仅会使刑法对虚假疫情信息案件的处罚有畸重倾向,难以经起罪刑相适应原则的诘问,同时也压缩了本罪规制虚假疫情信息的空间,存在架空本罪之嫌。

综上所述,不论聚焦虚假信息内容的兼容性,还是着眼罪数处置结论的合理性,通过编造、故意传播虚假恐怖信息罪来规制虚假疫情信息并不妥当。相关司法解释的规定本就有越俎代庖之嫌,放眼当下则显得更不合时宜。在《意见》中,"两高两部"未尝提及编造、故意传播虚假恐怖信息罪,当是有意引导司法机关能动地选择适用本罪,从而规避司法解释对虚假恐怖信息罪叠床架屋的扩张规定。然而,近期司法实践中仍然存在不当适用编造、故意传播虚假恐怖信息罪的情况⑥,既偏离了"两高两部"的指示,忽视了立法者增设本罪的用意,也体现了司法实务对处理两罪关系莫衷一是的态度。

(三)本罪与网络型寻衅滋事罪的"协作"

本罪与《网络诽谤解释》规定的网络型寻衅滋事罪在规制场合、行为方式、危害结果上均相差无几,两罪"大同"关系下的"小异"主要体现在规制对象的范围上:本罪规

---

①陈洪兵:《竞合处断原则探究——兼与周光权、张明楷二位教授商榷》,《中外法学》2016 年第 3 期。

②左坚卫:《法条竞合与想象竞合区分标准之评析与重建》,《华南师范大学学报》(社会科学版)2009 年第 6 期。

③高铭暄,马克昌:《刑法学》,北京大学出版社/高等教育出版社 2017 年版,第 188 页;赵秉志:《刑法总论》,中国人民大学出版社 2016 年版,第 264 页;黎宏:《刑法学》,法律出版社 2012 年版,第 314 页。

④张明楷:《法条竞合与想象竞合的区分》,《法学研究》2016 年第 1 期。

⑤付立庆:《论抢劫罪与强拿硬要型寻衅滋事罪之间的关系——以孙某寻衅滋事案为切入点》,《法学》2015 年第 4 期。

⑥万鹏,曾德瑜,钟晓婷:《谎称女友确诊新冠肺炎将乘飞机,广州一男子犯编造虚假恐怖信息罪获刑七个月》,《人民法院报》2020 年 3 月 10 日;朱延静:《内蒙古疫情期间首例编造虚假恐怖信息案宣判:被告人获刑 1 年》,http://www.chinanews.com/sh/2020/02-23/9101918.shtml,2020-12-01。

制的虚假信息仅限"四情"信息,而网络型寻衅滋事罪并未限定其规制的虚假信息范围。由此,虚假疫情信息似乎可同时落入本罪与网络型寻衅滋事罪的范畴。如此容易导致司法实务在虚假疫情信息案件中对两罪的适用"摇摆不定",加之两罪的法定刑设置差异较大,"同案不同判"的问题也会随之出现。

1. "并存适用论"与"否定论"之争

就本罪设立之后,如何看待两罪适用关系这一问题,有学者将理论与实务的观点归纳为"并存适用论"与"否定论"。① "并存适用论"主张本罪的增设并不会导致网络型寻衅滋事罪的"自然失效",而只是部分限缩了网络型寻衅滋事罪的适用范围,其原本对"四情"信息的"管辖"被本罪所接替。对于其他虚假信息,网络型寻衅滋事罪依然能够发挥以往的规制作用,并成为"编造、故意传播虚假信息罪规制'虚假信息'范围狭窄局面下的求助对象"②,使得"二罪之间构筑起'兜底型罪名'与'专用罪名'关系"③,又或者形成类似于一般罪名与特殊罪名的法条竞合关系。④ 因此,"并存适用论"认为,两罪的适用并非对立冲突的竞争关系,而更像是各司其职的协作关系。与"并存适用论"分庭抗礼的"否定论"则认为,本罪的增设实则是对网络型寻衅滋事罪的直接否定,应当排除该罪对虚假信息的规制效力,而只适用本罪一罪。主张的理由在于:从解释合理性上看,网络型寻衅滋事罪本就有刑事司法僭越刑事立法进行类推解释之嫌⑤;从立法目的上看,本罪的设立旨在重新框定刑法对虚假信息的规制边界而非重复立法⑥,从规制效果上看,网络型寻衅滋事罪规制范围的不确定将导致虚假信息犯罪认定产生"罪与非罪"界限模糊与罪刑不均衡等流弊。⑦

2. 规制虚假信息内容的"互补性"

虽然"并存适用论"与"否定论"对于是否继续适用网络型寻衅滋事罪的问题彼此冲突,但是仅就虚假疫情信息规制罪名这一问题,两者却在无形中达成了共识——虚假疫情信息作为"四情"信息之一应当由本罪专门规制。对于这一结论,理论与实务当无争议,只是依据有所不同。"并存适用论"的依据在于"上位法优于下位法",而

①姜瀛:《从"网络寻衅滋事罪"到"编造、故意传播虚假信息罪"——适用关系、优化路径与规制场域》,《法治现代化研究》2019年第2期。

②李怀胜:《编造、传播虚假信息犯罪的罪名体系调整思路——以〈刑法修正案(九)〉为背景》,《重庆邮电大学学报》(社会科学版)2015年第6期。

③时斌:《编造、故意传播虚假恐怖信息罪的制裁思路——兼评刑法修正案(九)相关条款》,《政法论坛》2016年第1期。

④张剑:《认定虚假信息类犯罪必须准确把握本质特征》,《检察日报》2020年3月22日。

⑤刘宪权:《网络造谣、传谣行为刑法规制体系的构建与完善》,《法学家》2016年第6期。

⑥陈兴良:《〈刑法修正案(九)〉的解读与评论》,《贵州民族大学学报》(哲学社会科学版)2016年第1期。

⑦姜瀛:《从"网络寻衅滋事罪"到"编造、故意传播虚假信息罪"——适用关系、优化路径与规制场域》,《法治现代化研究》2019年第2期。

"否定论"的依据在于网络型寻衅滋事罪的"自动失效"。诚然,网络型寻衅滋事罪确实存在"否定论"提及的种种弊病,该罪亦理应在司法实务中限定甚至排除适用。然而需要指出的是,虚假信息犯罪的认定属于实然层面的问题,而实然层面问题的有效解决同样有赖于实然层面法律规范的明确规定。因此,除非立法或司法作出相应调整,否则司法实务仍须以现行规定为罪名适用的唯一标准。即遵循"上位法优于下位法"的原则,将两罪关系处理为"并存适用,相互补充"的协作关系。同时根据《意见》规定,编造、故意传播虚假疫情信息的成立本罪,而编造、故意传播(散布)虚假信息的则成立寻衅滋事罪,进一步印证了两罪在规制虚假信息内容上的"互补性"。

四、疫情背景下编造、故意传播虚假信息罪的具体认定

"此罪与彼罪"解决的是编造、故意传播虚假信息罪对外界限的问题,从而确定本罪在虚假信息类犯罪坐标系中的相对位置。除此之外,疫情背景下编造、故意传播虚假信息罪的适用,还需要通过对构成要件的解释勾勒出本罪的对内界限,从而明确"罪与非罪"的判断标准,确保本罪对虚假疫情信息的规制"进退有度"。

(一)"编造"与"故意传播"关系的厘定

对于何谓"编造",学界的认识趋于一致,即包括"无中生有"式的捏造行为,也包括"添油加醋"式的篡改行为,还包括"张冠李戴"式的混淆行为。① 然而,对于本罪"故意传播"的界定则存在狭义与广义两种观点。多数观点认为,"故意传播"是指故意向不特定或者多数人传播虚假信息②,此为狭义说;但也有另一种观点认为,从能够产生的实际效果考虑,"故意传播"也应当同时包括向特定对象的传播③,此为广义说。可见,传播对象的特定与否是界定"传播"行为的争议焦点。④

1. 散布对象特定与否的行为定性

"编造"与"故意传播"存在三种关系,分别为仅编造,编造并故意传播,以及仅故意传播。如果是单纯地编造虚假信息,而未将编造的虚假信息对外传播,譬如编写虚假疫情信息的推文但未发布,则缺乏构成本罪的基本前提——不存在严重扰乱社会秩序的可能,故单纯编造虚假信息的行为不具有刑事可罚性。对于编造并故意传播行为,最高人民检察院2013年发布的关于适用编造、故意传播虚假恐怖信息罪的指导案

---

① 张明楷:《刑法学》,法律出版社2013年版,第932页。
② 陈兴良:《〈刑法修正案(九)〉的解读与评论》,《贵州民族大学学报》(哲学社会科学版)2016年第1期。
③ 龙贤:《编造、故意传播虚假恐怖信息罪研究》,西南政法大学2013年硕士学位论文,第13页。
④ 关于"传播"的途径,根据本罪的规定,虚假信息的传播途径限定为"信息网络"或者"其他媒体",因此采取"口口相传"方式传播虚假信息的行为不在本罪规制范围内。

例则可予以借鉴。案例要旨在于,选择性罪名的适用应当以虚假恐怖信息的散布对象是否特定为根据。① 简而言之,编造并向特定对象散布的,视为"编造";编造并向不特定对象散布的,视为"编造、故意传播"。据此,指导案例体现的司法处理思路是:能够使虚假恐怖信息为他人知悉的行为均为"散布",因而"散布"既包括向特定对象的散布,也包括向不特定对象的散布两种情形;但本罪意义上的"故意传播"仅指对象不特定的散布,即狭义的"传播"。不过,这并不意味着"传播"广义说的观点被摒弃,反而其以另一种方式被接纳,即对象特定的"传播"换上"散布"的外衣,用以界分具有刑法规制意义与否的编造行为。据此,该罪的"编造"行为其实内含"散布"的含义,进而与单纯编造的行为区分开来。

本罪对"编造"与"故意传播"两行为关系的处理亦可采纳这一思路,并且疫情防控期间亦有相同的司法实践。譬如在朱某甲编造虚假信息案中,被告人朱某甲为了在公司复工阶段不去上班,编造了自己与一确诊患者在某超市有密切接触的虚假疫情信息,并且通过微信将该信息发送给公司防疫工作人员朱某乙,按照《活动轨迹调查表》的要求汇报了相关情况。② 虽然朱某甲编造的信息经过朱某乙等人的先后转发最终使得公司员工及其亲友近百人知晓,但是由于朱某甲所为的"散布"仅指向朱某乙这一特定对象,未涉及不特定多数人,法院因此认定朱某甲的行为仅属于"编造"虚假疫情,构成编造虚假信息罪。可以对照理解的案例是辽宁省鞍山市赵某某案。本案中,被告人赵某某编造封闭鞍山所有高速公路、全程封路的虚假疫情信息,并使用其昵称"鞍山小蛟龙"的微信,冒充警察身份将该消息发布在微信朋友圈。③ 法院最终认定被告人赵某某构成编造、故意传播虚假信息罪,即将赵某某在微信朋友圈"散布"信息的行为定性为"传播"。但在现实生活中,微信朋友圈与微博、微信公众号最大的不同在于,其信息流动的环境是相对封闭的,朋友圈所"圈定"的人数是特定的,并且发布朋友圈也可以设置为"部分可见",这与"传播"所要求的"对象不特定"似乎存在龃龉。但是,反而言之,如果所有指向"特定"对象的朋友圈发布行为都不能被追究故意传播责任,那么这样的结论有违常情常理。故此,在朋友圈这一特殊空间发布虚假信息,与其争论"散布"对象的特定与否,不如综合判定散布行为是否可能引起广泛"传播"的效果,即散布行为是否能够足以引起大量转发与扩散,具有为不特定多数人所知晓的可能,如此才能揭示"传播"的本质。据此,法院对赵某某"传播"行为的认定是妥当的,其他相关案例将发布微信群的行为归于"传播"亦是基于相同的道理。④

---

① 最高人民检察院 2013 年第三批指导性案例第 9 号《李泽强编造、故意传播虚假恐怖信息案》。
② 江苏省溧阳市人民法院(2020)苏 0481 刑初第 73 号刑事判决书。
③ 辽宁省鞍山市铁西区人民法院(2020)辽 0303 刑初 56 号刑事判决书。
④ 辽宁省庄河市人民法院(2020)辽 0283 刑初 127 号刑事判决书;湖南省娄底市娄星区人民法院(2020)湘 1302 刑初 160 号刑事判决书。

2. "编传分离"情形的行为定性

除了常见的"自编自传",现实生活中也可能出现编造者与传播者不一致的情形。譬如,个人将编造的虚假疫情信息发送给某微博大 V 或微信公众号,怂恿对方在信息网络平台上传播,此时编造者与传播者便发生了分离。对此,即使个人并未亲自实施本罪的"传播"行为,亦应当被认定为编造、故意传播虚假信息罪。理由在于,其将虚假疫情信息"散布"给微博大 V 或者微信公众号的意图就是"传播",目的在于使对方成为自己所编造的虚假疫情信息的"搬运工"与"扩音器"。在此种情形下,其"散布"给特定对象的行为与其亲自"传播"给不特定对象所产生的实际效果完全等同,甚至有过之而无不及。倘若仅将其行为认定为"编造",不仅可能因刑法评价不全面遭受诟病,亦容易使有心之人为规避"传播"责任有隙可乘。

(二)"严重扰乱社会秩序"标准的把握

本罪侵害的客体是"社会秩序",通常指向现实意义或者物理空间的社会秩序。随着信息网络的蓬勃发展,学界出现了另一种声音,即主张"社会秩序"应当包含"网络空间秩序"。"双层社会"理论就是这种声音的典型代表。该理论认为,网络空间与现实空间的交叉融合趋势促使"双层社会"的构成。① 同时,依托于"双层社会"理论,有学者还主张"网络空间秩序"相对于现实空间秩序具有独立性,因而应当将"网络空间秩序"纳入"公共场所秩序"的范畴。② 对于这一观点,本文不敢苟同。诚然,网络空间确有公共属性,也尚可被解释为网络用户进行信息交流的"公共场所",但究其本质仍是一种联结现实的媒介,而媒介本身并不会创设独立于现实秩序的新型法益。《网络诽谤解释》之所以规定网络型寻衅滋事罪,主要是考虑到虚假信息在网络虚拟空间的传播存在殃及现实社会秩序安定的可能,而并非将"网络空间秩序"探索性地解释为现实公共秩序,不能本末倒置。由此,"网络空间散布虚假信息的行为,只有与现实世界产生了联系,在现实中产生了危害后果,即扰乱了现实中的公共秩序才具备刑罚处罚的基础"。③ 易言之,"严重扰乱社会秩序"的认定仍应当立足物理空间,着眼虚假信息传播对现实社会秩序的扰乱。

在明确与限定"社会秩序"现实属性的基础上,对于如何认定本罪的"严重扰乱社会秩序",目前没有可供直接适用的专门司法解释。时下,司法解释将点击、浏览、转

---

① 于志刚:《"双层社会"中传统刑法的适用空间——以"两高"〈网络诽谤解释〉的发布为背景》,《法学》2013 年第 10 期。

② 于志刚,郭旨龙:《"双层社会"与"公共秩序严重混乱"的认定标准》,《华东政法大学学报》2014 年第 3 期;时斌:《编造、故意传播虚假恐怖信息罪的制裁思路——兼评刑法修正案(九)相关条款》,《政法论坛》2016 年第 1 期;李睿懿:《网络造谣法律规制问题》,《法律适用》2016 年第 9 期。

③ 卢恒飞:《网络谣言如何扰乱了公共秩序?——兼论网络谣言型寻衅滋事罪的理解与适用》,《交大法学》2015 年第 1 期。

发次数等网络虚拟数据作为量化网络言论型犯罪法益侵害的重要标准①,亦有司法判例将在线、点赞、评论人数作为衡量本罪扰乱社会秩序严重程度的直接标准。② 虽然网络虚拟数据在证明言论的传播范围上确有"量"的意义;但是需要指出的是,在本罪中直接适用该标准将无法兼顾传播后果是否危及现实社会秩序的"质"的要求。只有先具备扰乱现实社会秩序这一"质"的前提,该标准对"量"的证明才有参考意义,否则单一的网络虚拟数据不足以证明行为造成了"严重扰乱社会秩序"的后果。值得注意的是,"严重扰乱社会秩序"同样是编造、故意传播虚假恐怖信息罪的构成要件。最高人民法院 2013 年出台的《关于审理编造、故意传播虚假恐怖信息刑事案件适用法律若干问题的解释》对该要件的内涵进行了具体解释。③ 本文认为,司法实践可以将该认定标准参考适用于同一条文中的本罪,如此既可以在微观层面为本罪的认定提供法律依据,又能够在宏观层面遵循体系解释的逻辑,维护刑法内部规则的圆融自洽。

(三)"虚假疫情信息"性质的判断

"虚假信息"与"谣言"的关系密不可分。对于"谣言"的界定,存在着中性与贬义的两类理解。在我国传统语境中,"谣言"往往被赋予贬义色彩,如《辞海》中界定的"没有事实根据的传闻,捏造的消息",④即"谣言"通常与"事实虚假"相互挂钩。中性维度的理解主要为传播学、社会学所主张,譬如"谣言是一种在人们之间私下流传的,对公众感兴趣的事物、事件或问题的未经证实的阐述或诠释"⑤;或者"缺乏具体资料以证实其确切性的、与当时事件相关的命题"⑥。可见,"未经证实的似是而非和模糊性是谣言的最本质特征。"⑦这意味着中性维度的谣言重在形式上的"未

---

①《最高人民法院、最高人民检察院关于办理利用信息网络实施诽谤等刑事案件适用法律若干问题的解释》第 2 条规定:"利用信息网络诽谤他人,具有下列情形之一的,应当认定为刑法第二百四十六条第一款规定的'情节严重':(一)同一诽谤信息实际被点击、浏览次数达到五千次以上,或者被转发次数达到五百次以上的。"

②广西壮族自治区鹿寨县人民法院(2019)桂 0223 刑初 535 号刑事判决书。

③《最高人民法院关于审理编造、故意传播虚假恐怖信息刑事案件适用法律若干问题的解释》第二条规定:"编造、故意传播虚假恐怖信息,具有下列情形之一的,应当认定为刑法第二百九十一条之一的'严重扰乱社会秩序'。(一)致使机场、车站、码头、商场、影剧院、运动场馆等人员密集场所秩序混乱,或者采取紧急疏散措施的;(二)影响航空器、列车、船舶等大型客运交通工具正常运行的;(三)致使国家机关、学校、医院、厂矿企业等单位的工作、生产、经营、教学、科研等活动中断的;(四)造成行政村或者社区居民生活秩序严重混乱的;(五)致使公安、武警、消防、卫生检疫等职能部门采取紧急应对措施的;(六)其他严重扰乱社会秩序的。"

④辞海编辑委员会:《辞海》(缩印本),上海辞书出版社 2000 年版,第 493 页。

⑤W. Peterson, N. Gist, Rumor and Public Opinion:57, American Journal of Sociology, 159-167 (1951).

⑥Gordon W. Allport, Leo Postman, An Analysis of Rumor:10, Public Opinion Quarterly, 501 (1946).

⑦张书琴:《网络谣言刑法治理的反思》,《学海》2014 年第 2 期。

经证实",而对谣言的真实性不予置评,谣言可真可假。由此,中性维度的"谣言"采取的是"未经证实"的形式标准,而贬义维度的"谣言"则采取的是"事实虚假"的实质标准。

1.虚假疫情信息的判断应当采用实质标准

"谣言"亦以法律表述的形式出现在《治安管理处罚法》的规定中。[①] 一旦进入刑法领域,"谣言"则更名改姓为"虚假信息",成为虚假信息类罪名的规制对象。由此可知,只有"谣言"被证实为"虚假",该"谣言"对公共秩序的作用才得以被定性为"扰乱",发布"谣言"的行为才具有行政违法性。因此,法律意义上的"谣言"应当限于经过查证的"事实虚假"信息。

既然行政法上的"谣言"应当采取实质判断标准加以理解,那么刑法则更应当以实质判断标准来认定与其相对应的"虚假信息"。"刑事可罚性的条件自然必须是以刑法的目的为导向。"[②]虚假信息的危害性源于其具有误导效果的虚假性,而虚假信息类罪名设置的本意就是防止不真实信息给社会秩序带来消极影响。在疫情背景下,严厉规制虚假疫情信息亦是为了防止公共资源的浪费与疫情治理成本的增加。倘若"涉疫"信息的虚假性尚不能被确认,那么其对社会秩序产生的影响就不能被操之过急地给予否定评价,动辄以犯罪处理。故此,除非疫情信息被查证为虚假,并达到排除合理怀疑的证明标准,其才能够被认定为具有"严重扰乱社会秩序"的社会危害性。故此,包括虚假疫情信息在内的一切虚假信息的认定均应当采用"事实虚假"这一实质判断标准。

2.虚假疫情信息的认定应当着眼事实的主要内容

既然虚假疫情信息的刑事违法性来源于"虚假性",那么虚假疫情信息隐含的前提是:虚假信息的内容应当是具有真伪之别的"客观事实"。因此,关于疫情事实发表的意见或评价由于属于"价值判断"而不能被认定为虚假疫情信息,否则将冒犯公众的言论自由。此外,对于虚实混杂的疫情信息,还应当具体判断虚假内容在疫情信息中所处地位的轻重,符合"具有罪质决定意义的主要、重要或者核心部分的内容全部为虚假"的条件。[③] 无关紧要、细枝末节的虚假或夸大不足以混淆视听从而严重扰乱社会秩序,缺乏刑事可罚性。

---

① 《治安管理处罚法》第 25 条规定:"有下列行为之一的,处五日以上十日以下拘留,可以并处五百元以下罚款;情节较轻的,处五日以下拘留或者五百元以下罚款:(一)散布谣言,谎报险情、疫情、警情或者以其他方法故意扰乱公共秩序的。"

② [德]克劳斯·罗克辛:《德国刑法学总论》(第一卷),王世洲译,法律出版社 2005 年版,第133 页。

③ 刘艳红:《网络时代言论自由的刑法边界》,《中国社会科学》2016 年第 10 期。

五、编造、故意传播虚假信息罪适用的完善进路

对于疫情防控期间可能出现的妨害疫情防控的十类违法犯罪,《意见》高屋建瓴地提出了"依法及时,从严惩处"的防治政策。根据《意见》的宏观指引,并结合上文论述提及的相关问题,疫情防控背景下编造、故意传播虚假信息罪的具体适用存在理念、立法、司法三层优化进路。

(一)理念进路:贯彻"宽严相济"的刑事政策

《意见》坚持的"宽严相济"刑事政策在造谣传谣类罪名的适用中得以充分体现,本罪亦应当在罪刑法定的前提下对不同情形的虚假疫情信息案件进行宽严有别的处理。从严方面,《意见》规定了对恶意编造虚假信息行为要依法严惩的"部分从严"。尤其是对于没有任何事实根据、凭空捏造虚假信息的编造行为,其制造社会恐慌、扰乱社会秩序的恶意昭昭,在犯罪主观方面不存在宽宥之处,理应严惩。从宽方面,《意见》也明确规定了对传播行为的"部分从宽",即"对于因轻信而传播虚假信息,危害不大的,不以犯罪论处"。与编造行为相比,传播行为中持故意心态的情形相对少见,因此应当将有否"故意"的主观心态作为传播行为"从宽"的切入点与侧重点。具体而言,可以综合行为人认知能力、信息来源渠道等因素,判断是否存在轻信、误信等认识错误的情况进而阻却行为的主观故意,将大多数跟风转发行为无罪处理。如若编造或者传播确属故意为之,行为人却又采取了删除、撤回、澄清等补救措施,对此应否在定罪或者量刑上予以"从宽"?在定罪问题上,应当判断补救措施是否属于避免"严重扰乱社会秩序"后果发生的有效措施,还是仅为已经造成"严重扰乱社会秩序"后果之后的悔过行为。前者由于不符合本罪的构成要件而应当无罪处理,后者则应当依法追究刑事责任。在量刑问题上,行为人采取补救措施在两个方面具有"从宽"可能。一方面,行为人积极止损,并未放任虚假信息的继续传播,说明其主观恶性较小;另一方面,行为人采取的补救措施在客观上具有防止危害结果继续扩大、降低恢复治理成本的积极意义,说明其行为的社会危害性不大。以上两方面在司法实践中均可能作为酌定情节对行为人从轻处罚。

严惩编造行为是打击造谣传谣犯罪的应有之义,但对于部分疫情信息的发布,司法应当宽容对待,而不宜认定为本罪的"编造"。一方面,充分认识新冠肺炎这一新事物并非一蹴而就,因而疫情初期存在较为突出的信息及时性与信息准确性的矛盾。此时发布的疫情信息即使部分失真,司法机关也不应片面苛求信息的真实性,将其全盘认定为虚假疫情信息。另一方面,尊重专业人士的专业判断。疫情背景下,医疗行业人员是最可能接近真相的人群,其出于公益目的披露或者发布的疫情信息一般具有可靠的信息来源或者足量的科学依据,即使未经官方证实或认可,也不宜在规范意义上

径直评价为虚假疫情信息。即便事后核实发现结论错误,也应当用科学的方法应对科学的问题,而不应当以刑法手段越俎代庖,否则作用于专业人士的寒蝉效应将使疫情背景下的社会因信息不充分、不对称付出更沉重的代价。

(二)立法进路:重整虚假信息类犯罪体系

正如上文所述,适用本罪主要存在此罪与彼罪纠缠不清、罪与非罪界限模糊两类问题。如果说罪与非罪的界限可以通过出台专门司法解释或发布指导案例的方式予以明确,尚且属于"小修小补"的局部性问题,那么此罪与彼罪纠缠不清的问题则属于需要"伤筋动骨"的系统性问题。本罪与编造、故意传播虚假恐怖信息罪,网络型寻衅滋事罪在适用范围上存在不能自圆其说的交叉重叠,同时在法定刑设置上也存在明显的罪刑不均现象,这两类问题不仅在理论上有损刑法体系的逻辑自洽,同时也可能引发实务中"同案不同判"等有损司法公正的实际问题。对此,如若仅是出台更多的司法解释来补充或者阐释现行司法解释,只会使得现有的虚假信息类犯罪体系内容更冗杂,结构更混乱,因此如何能够事半功倍、行之有方地重整虚假信息类犯罪体系是值得思考的问题。

本文认为,对虚假信息类犯罪体系的调整可以采取以下系列措施:一是删除《网络诽谤解释》关于网络型寻衅滋事罪的相关规定,从而一方面回应寻衅滋事罪过度"口袋化"的诟病,另一方面克服因该罪适用范围不明确而导致的犯罪圈不当扩大与罪刑不均的窘境;二是修改《虚假恐怖信息解释》中关于虚假恐怖信息内容的规定,将"重大疫情""重大灾情"等与本罪规制范围相重叠的内容删除,并明确虚假恐怖信息应当具备与恐怖活动相联系的"恐怖性"特征,从而划清本罪与编造、故意传播虚假恐怖信息罪的界限;三是在保留刑法现行条文的基础上,采用《刑法修正案》的立法手段在"险情、疫情、灾情、警情"后缀以"等"字以表明列举未尽,为具有同等社会危害性的其他虚假信息预留规制空间,从而消除本罪规制范围过窄的担忧。日后,亦可采取出台司法解释的方式,根据社会现实需要对本罪"等"的内容作限定性的同类解释。简言之,虚假信息类犯罪体系应当仅由立法修订后的本罪与司法解释修改后的编造、故意传播虚假恐怖信息罪两罪组成,形成一般虚假信息与虚假恐怖信息层次分明、轻重有序的规制格局,如此使本罪既可以与他罪和谐相处,又可以在适当规制范围内独善其身。

(三)司法进路:明确构成要件的认定标准

编造、故意传播虚假信息罪的增设为虚假信息的刑法规制提供了有力抓手,可谓立法回应造谣传谣犯罪治理需求的一场"及时雨"。然而,自本罪确立以来,司法层面并未出台有针对性的司法解释或者指导性案例对本罪构成要件予以阐释,"严重扰乱社会秩序""虚假信息""编造、故意传播"等构成要件的认定标准缺乏明确性与统一性,使得本罪的适用要么常常需要借鉴编造、故意传播虚假恐怖信息罪的"他山之石",要么常常出现司法者理解不一、适用混乱的问题。对此,出于划定本罪规制界限,防止侵害公民言论自由的目的,出台相关司法解释、指导性案例与司法文件等对本罪的构成要件进行解读与厘清具有必要性。

以疫情防控期间显现的适用问题为导向,确定本罪构成要件的认定标准应当尤其注意以下三个方面:一是将"严重扰乱社会秩序"中的"社会秩序"严格限定为物理空间意义上的现实社会秩序,防止刑法规制的范围不当扩大至虚拟的网络公共秩序。以及通过具体列举或者提出可操作量化指标等方式,对达到"严重"扰乱社会秩序程度的情形予以进一步明确。二是严格区分"客观事实"与"价值判断",仅将"客观事实"纳入"虚假信息"的范畴,并强调"虚假信息"应当具有实质判断标准意义上"事实虚假"的特征。但对于确有合理根据,只是事后查明不实的信息,尤其是"非专业不评论"的信息,刑法不宜贸然介入评价。再者,"虚假信息"还应当处于全局的主要、重要或者核心部分,否则不足以混淆视听并达到"严重扰乱社会秩序"的危害程度,更无须动用刑法的"牛刀"小题大做。三是为了全面惩治虚假信息的"传播",应当结合全案综合认定"传播"行为,即"传播"不仅包括面向不特定对象的"传播",也包括面向特定对象,但足以使不特定人知晓的"传播"。"足以使不特定人知晓"可以借助行为人传播对象的数量、范围、公共话语权与公众影响力等因素综合判断。

六、结 论

疫情防控期间,虚假疫情信息乘着互联网"东风"大肆拨乱民众的心绪,侵扰社会的安定,成为具有强大传播性与严重危害性的"信息病原体"。专门规制虚假疫情信息的编造、故意传播虚假信息罪无疑是疫情防控期间适用的重点罪名。由于缺乏深厚扎实的实践经验以及因时制宜的理论指导,该罪在司法适用过程中仍面临着许多悬而未决的问题。其中,如何在合理划定言论自由行使空间的同时,又不对言论自由造成过度干预,是适用本罪的核心与难点所在。这既需要谨慎勾勒本罪的适用范围,又需要科学协调本罪与他罪的适用关系,乃至在适当时机重新形塑虚假信息类犯罪的规制格局。

(责任编辑:伍湘)

作品"实质性相似"判断规则的法哲学思考

吴天然①

摘　要:在实践中,实质性相似判断规则的本质是画线问题,为找寻这条线划在哪里而创设的判断方法往往向感觉印象"逃逸"。实践规则遭遇的瓶颈要求回归哲学理论的视角,建构更为精巧的概念。司法过程中,法官做实质性相似判断时会创设一种核心结构,即知识产权的抽象物。抽象物在同一性判断中发挥着重要作用,认识论说明在判断具体事物相似性时会创设抽象物,两个事物所具有的共同的内在质或结构可能是被认为构成相似的原因。具有相似性的两个作品被看成是对同一抽象物的模仿,被认为具有同一性。法官将抽象物的界限划定在何种抽象程度上,决定了权利主体独占的领域范围。

关键词:著作权法　实质性相似　抽象物　知识产权侵权　法哲学

　　"接触+实质性相似"是著作权侵权判断的规则。其中,行为要素的"接触"要件与技术要素的"实质性相似"要件的分析并不是等量的,"实质性相似"的证明与认定处于更为重要的地位②,甚至"接触"要件在很多案例中成为推定要件。"实质性相似"规则是司法实践经验的产物。从美国判例观察,尽管"实质性相似"不是非字面情形相似判断的唯一规则,比如有些判决采用的"证明性相似"标准(probative similarity),但两个作品间的实质性相似确实是实现侵权判断目的的重要方法。③ 在我国,《著作权法》虽未将"实质性相似"规则法定化,但其也已成为常见的著作权司法裁判规则。④ 然而问题在于如何判断作品的实质性相似。实践中,两部作品在何种程度上可

---

　　①吴天然,上海交通大学法学院 2020 级法律硕士(法学)研究生。

　　②吴汉东:《试论"实质性相似+接触"的侵权认定规则》,《法学》2015 年第 8 期。

　　③M. B. Nimmer & David Nimmer,Nimmer on Copyright,New York:Matthew Bender,2010,13. 03[A].

　　④2010—2020 年的《最高人民法院公报》案例中,直接使用"实质性相似"规则裁判著作权侵权的案例有:上海美术电影制片厂与电子工业出版社、曲建方著作权权属、侵权纠纷案,上海知识产权法院(2015)沪知民终字第 200 号民事判决书;上海美术电影制片厂诉珠海天行者文化传播有限公司等侵犯著作财产权纠纷案,上海市高级人民法院(2012)沪高民三(知)终字第 67 号民事判决书;中国科学院海洋研究所、郑守仪诉刘俊谦等侵犯著作权纠纷案,山东省高级人民法院(2012)鲁民三终字第 33 号。

以被认定相似一直是不确定的问题,这一问题似乎难以用逻辑说清而只能诉诸感觉,反过来又加深了这种不确定性和模糊性。本文欲借助法哲学的视角,以"抽象物"为分析工具,揭示和展现著作权侵权的相似判断规则背后的复杂性,并提供一种新的思维方式。

一、从"实质性相似"难题到著作权形而上学

(一)作品"实质性相似"理论的难题

对于作品的相似比较,应当区分两种完全不同的相似,即全面非字面相似(comprehensive nonliteral similarity)和片段字面相似(fragmented literal similarity)。全面非字面相似是指一件作品的基本精髓或结构在另一件作品中重复,有全面的相似性,但没有逐字逐句或其他字面的相似性;片段字面相似是指字面上完全相同或几乎完全相同的若干作品片段的侵权。① 尼莫认为在没有相似性的极端和完全的字面相似的另一个极端之间,有一条线划定了"实质性相似"的界限。

纯粹的字面相似一般可以直观判断。在庄羽诉郭敬明案②中,二审法院认为原告庄羽坚持指控的57处"一般情节侵权和语句"中,部分内容构成相似,例如:庄羽的作品《圈里圈外》中有"怕什么来什么,怕什么来什么,真的是怕什么来什么",而郭敬明的作品《梦里花落知多少》中有"怕什么来什么,怕什么来什么,真是怕什么来什么啊!!"《圈里圈外》中有"我特了解李穿,她其实是个纸老虎,充其量也就是个塑料的",《梦里花落知多少》中有"像我和闻婧这种看上去特二五八万的,其实也就嘴上贫,绝对纸老虎,撑死一硬塑料的"。然而,对于非字面相似情形,司法实务中则更为复杂棘手。我国法院常用的实质性相似的判断方法有"整体观感法"和"抽象分离法"。"整体观感法"是指以普通观察者对作品整体上的内在感受来确定两部作品之间是否构成实质性相似;"抽象分离法"则是指通过抽象的手段,将作品中的思想、事实或通用元素等不受保护部分予以分离,与作品中受保护的部分进行比对,从而判定两部作品是否构成实质性相似。③

深究之下,无论是"整体观感法"还是"抽象分离法",都不是完满的判断方法。"整体观感法"的问题是它将相似判断简单归于感性印象的重合,这并不算是一个理性的思考进路。由于感性直觉的主体差异,不同类型作品的认知差异,使用这种方法可能面临标准难以统一的问题;相对地,它反而隐含着判决逃避说理的暗示,这种局限

---

①M. B. Nimmer & David Nimmer, Nimmer on Copyright, New York: Matthew Bender, 2010, 13.03.

②庄羽与郭敬明等侵犯著作权纠纷上诉案,北京市高级人民法院(2005)高民终字第539号民事判决书。

③梁志文:《版权法上实质性相似的判断》,《法学家》2015年第6期。

也阻止了"整体观感法"的发展可能。后者"抽象分离法"的适用步骤一般为"抽象—过滤—比较"。这种方法比"整体观感法"增加了说理性,但也至少存在两个明显问题。第一,元素分离过滤可能忽视了"关系",在不受保护的元素间可能存在着具有独创性的关系建构,忽视的结果是缩小了版权保护的范围。这背后蕴含着一个古老的哲学命题,即"整体并不等于部分的简单相加"。第二个问题是过滤后的比对若剩余元素较多,仍无法避免地需要利用到感觉印象。或许这是知识产权侵权判断永恒的问题,它只能指出在何种程度上作品被判定构成相似,而无法说清为何我们会在这种程度上感到相似性。关于后者的哲学提问是:人们判断两个不同的事物具有相似性的原因,是否只是日常生活经验塑造的联想和感觉。"整体观感法"无意洞悉了这一哲学深见。实践中析出的判断方法表达了这样一种困境:知识产权判决和学科实践诉诸个案分析,本身无法回答选取"那条线"作为相似界限的正当理由是什么。在这种情况下,法哲学应担负起对实践的反思,回应实质性相似判断的基础问题,即"那条线"究竟是可被发现的正当标准,还是相似标准只是法技术的控制方法的选择。

(二)走向著作权的形而上学

如康德所言,我们的知识来自内心的两个基本来源,其一是对表象或印象(impression)的接受,其二是通过表象来认识一个对象的能力(概念的自发性)。康德区分了纯粹的(pure)和经验性的(empirical),如果其中包含有感觉(它以对象的现实的在场为前提),那就是经验性的;如果只是形式的(formal),涉及理性本身或思维的普遍规律,而不涉及对象的差别,那就是纯粹的或理性的。① 物理学和伦理学都既有经验部分,也有纯粹部分。纯粹的又称为理性的(rational)或形而上学的(metaphysical)。在狭义的(经验的)物理学之前,有一个自然形而上学;在实践伦理学之前,有一个道德形而上学。②

效法康德在物理学和伦理学领域对实践部分和纯粹部分的区分,从著作权的发展史和理论需求来看,著作权形而上学的存在是一个实然问题。实践层面,从18世纪《安妮法》和英国文学产权大辩论开始,著作权正当性的根据就无法在法律本身中寻找,也不能在当时的社会环境中寻找,而是要在纯粹理性的概念中去寻找③;理论层

---

①Immanuel Kant, Critique of Pure Reason, Translated by Allen W. Wood, Cambridge University Press, 1999, pp. 193-195; Immanuel Kant, Groundwork for the Metaphysics of Morals, Translated by Allen W. Wood, Yale University Press, 2002, pp. 3-4. 翻译参考[德]康德:《纯粹理性批判》,邓晓芒译,人民出版社2004年版,第51-53页。

②Immanuel Kant, Groundwork for the Metaphysics of Morals, Translated by Allen W. Wood, Yale University Press, 2002, pp. 4-5.

③康德在《道德形而上学原理》中提到,"约束性的根据既不能在人类本性中寻找,也不能在他所处的世界环境中寻找,而是完全要先天地在纯粹理性的概念中去寻找"。Immanuel Kant, Groundwork for the Metaphysics of Morals, Translated by Allen W. Wood, Yale University Press, 2002, p. 5.

面,学术研究中一直可见"著作权的形而上学"的提法。① 回顾知识产权的形而上学史,许多法官和学者以洛克的劳动财产理论和黑格尔的财产人格理论为知识产权的正当性提供基础。② 然而20世纪后半叶开始,知识产权合理性研究却只能零散见于文献;时至今日,知识产权的形而上学愈加变成一个冷门的课题。

所谓版权史就是一部版权扩张史。一方面,经济全球化浪潮带动了知识产权在地域上扩张的步伐,国际经济组织和双边协议越来越频繁地将知识产权保护引入议题;另一方面,在著作权实践的演进历程中诞生的许多裁判规则或判定标准,例如合理使用、"思想—表达"二分法,以及实质性相似规则,都带有显著的模糊性和不确定性。这些规则的创设背景是面临亟待解决的现实裁判问题的迫切性,但就像"对思想(ideas)享有财产权的哲学层面的正当性"这一主题从未在美国的法律文献中被系统地论述过一样③,对于这些规则合理性的哲学论证也鲜少提及。哲学思考的缺位也许与实用主义(pragmatism)考量有关,"可能限制哲学问题最自然的尝试是通过实用主义的考虑。当然它曾是20世纪最受人欢迎的一场运动。"④正如斯坦福大学教授保罗·戈斯汀在《著作权之道》中提到的,作为鲜明的经济工具的合理使用原则,标志着更加实用主义的美国文化。⑤ 实用主义者直接关注行动的效果和功用,有用即为真理。实用主义的基本特征为反传统形而上学、效用的真理观、行为主义和工具主义。⑥ 知识产权的实用主义表现在它的发展依靠特定判决的选择和政策推动,解决问题的思维模式留给形而上的抽象论证的空间并不大,但其造成的研究局面是知识产权法学"基础理论极为贫弱,细节研究却异常繁荣"。⑦

---

①Paul Goldstein, Copyright's Highway: From Gutenberg to the Celestial Jukebox, Stanford University Press, 2003, pp. 1-28. 本书第一章的标题即为"The Metaphysics of Copyright"(著作权的形而上学)。

②Justin Hughes, The Philosophy of Intellectual Property, 77 Georgetown Law Journal, pp. 287-366, 1988; Peter Drahos, A Philosophy of Intellectual Property, Dartmouth Publishing Company Limited, 1996, pp. 59-122. 休斯和德霍斯在回顾知识产权学者对黑格尔的引用时,观点的根本不同在于,休斯认为黑格尔提供的独特的财产人格理论是洛克的财产权利模型的最有力替代,但德霍斯却并未采用人格正当性理论的方法,而试图通过对黑格尔的财产制度现象的分析阐明"知识财产对社会可能有负面影响"。

③[美]贾斯汀·休斯:《知识产权哲学》,杨才然,张萍译,载刘春田:《中国知识产权评论》(第二卷),商务印书馆2006年版,第2页。

④Donald W. Livingston, Hume's Philosophy of Common Life, University of Chicago Press, 1986, p. 24.

⑤Paul Goldstein, Copyright's Highway: From Gutenberg to the Celestial Jukebox, Stanford University Press, 2003, p. 139. 保罗对这种实用主义观念做出解释,即"半个面包总比没有好"——受制于著作权许可谈判的高成本,著作权人无法获得收入,相对地想要获得许可从而使用作品的人也无法得到复制件;但在合理使用规则之下,尽管著作权人仍未能获得收入,但至少能够让使用人复制一份。

⑥何鹏:《知识产权立法的法理解释——从功利主义到实用主义》,《法制与社会发展》2019年第4期。

⑦李琛:《论知识产权法的体系化》,北京大学出版社2005年版,第1页。

1996 年,由澳大利亚学者彼得·德霍斯所著的《知识财产法哲学》(*A Philosophy of Intellectual Property*)一书首次出版,很快获得了国内学界的关注。作为最新近的关于知识产权形而上学的研究专著,德霍斯在这本书中首次将哲学范畴的"abstract objects"用语引入知识产权法学研究,周林先生在对《知识财产法哲学》进行翻译时①,使用"抽象物"一词作为"abstract objects"的对应词,使之适应大陆法学的用语方式。现代抽象的财产观下,德霍斯关于"抽象物"的知识产权理论被国内学者评价"具有现代法气息"。② 尽管抽象物理论是德霍斯这部著作的核心,然而学者们在对后续研究中继承"抽象物"概念时,却过少关注德霍斯的论证思路和对抽象物的确切叙述。做研究会犯的一种常见但致命错误,就是以文本之外的某种含义来曲解言辞。学者对用语的多种语境的使用,使"抽象物"这个难以精确定义的概念更加模糊化,其实也是对德霍斯使用的分析哲学工具的背离。

笔者欲借助"抽象物"的理论工具,对著作权侵权判断做出新的思考。以"实质性相似"为例,实践规则遭遇的瓶颈要求回归哲学理论的视角,建构更为精巧的概念。本文将沿着德霍斯的思路,揭示实质性相似判断的本质是寻求同一性,建构抽象物理论并阐释其对著作权侵权相似判断的实质影响。下文所称的抽象对象,与抽象物(abstract objects)同义。

二、"抽象物":从哲学到知识产权法学

(一)哲学上抽象物概念

1. 作为哲学范畴普遍用语的"抽象对象"

德霍斯在《知识财产法哲学》第七章集中阐释抽象物概念时,讨论了柏拉图的理念和唯实论者与唯名论者的争论,并声明"'抽象物'一词指的是存在(being)的假定范畴,它不是一个法律上的用语"。③ 这至少表明了德霍斯的抽象物理论背后必然的哲学背景。事实上"abstract objects"这个词语被德霍斯引入知识产权法学研究之前,是一个哲学范畴的普遍用语,通常翻译为"抽象对象",一般指无法通过感性经验被认知的对象,比如数、正义、美……正如分析哲学指出,伪命题把构想的形式概念当作真正的概念来使用,这些形式概念如对象、属性、关系、事实、命题、颜色、数等,是不能出现在有含义的分析命题中,例如我们不能说一是数、红是颜色、A 是对象。④ 这种不合

---

① [澳]彼得·德霍斯:《知识财产法哲学》,周林译,商务印书馆 2017 年版。

② 吴汉东:《法哲学家对知识产权法的哲学解读》,《法商研究》2003 年第 5 期。

③ Peter Drahos, A Philosophy of Intellectual Property, Dartmouth Publishing Company Limited, 1996, p. 153.

④ 蔡曙山:《再论哲学的语言转向及其意义——兼论从分析哲学到语言哲学的发展》,《学术界》2006 年第 4 期。

理的语句使用无法判断对错,是无意义的废话。无法准确界定的概念,可以在合理用法上把握内涵,下文也将有选择地介绍抽象物的哲学用语情景。

值得注意的是,德霍斯为了强调法学关于抽象物的讨论"不是一般哲学上同一性理论的组成部分"①,有意省略了这部分内容,笔者认同该观点。在此花费篇幅介绍抽象物和哲学同一论的原因有二:一是本文意在通过抽象物理论对著作权侵权案件中的相同或相似判断做出新的解读,在进入知识产权"抽象物"理论的讨论前,对抽象对象和哲学同一性理论的简单介绍,会证明一些对知识产权抽象物的分析需要以哲学在先理论为源泉;二是跨学科研究的要点之一是理论的引入,目的主要在于打破知识壁垒和超越具体学科的自主性研究话语体系,哲学的研究方法会为构建学科基础提供新视角。

需要重申,哲学理论中抽象物和同一性(Identitas)的内容体量巨大、十分复杂,笔者在本部分介绍的只是冰山一角,内容选择的标准是评估后其在知识产权领域的应用可能性。

2. 柏拉图的理念论:认识相似事物时的抽象物创设

哲学上的抽象对象不是一个感觉对象,而是思考对象,它可以作为判断两个事物相同或相似的基础。柏拉图将理智的对象称作理念(eidos,idea)②,他在《理想国》中谈到"在凡是我们能用同一名称称呼多数事物的场合,我认为我们总是假定它们只有一个形式或理念的。"③比如在纸上画出的三角形和积木三角形都是感觉对象,它们共同具有三角形的理念;不同风格、形状的床能被用"床"的统一名称称呼,因为具有床的理念。理念是一个思考对象,柏拉图的理念是一种抽象物。柏拉图认为,制造床的工匠注视着理念或形式制造出感性世界中我们使用的床。而画家和诗人也"在某种意义上"制作一张床,他们画中或诗中的床是床的理念和工匠制造的感性对象的床的模仿者④。前期理念论继续提出了分有理论,即个别事物通过分有理念获得它们的名称、具有相应的性质。如"美"的理念之外,任何具体事物美丽的原因在于它们分有"美"的理念。柏拉图的"线段比喻"说明了这种认识关系。⑤ 如图 1 所示。

---

①Peter Drahos, A Philosophy of Intellectual Property, Dartmouth Publishing Company Limited, 1996, p. 153.

②"理念"来自动词"看"(ide),原意是"看到的东西"。柏拉图把其意义引申为"心灵的眼睛看到的东西",可以翻译为"理念"(相当于英文 idea)或"型相"(相当于英文 form)。"理念论"是柏拉图哲学体系的核心思想。

③《国家篇》596a。

④《国家篇》596b-597e。

⑤《国家篇》509d-510b。柏拉图的著作只是用文字对"线喻"进行了描述,现在所见的线喻图都是后人绘制。笔者绘制的图形参考了黄伟:《柏拉图后期理念论研究》,中国社会科学院研究生院2013 年博士学位论文,第 52-53 页。

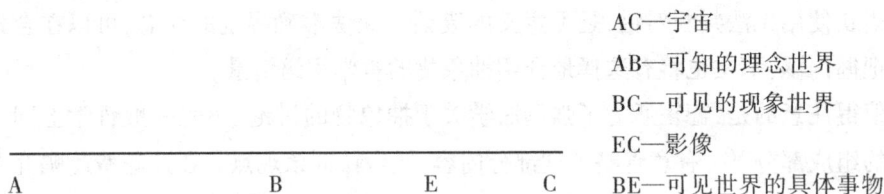

AC—宇宙
AB—可知的理念世界
BC—可见的现象世界
EC—影像
BE—可见世界的具体事物

```
————————————————————————————
A          B        E    C
```

图 1　线喻图示

线段 BE 代表可见世界中的具体事物,如日常生活中的动物、植物以及所有人造的物品;线段 EC 代表具体事物的影像,就好像影子以及水面等光滑平面反映出来的东西,比如前面提到的诗歌和绘画等艺术作品。具体事物的真实程度高于影像,但是,相对于理念世界而言,具体事物又靠"分有"理念才成为自身。总结而言,理念是通过对事物的抽象而形成的普遍共相,具体事物分有了理念,而影像是分有的模仿。

柏拉图的理念论是强调共相(Universalia)问题的最早理论,罗素评价它甚至还是一个最成功的尝试①。殊相是指感觉世界中的特殊事物,或与感觉中所给定的事物同性质的东西;与此相反,共相则是那种能为许多特殊事物所分享的东西,比如床的理念、桌子的理念。和四边形对照,面对纸上画出的几个三角形,我们很容易因为三角形的共相而认为它们具有相似性。共相是否独立于殊相而真实存在,是实在论者和唯名论者争论的焦点。② 柏拉图的理念论是最早的实在论,他认为理念世界才是真实的。严格地说,知识产权的抽象物更像是哲学上的抽象物的组合,比起"床""三角形""在……之上",它更接近于"一个人坐在床上画了一个三角形",当然真实情况更为复杂。对认识活动的强调可能证明实在论是错误的,笔者对于柏拉图理论的介绍不是要将论文奠定在实在论的基调上(这也非法学的目的),而是意图阐释抽象物在相似性判断中的重要作用,或者说在对相似事物认识时的抽象物创设。③ 事实上后一种说法于本文更为准确,后文论述的知识产权抽象物更像是司法的虚构实体,侵权判断的实用主义更接近唯名论。

3. 认识论的同一性问题

唯名论没有否认感觉世界的个别事物具有同一性,否则就没有把事物归于专名的命名活动,其结果是人将无法可靠地认识任何事物。比如"买卖合同"就是命名活动

———————————

①[英]伯特兰·罗素:《哲学问题》,何兆武译,商务印书馆 2007 年版,第 74 页。

②这个问题也可以描述为"类词的对象是否是实在的",争论开端于"波菲利之问"。类词对象作为关于类词的思想之判断标准是实在的个别事物,这种说法被称为实在论;而认为类词只是人出于认识的简单性而造所以不具有实在性的观点,则被称为唯名论。谢文郁:《形而上学与西方思维》,广西人民出版社 2016 年版,第 125-173 页。

③后一种说法倾向于唯名论的谈论方式,即通过命名活动认识经验世界,如"水""火"这些类词的创设满足了认识的需求,否则人们只能说 A、B、C 来指代火 A、火 B、火 C。这种抽象物的创设是一种描述方法。

的产物,没有这个类词,法官面对的只能是一个个特殊独立的合同,因而也就没有一般性法律规则。可以看出,所有的认识都以同一性为前提。

认识论的同一性问题比命名更宽广。学者将同一性区分为质的同一性和数的同一性,"质的同一性"即精确的相似性,是指存在于两个具有极大程度的相似性的事物——比如它们具有共同的内在性质——之间的一种关系;"数的同一性"通常被看作只存在于一个事物与其自身之间,而不可能存在于两个事物之间。这也就是说,甲和乙从数上说是同一的,当且仅当它们是同一个东西。比如两个孪生儿从性质上是同一的,但是从数上说绝非是同一的。① 质的同一性其实就是上部分提到的共性问题。然而莱布尼茨以来的哲学传统只谈论后一种同一性,因为有共相的同一性过于宽泛,选择标准的不同会影响是否同一的界定,这会导致哲学上的同一性成为一个模糊的概念。② 维特根斯坦曾经如此评价哲学上对同一的理解:"说两个事物同一,是无意思的,而说一个事物是与本身同一的,就是什么也没有说。"③

本文对同一性的使用并不遵循严格的哲学意义,因为一个事物与自身的同一仅仅代表一类知识产权侵权,它只存在于完全相同的商标侵权、作品整体的复制权侵权等情形。与此相反,在更多的知识产权侵权中往往产生了新的作品、商标或制造方法,后者对权利对象的侵权判断却可以质的同一性模式进行解读。在著作权实践领域,实质性相似判断的本质就是寻求两个作品间的质的同一性。在判断具体事物相似性时会创设抽象物,两个事物所具有的共同的内在性质或结构可能是被认为构成相似的原因。

(二)知识产权的抽象物理论

1. 知识产权抽象物与侵权判断

德霍斯认为抽象物是一种信息,或者说信息包括抽象物。④ 正如他通过柏拉图的理念论说明权力和抽象物的联系存在哲学先例⑤,德霍斯很擅长哲学和知识产权法学上用语的巧妙转化,以至于我们无法判断书中诸如"抽象物是一种信息"这样的论断是否应包含哲学观点。尽管德霍斯是在多层次、多含义上使用"抽象物"一词,但它在知识产权侵权判断中的作用是清晰的。笔者在这部分删繁就简地提取与知识产权侵权判断最相关的抽象物概念,也是德霍斯著作"抽象物权力"章节的核心。

同一性的判断和确认是知识产权侵权争议的核心问题。比如专利侵权中等同原

①韩林合:《分析的形而上学》,商务印书馆 2003 年版,第 49—50 页。

②吕进:《同一性与指称理论评析》,西南大学 2005 年硕士学位论文,第 5—6 页。

③[英]维特根斯坦:《逻辑哲学论》,郭英译,商务印书馆 1983 年版,第 74 页。

④Peter Drahos, A Philosophy of Intellectual Property, Dartmouth Publishing Company Limited, 1996, p. 171.

⑤同上, 1996, p. 152.

则的适用研究、版权纠纷的作品"实质性相似"判断,以及如何判断商标相同或近似等问题。具体到著作权领域,如果被诉侵权作品是对权利作品逐字逐句的复制或整段视频无修改的重现,那么排除合理使用后侵权判断并不困难。可是在非文字复制情形,当在后作品涉及对权利作品具体情节和人物的模仿时,构思的雷同是否达到相似判断的标准,则是一个很复杂的问题,两部作品类型的不同又增加了这种困难。问题在于,何以构成两部作品相同或相似判断的基础,使法官认为它们具有同一性?

抽象物理论可以成为解释这个问题的依据。德霍斯认为,为做出是否相似的判定,法官必然会经过一个提炼的过程。在这个过程中,法官们创设了抽象物,然后该抽象物成为他们的同一性判断的基础。① 假设把著作权侵权案件中需要做同一性判断的作品记为 A 和 B,抽象物是 A 所具有的基本的核心结构,如果 B 构成对这个核心结构的模仿——或者用哲学的用语方式,A 和 B 均是这个核心结构的影射——那么法官便会判定 B 相似于 A。可以看出,抽象物是评价作品 A 和作品 B 相似的标准,是观察者做出同一性判断的基础。

抽象物是在司法过程中人为创设的,这个思考的进路有着鲜明的实用主义色彩。原因在于对抽象物的抽象是一个动态的过程,抽象的程度不是固定的。因此法官将抽象物的界限划定在何种抽象程度上,决定了权利主体独占的领域范围。可以通过对两种最极端情形的考察加深理解。第一种情形是德霍斯举的例子。以遗留在世界上的最后三件事物的理念编造故事,比如国家、人类和恐龙,那么可能会诞生无数个故事,它们的具体文字表达是非常不同的。然而在最抽象的层次,三件事物被看成三个几何化的点,故事无非是由三个点构成的几何图形,因此具有不同表达的这些故事会被看成是相同的。② 当法官采纳此种抽象程度创设抽象物后,结果是一个人以"国家、人类、恐龙"这三件事物写成一个故事后,任何人将不能再以三件事物的组合进行创作,否则便可能会有侵权他人的危险。继续用这个模型做假设,为了将抽象的程度降低,在任意两点间画一条线,线段表示两个事物之间的某种特定关系。那么包含了更多要素的抽象物的抽象程度便被大大降低了,权利主体独占的领域范围也随之变得狭窄,后来者可以塑造其他关系的组合,以"国家、人类、恐龙"创作故事。另一种极端情形与此相反,在最具体的层次,只有直接的文字复制、完全一致的图形才会判定具有同一性,基于此侵权行为将会减少,或者说任何程度的抽象物都可以被随意模仿创作。

抽象物是一把尺子,核心结构的抽象程度的选择会决定权利对象是否同一,进而揭示了抽象物对知识产权侵权判断的实质影响。认识论说明自主提取核心结构的方

---

① Peter Drahos, A Philosophy of Intellectual Property, Dartmouth Publishing Company Limited, 1996, pp. 153–154.

② 同上,p. 154.

式是认识事物的可靠途径。法官或许没有直接意识到他是在通过抽象物创设的方法进行比较,但他们确实在使用这种方法。如果无法以抽象物的理论将这一过程理性地解释,那么相同或相似判定只能是一个感性印象重合的过程;而由于感性直觉的个体差异,知识产权侵权判断可能无法解决标准难以统一的问题。正因为个案中抽象物的界限的动态性,司法裁判中等同性或相似性判断是困难又含糊的,这也是知识产权侵权判断具有不确定性的原因。

2. 抽象物与其他概念区分

(1)德霍斯的"有形物"概念误会。德霍斯在描述抽象物时行文用语不够清晰,原因是他没有准确区分有形物(physics objects)、权利客体和抽象物。通说观点认为知识产权的客体具有非物质性,从表象上看,表现为作品、发明创造和商誉等。知识产权的客体可能要依附物质载体"承载"或"体现",但并不意味着知识产权的客体是物质载体本身。① 可见法学已经能够区分有体物与知识产权的客体。可是德霍斯似乎并未注意到这一点,首先来看原文这段表述:"结果是,一个抽象物可以用来使非常不同的有形物成为一类。例如,根据版权法,一部电影可以被说成是一部文学作品的再现或是一个复制品,以及一个立体作品可能是一个平面作品的复制品。也就是说,根据知识财产法律,各种不同的有形物可以被看成是出自同一本源,因为它们都是模仿同一个抽象物。"②司法并非是评价作为物理对象的有体物是否相同或相似,如对一本书或者一卷录像带进行比较,而是在特定的作品或发明创造等非物质产品间做出同一性判断。与其说德霍斯的缺陷是尚未注意司法裁判的评价对象,不如说是因为他用"有形物(physics objects)"来指代以作品为例的知识产品。笔者在此对概念做出澄清。

(2)抽象物不同于权利对象。有关知识产权的权利对象的学说竞争十分激烈。对知识产权对象问题的回答,就是对知识产权本质的回答。将权利对象认为是"作品、发明创造、商标等"③只是列举的表象,知识产权体系化思路诱惑着学者们做"提取公因式"的工作。对知识产权对象的回答主要有"智力成果说""信息说""符号组合

①王迁:《知识产权法教程》(第六版),中国人民大学出版社2019年版,第4-6页。

②" The result is that an abstract object can be used to group very different physical objects. Under copyright law, for example, a film can be said to reproduce or be a copy of a literary work, and a three-dimensional work can be a reproduction of a two-dimensional work. Very different physical objects, in other words, can be said to share the same identity in intellectual property law because they all imitate the same abstract object. " Peter Drahos, A Philosophy of Intellectual Property, Dartmouth Publishing Company Limited, 1996, p. 155.

③事实上仅仅这种列举的表象也存在非常大的争议,如商标权的客体就有"商业标识说""商誉说""联系说"。杜志浩:《商标权客体"联系说"之证成——兼评"非诚勿扰"商标纠纷案》,《政治与法律》2016年第5期。

说""无形财产说""形式说"几种不同的学说。①

德霍斯认为抽象物的本质是作为基本利益的信息,它是一种分配资源,是知识产权的对象。但这并非法学意义上的说明,因为未经过法学的论证。退一步而言,认为抽象物是知识产权对象的观点也可以归类于"信息说"。笔者无意在此添加一种所谓的"抽象物说",只在关注抽象物如何作用于司法同一性判断的过程。权利对象是权利行使上的问题,抽象物不是权利对象,它是知识产权对象的核心结构。

有学者认为知识产权对象的本质是差异,侵权的相似性比较就是比较两者之间是否存在差异,差异统一了知识产权对象统一,奠定了判定侵权的基准。② 这种观点的理论背景是卡西尔的语言学和亚里士多德的"属加种差"。颇为有趣的是,同样以形而上学和语言哲学为背景,本文却得出完全相反的结论,认为知识产权对象着眼于"同一"。且不论亚里士多德和卡西尔的学说能够提供多少的支持,抽象物的理论便可以反驳这一观点。首先,正如前面所论证的,任何不是完全相同的两个对象都会存在差异,司法裁判却会认定存在差异的两个事物具有同一性,可见同一比差异更能奠定判定侵权的基准。其次,更为重要的是,本质问题要求揭示事物根本的内在属性,不论是差异或同一都具有外部性,对象的本质问题不同于对象间的关系问题。

(3)抽象物不同于无体物、无形物。为了简化指称,我们暂时将知识产权的对象"作品、发明创造、商标等"称为智力成果,尽管智力成果这个词不足以囊括所有对象,譬如商标。学术界有关于智力成果"类物性"的讨论。有学者认为,"物"由"构(结构)"和"质(材质或质地)"加以表现,在"有构有质物"之外还存在无体物和无形物。"无形物"是无"结构"与有"材质"的物,如电、光、磁、热、气等;"无体物"或称"无质物",是有"结构"与无"材质"的物,如技术方案、艺术作品、商业标识等。③ 由此可见知识产权的客体是无体物,是一种客观实在。

抽象物也具有"有构无质"的特征,但讨论它是否为物,会将知识产权引入实在论和唯名论的分歧。事实上抽象物(abstract objects)的原词也并不具有"物"的含义。民法上对物的讨论由来于罗马法以降的法律规范体系,而英美法系有财产权而无物权。抽象物之上可能产生财产支配力,但因为抽象物的界限是不明确的,对抽象物的支配

①李琛:《论知识产权法的体系化》,北京大学出版社 2005 年版,第 38-61 页、第 116-149 页;杨雄文:《知识产权法总论》,华南理工大学出版社 2013 年版,第 37-41 页;其中"形式说"为刘春田教授独创的观点,也蕴含着形而上学的思想源泉,刘春田主编:《知识产权法》,中国人民大学出版社 1999 年版,第 6-10 页。

②熊文聪:《论"知识产权"概念的科学性——关于权利对象的本体探究》,《知识产权》2013 年第 7 期。

③何敏:《知识产权客体新论》,《中国法学》2014 年第 6 期。

是隐形的消极自由。积极的财产权的直接对象是智力成果。抽象物不具有民法上的客体的意义,因而讨论抽象物是否为物的问题也无甚意义。笔者意在通过这部分说理提醒读者,抽象物与无体物、无形物是不同范畴的概念,民法学界和知识产权学界常常交叉混用的"无形物"和"无体物"问题可以"质构"认识厘清,无须对德霍斯的抽象物一词多做联想,徒增学术负累。

三、抽象物理论对"实质性相似"判断规则的指导

(一)抽象物的产生:司法程序对标的的陈述

以抽象物为工具对知识产权具体领域的侵权分析,并非没有研究做过尝试。有学者曾对专利法的等同原则进行法哲学的思考。① 在抽象物的透视镜下,与专利实质相同的技术方案尽管外在表现形式不同,但起支配作用的抽象物是同一的。这解释了为什么等同原则下可以将专利权的保护范围扩大到权利要求文字记载的范围之外。因此在比对对象上,法官应分别将被控侵权产品和专利权利要求中构成技术方案的全部必要技术特征分解,在列出数量和名称后进行比对;仅仅被控侵权产品和专利产品不一样,仍可能落入抽象物所覆盖的范围。

著作权与工业产权呈现方式上并不相同。由于登记制度的存在,现代法对工业产权的保护越来越依赖于对标的的"陈述",财产的存在由某种陈述来确定。对财产的陈述在法律上被等同于财产本身,如专利、外观设计登记文件中的说明就是专利、外观设计本身。② 可以说,这种"陈述"也创设了抽象物,与实在的制作过程等相分离,即感觉对象和思考对象的分离。然而作品的保护范围无法通过陈述性登记来确认。创作行为是事实行为,作品一经创作完成,著作权便自动产生。笔者以为,即便如此,这种对标的的"陈述"却呈现于知识产权侵权判断的司法程序中,著作权侵权中的"实质性相似"判定依赖于对抽象物的陈述。因为法官在以"实质性相似"为标准处理著作权侵权纠纷时,会创设抽象物,让抽象物构成相同或相似判断的基础。同时,这个过程产生了确定财产界限的意外效果。

(二)从抽象物看相似判断的"画线"问题

抽象物理论和"实质性相似"规则、"思想—表达二分法"三者的殊途同归之处可能就是"画线"问题,它们均展示了作品相似判断的动态性和不确定性。汉德法官说

---

①张泽吾:《等同原则的法哲学思考——基于抽象物的分析进路》,《电子知识产权》2004年第2期。

②李琛:《论知识产权法的体系化》,北京大学出版社2005年版,第54—59页。

过,这条线"无论划在哪里都会显得很随意","对侵犯著作权的检验标准必然是模糊的"。① 王迁教授认为,思想表达是一个由下至上的金字塔结构。② 从图2可见,金字塔由底端到顶端就是一个不断增加抽象性的过程,司法判断便是划定一条分界线,将界限之下部分确定为作品受到保护的范围。也有观点认为,法院尚未在两者之间画出一条清晰的界限,而只是依赖于思想与表达之类的比较③,这条线是一条想象中假设的界限。

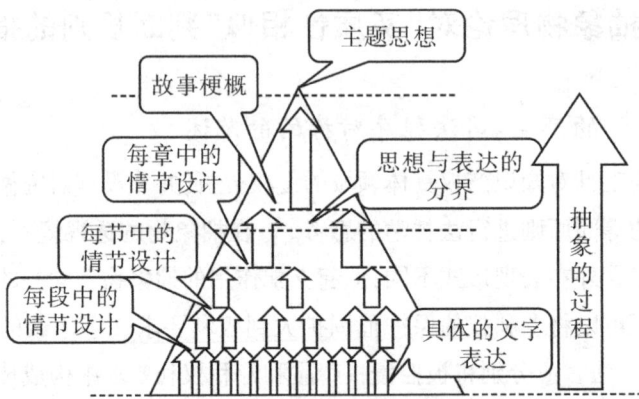

图2 王迁教授的金字塔图

不论在实际裁判中这条界限是否清晰,法官在相似判定时必然经过一个提炼抽象的过程,因为这条线不可能画在最具体的最底端。否则著作权法将容忍以仅变换每句话措辞的方式来创作新作品,侵权行为会大量减少。承认抽象过程的存在后,先前的哲学讨论和著作权侵权判断的核心理论便于此交汇,笔者才可以在这个交汇点上以抽象物理论重新解读作品相似判定。

抽象物是作品的核心结构,法官的抽象提炼过程是创设抽象物的过程,具有相似性的两个作品被看成是对同一抽象物的模仿。"接触+实质性相似"规则并不考察被诉侵权人的主观目的,因此在理论上存在"接触"了原作品的人无意中或多或少模仿了它的情形,对于"原创性"概念的理解上,"它仅意味着差异,而不必然意味着作品具有创造性"。④ 从道德上可以说一个作品剽窃了另一个作品,但说一部作品模仿了另一部作品是不准确的。法律并不禁止艺术的模仿行为,事实上艺术创作中的无意识或有意识模仿是司空见惯的。如大文豪博尔赫斯所言,"故事的情节只有少数几种类

① M. B. Nimmer & David Nimmer, Nimmer on Copyright, New York: Matthew Bender, 2010, 13.03[A].
② 王迁:《知识产权法教程》(第六版),中国人民大学出版社2019年版,第50页。
③ [美]贾斯汀·休斯:《知识产权哲学》,杨才然,张萍译,载刘春田:《中国知识产权评论》(第二卷),商务印书馆2006年版,第36-37页。
④ [美]理查德·波斯纳:《论剽窃》,沈明译,北京大学出版社2010年版,第127页。

型;也许我们应该讲的是,这些故事的有趣之处并不在情节本身,而在于故事情节之间的转换和改写"①。认为一部作品系模仿另一部作品的观点似乎也蕴含"谁先创造谁所有"的道德意味,然而作为公共资源的知识却因模仿而增多,知识产权之财产权并无人类共同的道德基础②。抽象物理论却揭示了相似判定的法律本质是财产权的分配问题,被同一抽象物覆盖的两个作品被认为具有同一性,对何种抽象程度的选择就成了调控财产权利范围的手段。下面将通过陈喆诉余征等案进一步解释抽象物在作品相似判断的作用,该案是我国对作品"实质性相似"判断进行充分阐释的代表性案例。

(三)抽象物在相似判断中的作用方式

在 CZ 诉 YZ 等案③(以下简称 QY 案)中,二审法院对原告主张的剧本 21 个情节中的 9 个情节讨论是否构成实质性相似(其中一审法院已认定其中 3 个情节不构成著作权法保护的表达,9 个情节不构成实质性相似),法院将这些情节命名为情节 1"偷龙转凤",情节 5"次子告状、亲信遭殃",情节 7"恶霸强抢、养亲身亡"等。有趣的是,以情节 1 为例,被告在抗辩理由中将情节 1 抽象为 5 个层级,并认为两者的相似度仅在第 2 个层级上,而第 2 个层级的内容属于公知素材和通用场景。但法院认为第 2 层级是已经包含时间、地点、人物、事件起因、经过、结果等细节的情节,可以成为著作权法保护的表达。有关第 2 层级的情节的说明其实就是对抽象物的陈述,法官创设的这一抽象物可以同时覆盖权利作品与被诉作品的"偷龙转凤"情节,即使在更细节上表现不同的两个情节也因此被认为是相似的。假设法官将抽象物的抽象程度降低到更为具体的第 4 层级,以此抽象出权利作品《梅花烙》的情节 1 的核心结构,这一抽象物极可能无法覆盖被诉作品《宫锁连城》。当然,QY 案的法官创设的抽象物是在第 2 层级的 9 个情节及情节关系,加上具体人物设置和人物关系,这构成了权利作品的核心结构。与其说著作权保护情节,不如说它是保护反映情节的表现形式之一——结构。④

由此可见,相似判定与抽象程度选择密不可分,抽象物的界限对知识产权鼓励创新的命题产生了挑战。从琼于案得到启发,我们可以构建一组简易的模型,从中发掘抽象物揭示的知识财产分配本质。

模型一:甲的小说 A 设计巧妙、引人入胜,由情节 a、b、c 构成(为了简化例子,这里只模拟三个情节组合),但小说语言平平、人物性格也较为干瘪,且该作已发表;乙

---

① Jorge Luis Borges, This Craft of Verse, Edited by Calin – Andrei Mihailescu, Harvard University Press, 2000, p. 51.

② 张勤:《论知识产权的道德基础》,《知识产权》2012 年第 1 期。

③ 北京市高级人民法院(2015)高民(知)终字第 1039 号民事判决书。

④ 吴汉东:《知识产权多维度学理解读》,中国人民大学出版社 2015 年版,第 258 页。

根据同样的 a、b、c 情节顺序创作了一本更有艺术价值、更可读的小说 B;甲认为乙剽窃了自己的作品,于是诉至法院。本案中,如果法官将情节 a→b→c 作为抽象物进行实质性相似判断,且能证明乙接触过 A 小说,那么很容易得出乙侵犯甲著作权的结论,其结果是乙将负担侵权成本,甚至 B 小说将不得再传播。

在这个模型中量化更多要素,得到模型二:甲的小说 A 设计巧妙、引人入胜,由情节 a(具体情节为 a1、a2、a3)、b(具体情节为 b1、b2、b3)、c(具体情节为 c1、c2、c3)构成,主要人物设定和人物关系简化要素为Ⅰ、Ⅱ、Ⅲ、Ⅳ、Ⅴ,但小说语言平平、人物性格也较为干瘪;乙根据同样的 a、b、c 情节顺序创作了一本更有艺术价值、更可读的小说 B。但 B 小说的主要人物设定和人物关系为Ⅰ、Ⅱ、Ⅵ、Ⅶ、Ⅷ,只有Ⅰ、Ⅱ和 A 小说相同,且更细节的情节设计为 a3、a1、a4、b2、b1、b4、c1、c4、c5。

模型二中的相似判定则更为棘手。将更多的元素囊括进抽象物创设,意味着 B 小说侵权 A 小说的可能性会更低。以最受欢迎的艺术内容——"故事"举例,故事元素至少包括[1]:①节拍:动作/反应中一种行为的交替,是最小的结构成分。②场景:由节拍构成,指在某一相对连续的时空中表现出的一段动作。③序列:一系列场景。④幕:一系列序列的组合。⑤背景:包括时代、期限、地点和冲突层面。⑥人物:包括性格、变化、关系。⑦故事类型。⑧故事意义。前六种元素均可在不同程度上构成著作权的保护对象——表达,可是将保护的结构具体到幕还是场景,是无法一致而只能个案判定的难题。美术作品的线条、明暗、色彩、形状,音乐作品的音调、节奏、音色、乐段等,与文字作品一样也无法提炼一致性的判断方法。回到 QY 案,法官认为文学作品的表达包括文字所表述的故事内容,但人物设置及其相互的关系,以及由具体事件的发生、发展和先后顺序等构成的情节,只有具体到一定程度,即文学作品的情节选择、结构安排、情节推进设计反映出作者独特的选择、判断、取舍,才能成为著作权法保护的表达。这段看似很有说服力的说理,实则回到了"独创性——思想表达"的循环论证,不能以一个尚未准确界定的概念来解释另一个概念,可见具体到哪种程度确实是著作权法保护很难回答的问题。人类的理性能力总是有边界的,有理论呼吁以一般公众的相似体验[2]或者读者标准[3]作为实质性程度的认定标准,可是依然有操作上的困难。

遗憾的是,抽象物理论也不能提供一个完满的实质性相似的测试方法,或许这个能让裁判保持一致的测试方法并不存在[4]。抽象物理论只能揭示这个版权侵权

①[美]罗伯特·麦基:《故事》,周铁东译,天津人民出版社 2016 年版,第 27—131 页。

②孙松:《论著作权实质性相似规则的司法适用——以琼瑶诉于正案为视角》,《中国版权》2016 年第 1 期。

③梁志文:《版权法上实质性相似的判断》,《法学家》2015 年第 6 期。

④转引自阳贤文:《美国司法中实质性相似之判断与启示》,《中国版权》2012 年第 5 期。

判定最大的难题。作品是一系列的符号组合,著作权的保护范围并不狭窄地限定在这套符合,是抽象物的界限决定了财产的范围。被判决实质性相似的案件,无异于宣告了权利人在抽象物的范围内享有排他的权利,这种权利本质上是对信息或知识的控制力。抽象程度难以统一的现实产生了一种危险:抽象标准的选择是脆弱的约定俗成的判断,因此很容易受到社会意识、集团利益、国家立场等影响,财产的范围始终处于不稳定的、无法预先界明的状态。降低这种威胁的思路有两个:第一,从法技术上为知识产权侵权判定增加更多的限制。事实上这是一直在使用的方法,如在实质性相似标准更加抽象时,要求更直接地接触要件证明。第二个思路是法理念上实用主义的回归,以工具论立场修正道德直觉的模糊性。模型一和模型二均展示了一部更好的作品可能因为抽象物的抽象程度过高而无法传播(或至少负担更高的交易成本),这部分最终转嫁为社会成本。一种实用主义的呼声是将经济学方法引入知识产权领域,持此立场的代表学者波斯纳认为实用主义把政策判断基于事实和后果,而不是基于概念主义和通则①。尽管裁判"成本—收益"的不可量化性是实用主义审判受到诟病的理由,但无法否认的是,实用主义的方式可以为知识产权提供一种新的裁判思维的指导。

四、结　论

"思维无内容是空,直观无概念是盲"②,知识产权的实践与理论相辅相成。哲学方法的作用是揭示和展现;法哲学旨在复杂化而非简化论证,它的要旨不是思维经济式的,而是提醒我们某些问题远比看上去更复杂,故而应当去揭示问题背后深层而复杂的理论分歧③。抽象物理论为知识产权实践问题提供了新的思路,关于实质性相似判断的过往疑问都是在捕捉抽象物的"幽灵"。历来学术上许多重要贡献并不在于解决了问题,而在于澄清问题。本文引入哲学视角,意欲澄清的知识产权问题是:著作权侵权实践中,实质性相似判断问题不是正当标准的发现,而是尺度的选择。具体思路为:第一,知识产权司法的不确定性的表现,很大程度上源于相似问题判定的难题,其核心是抽象物的抽象标准选择问题;第二,这个标准选择触及理性能力的边界,对侵权判断同一性标准的正当性理由的论证都是在捕风捉影,因此可以转换视角将其视为一个法技术问题;例如"思想—表达二分法"问题与其表述为"哪些属于思想,哪些属于

①[美]理查德·A.波斯纳:《道德和法律理论的疑问》,苏力译,中国政法大学出版社2001年版,第263-264页。

②"Thoughts without content are empty, intuitions without concepts are blind". Immanuel Kant, Critique of Pure Reason, Translated by Allen W. Wood, Cambridge University Press, 1999, p. 194.

③雷磊:《法哲学在何种意义上有助于部门法学》,《中外法学》2018年第5期。

表达",毋宁表达为"哪些归为思想,哪些归为表达";第三,该法技术问题的最终归路,不是找到能让裁判保持一致的测试方法,而是寻找一种制约机制和塑造裁判共同体意识。

（责任编辑:赵欣欣）

信息交流行为的反垄断法规制路径选择

王艺玶①

摘　要：信息交流有助于妥善解决信息不对称的情况，增加市场透明度，有助于提高消费者福利，增进公共利益；但该行为本身也极可能促成固定价格等垄断协议的达成，增加垄断风险。因此，宜采用个案分析的方式，结合市场结构、所交换信息的性质，综合评估信息交流的积极与消极影响。为提高司法效率、节约司法资源，在具体的评估过程中，对于寡占市场中的信息交流宜直接推定违法；在垄断竞争市场中，直接推定未来定价信息交换行为违法；其他情形，则需要结合信息属性进行具体判断。

关键词：信息交流　个案分析　信息类型　垄断结构

一、问题的提出

经营者具有逐利性，唯有充分了解市场的竞争状况和消费者的需求结构，基于市场及需求制定更为有效的经营策略，才能在相关市场的竞争中尽可能地提高营业利润、降低沉没成本，实现利益的最大化。在现实生活中，市场本身难以反映出供需的长期趋势，相关市场的经营者也无法有效地预测同业竞争者的生产数量及定价等情况。因此，信息作为市场竞争中必不可少的一种稀缺资源，具有较高的经济价值②，商业信息的交换成为经营者避免盲目竞争、降低风险、扩大收益的主要方式。

信息交流行为固然是平衡市场不确定性与经营者趋理性共同作用下的产物，但存在本身并不意味着合理。信息交流行为因其可能产生的反竞争效果，而引起各国反垄断执法机构的密切关注。③　目前，欧美等国已然形成了较为成熟的信息交流反垄断法

---

① 王艺玶，郑州师范学院教师。

② Aldo Frignani；Giuseppe Rossi，Exchanges of Information among Competitors：A Comparative Survey，2003 Business Law International，54(2003).

③ 吴冬美：《共研反垄断国际热点 为经济发展注入竞争动力——参加第9届首尔国际竞争论坛和第12届东亚竞争政策会议的报告》，《中国价格监管与反垄断》2016年第10期。

规制体系。而在我国,反垄断立法并未给予信息交流行为过多的重视,《工商行政管理机关禁止垄断协议行为的规定》(以下简称《禁止垄断协议行为的规定》)第三条①仅仅将"信息交流"作为认定"其他协同行为"的条件,但是并没有明确竞争者间的信息交流是否必然导致共谋而应受反垄断法规制,也未能明确信息交流行为的具体规制路径。

现阶段,信息交流俨然成为众多竞争性市场的共同特征。② 出于对市场自主性及经济效率的考量,不应该妨碍经营者在做出具体的市场决定时,对竞争对手行为的相关信息予以考虑。而我国缺乏对信息交流的规制体系,《禁止垄断协议行为的规定》也较为模糊。明确是否所有类型的信息交流均应予以规制以及具体的规制思路对于指导相关市场竞争者的经营行为,推动反垄断执法具有较为重要的意义。

是以,本文试图通过对信息交流行为对竞争的积极与消极影响的分析,明确对信息交流行为应该予以个案规制还是整体规制;通过信息交流反竞争效果影响因素的分析,为下文确定信息交流行为的具体规制路径奠基。最终,结合信息交流行为的双重属性,确定信息交流行为的整体规制思路;结合影响因素,明确具体的规制路径。

二、信息交流竞争效果分析

在探讨信息交流行为的反垄断规制路径之前,有必要就信息交流行为对竞争的影响予以分析。明确信息交流行为对竞争的积极作用与消极影响,对规制路径的选择具有重要意义。本部分将通过对信息交流竞争效果的分析,明确对信息交流予以个案分析的合理性。

(一)信息交流的积极意义

在市场经济活动中,市场主体对相关信息的掌握程度不同,一些社会成员可能拥有其他成员无法获取的信息。其中,掌握信息较为充分的主体利用多于其他主体的信息使自己受益,从而在市场的经营活动中占据有利地位;而信息相对贫乏的主体则处于不利地位。垄断是优胜劣汰的最终结果,放任信息的不对称将会导致掌握更为充分信息的经营者始终处于有利地位,最终导致垄断的出现,产生损害竞争秩序、经济效率、消费者福利等不利影响。

---

①《工商行政管理机关禁止垄断协议行为的规定》第三条规定:"认定其他协同行为,应当考虑下列因素:(一)经营者的市场行为是否具有一致性;(二)经营者之间是否进行过意思联络或者信息交流;(三)经营者能否对一致行为作出合理的解释。认定其他协同行为,还应当考虑相关市场的结构情况、竞争状况、市场变化情况、行业情况等。"

②《关于对横向合作协议适用〈欧盟运行条约〉第101条的指南》,薛颖,丁亚琦,徐美玲译,载于韩伟:《美欧反垄断新规选编》,法律出版社2016年版,第18页。

信息交流则有助于增加市场的透明度。[①] 从经济学的角度来看,市场透明度的增加有助于保护市场参与者的知情权,消除信息不对称。[②] 信息偏在是市场失灵的重要体现,是实现反垄断法的价值目标应予解决的重要问题。信息交流行为有利于信息偏在问题的减少。市场信息的公开与透明对于经营者、消费者及竞争秩序的维护均具有重要意义。

从经营者的角度来看,信息交流有助于减少未来发展需求的不确定性,从而使经营者更好地了解需求结构及市场竞争状态。对市场需求的深入了解,有助于经营者实现更为准确的需求预测,制定更为有效的经营策略快速回应市场需求[③],降低经营风险。此外,需求的合理预测也有助于实现库存优化及资源更为合理的配置,从而降低经营成本。[④] 而对竞争状态较为准确的把握,则有助于潜在的竞争者更好的评估相关市场的商业机会,有利于新的竞争者进入相关市场。信息交流同样也提供给经营者向优秀经营者学习的机会,经营者可以基于所掌握信息,找寻差异,弥补不足。[⑤]

从消费者的角度来看,信息交流所带来的市场透明度的增加能够有效降低消费者寻找最佳产品或服务替代品的成本。[⑥] 信息交流还有利于消费者更好地了解不同经营者所售商品、服务的特点及价格信息,从而便于消费者做出更为明智的选择[⑦],增加消费者福利。

从维护公共利益的视角来看,潜在竞争者进入相关市场,可以实现对竞争秩序更为有效的维护。而消费者基于完全信息作出的更为明智的选择,也会对经营者形成外部压力,从而督促经营者提高技术水平、降低生产成本,实现经营者内部效率的提高[⑧],进一步增加消费者福利,最终实现对公共利益的维护作用。

是以,信息交流行为对于经营者、消费者的利益具有积极的维护作用,并最终体现为对公共利益的维护。

---

① 《关于对横向合作协议适用〈欧盟运行条约〉第 101 条的指南》,薛颖,丁亚琦,徐美玲译,载于韩伟:《美欧反垄断新规选编》,法律出版社 2016 年版,第 18 页。

② OECD, Policy roundtables: Information Exchanges between Competitors under Competition Law, Directorate for Financial and Enterprise Affairs Competition Committee, 2010, p. 9.

③ 鲁篱:《信息交换与限制竞争的法律规制研究》,《现代法学》2002 年第 6 期。

④ 孙炜:《论欧盟竞争法中的企业信息交流规制》,《价格理论与实践》2014 年第 9 期。

⑤ [美]欧内斯特·盖尔霍恩,威廉姆·科瓦契奇,斯蒂芬·卡尔金斯:《反垄断法与经济学》(第 5 版),任勇,邓志松,尹建平译,法律出版社 2009 年版,第 241 页。

⑥ OECD, Policy roundtables: Information Exchanges between Competitors under Competition Law, Directorate for Financial and Enterprise Affairs Competition Committee, 2010, p. 10.

⑦ 吴汉洪,赵楠:《欧美对竞争者间信息交流的反垄断规制框架及对中国的启示》,《中国物价》2017 年第 1 期。

⑧ 孙炜:《论欧盟竞争法中的企业信息交流规制》,《价格理论与实践》2014 年第 9 期。

(二)信息交流的消极效果

信息交流的范围往往并不涵盖所有的市场主体。在实践中,信息交流多数情况下是同业竞争者之间的互动[1],所交流的信息未必会向消费者或相关市场以外的经营者公开。该种互动使得相关市场上的经营者更为有效的预测其他竞争对手的行为及市场竞争状况,为其他竞争者提供更高的价格水平指引[2]。从而便利经营者间的价格协调,造成经营者共同提价的不利后果,损害消费者福利。即使存在真正的公开的信息交流,这一信息交流行为虽然可能会降低市场上产生共谋后果的可能性,但无法彻底排除串通的可能性。[3]

除了可能导致经营者的售价趋于一致外,信息交流也会增大经营者之间横向合作的可能性[4],便于垄断协议的达成。信息交流是达成、实施垄断协议更为隐蔽的一种方式。信息交流行为将为经营者之间达成默示垄断协议提供共识条件。采用信息交流的形式,经营者之间无须要约、承诺等行为外观,即可心照不宣地结合所交换的信息,预判其他经营者的行为,最终实现价格的固定。通过信息交流,同业竞争者之间也并不需要签订明示的垄断协议,仅需通过交流信息的行为即可实现固定市场价格的效果。因为不需要签订白纸黑字的文件,反垄断执法机构往往难以认定协议的存在。同业竞争者之间的信息交流行为将减少竞争的不确定性,为共谋的达成提供基础。而共谋行为的隐蔽性、意思联络认定的复杂性也会增加此类垄断行为的查处难度,从而促使经营者以信息交流之名,行垄断协议之实,通过迂回的手段采用信息交流的方式实施反竞争行为。[5]

信息交流行为便于垄断协议的实施。如前文所述,经营者具有逐利性,垄断协议的达成与实施有助于经营者攫取高额利润。因此,经营者在通过信息交流的形式实现固定价格的结果后,往往通过汇报价格产量等信息,使垄断协议可以持续实施。尽管价格与需求杠杆会降低共谋的稳定性,宽恕制度可以在一定程度上降低共谋的隐蔽性。但实施共谋的经营者还可能利用信息交流,增加相关市场内部的市场透明度,实现对共谋经营者市场行为的监测,"掌握对背叛企业进行报复的时机"[6],进一步强化共谋的稳定性。

---

[1] OECD, Policy roundtables: Information Exchanges between Competitors under Competition Law, Directorate for Financial and Enterprise Affairs Competition Committee, 2010, p. 14.

[2] [美]欧内斯特·盖尔霍恩,威廉姆·科瓦契奇,斯蒂芬·卡尔金斯:《反垄断法与经济学》(第5版),任勇,邓志松,尹建平译,法律出版社 2009 年版,第 232 页。

[3]《关于对横向合作协议适用〈欧盟运行条约〉第 101 条的指南》,薛颖,丁亚琦,徐美玲译,载于韩伟:《美欧反垄断新规选编》,法律出版社 2016 年版,第 29 页。

[4] 李国海,李玲华:《论反垄断法对信息交换协议的规制》,《竞争政策研究》2016 年第 5 期。

[5] [美]理查德·A. 波斯纳:《反托拉斯法》,孙秋宁译,中国政法大学出版社,第 167 页。

[6] 孙炜:《论欧盟竞争法中的企业信息交流规制》,《价格理论与实践》2014 年第 9 期。

信息交流行为也易形成对外围企业的制约。由于参与信息交流的经营者具有竞争优势,新进入者只能通过价格信号来维持经营。在此种情形下,经营者之间持续的信息交流使相关市场的经营者便于发现新进入者,从而共同采取相应的行动,以实现市场封锁。① 此外,局限于相关市场经营者之间的信息交流,并不利于市场外部的潜在竞争者了解该市场的经营状况,从而阻碍潜在竞争者进入相关市场。商业敏感信息的交流也易使信息交流体系外的经营者在市场活动中处于劣势地位,从而形成对于相关市场的反竞争封锁。②

信息交流行为是一把双刃剑,信息的交流对于经营者、消费者及公共利益既具有积极意义,有利于通过市场效率及透明度的提升,提高消费者福利实现公共利益;又具有消极效果,可能产生价格共谋,危及竞争秩序,损害消费者利益及公共福祉。是以,对于信息交流行为的规制并不能一概而论,对于信息交流行为的评判应该是在个案分析下的结果。因此,在确定信息交流行为规制的路径之前,有必要对可能影响信息交流竞争效果的情形予以系统的分析。

三、信息交流反竞争效果的影响因素分析

如前文所述,竞争对手之间的信息交流增加了市场的透明度,有助于经营者内部效率的提高和竞争秩序的稳定,但同时也可能带来反竞争风险。信息交流行为具有促进与限制竞争的双重属性。因此,对于信息交流行为的规制并不能简单地一刀切,既不能因噎废食,因信息交流可能产生共谋,不加区分地绝对禁止所有的信息交流;也不能以偏概全,因信息交流对竞争的促进作用而采用绝对放任的态度。

信息性质、市场结构是评价信息交流行为的关键。③ 所交流的信息类型与经营者所处的相关市场结构差异会对信息交流可能带来的竞争效果产生较大影响。因此,对信息交流具体规制路径的确定离不开对信息类型与市场结构的类型化区分。本部分将通过对不同类型信息的交流、不同市场结构中信息交流可能产生的反竞争效果的分析,进一步明确市场结构、信息类型与信息交流反竞争效果之间的关系,以期为后文中规制路径的选择扫除障碍。

---

①李国海,李玲华:《论反垄断法对信息交换协议的规制》,《竞争政策研究》2016 年第 5 期。

②孙炜:《论欧盟竞争法中的企业信息交流规制》,《价格理论与实践》2014 年第 9 期。

③[美]欧内斯特·盖尔霍恩,威廉姆·科瓦契奇,斯蒂芬·卡尔金斯:《反垄断法与经济学》(第5 版),任勇,邓志松,尹建平译,法律出版社 2009 年版,第 237 页。

(一)市场结构对竞争效果的影响

市场结构和集中度是决定反竞争信息交换如何进行的一个重要因素[1],不同市场结构中经营者实施信息交流行为可能产生不同的效果。从理论上看,共存在完全竞争、垄断竞争、寡头垄断、完全垄断四种市场结构类型。[2]

1. 完全竞争、完全垄断市场——信息交换无价值

在完全竞争的市场结构中,由于市场竞争充分,各经营者在相关市场中的份额完全相同,经营者所能提供的商品或者服务具有可替代产品。一旦一个经营者提高售价,消费者会迅速转向其他经营者,致使经营者只能是价格的被迫接受者。由于经营者可以轻易地预见同业竞争者的生产及销售行为。信息在该种市场结构中并不具有价值[3],经营者缺乏实施信息交流行为的动力。在此种情形下,探讨信息交流行为的竞争效果缺乏现实必要性。

完全垄断的市场结构往往仅存在于自然垄断的行业,相关市场中仅具有一个经营者。在此种市场结构中,经营者提供市场所需的全部商品或服务,市场中完全没有竞争的因素存在。经营者即使提供相关市场的全部信息,使市场透明化,也并不会对商品或者服务的价格或者质量产生实质性影响。在此种情形下,对信息交流行为的竞争效果予以分析并没有意义。

是以,无论是在完全竞争的结构中,还是在垄断的市场结构中,信息交流行为均缺乏现实基础。在分析市场结构对信息交流行为竞争效果的影响时,无须对该两种市场结构予以考量。

2. 垄断竞争市场——具体问题具体分析

垄断竞争是现实生活中普遍存在的一种市场结构。在垄断竞争的市场结构中,存在较多的经营者生产销售有差别的同类产品。1921 年的美国硬木案的焦点问题即是,在该种市场结构下的信息交流的合法性问题评判。[4] 在该案中,仅占硬木市场三分之一市场份额的 365 名经营者,通过行业协会实施了信息交流的行为。美国最高法院认定该案中的价格信息交换行为因可能产生价格协调而违法,该判决一经做出即受到学者们的批判。多数学者认为,硬木案中参与信息交流的经营者虽有三百家之多,但是却仅占据了硬木市场三分之一的份额,在此种情形下即使经营者彼此间掌握

---

[1] Cani Fernandez, Javier Arana and Laura Pinilla, Information Exchanges and the Due Diligence Process, 13 Competition Law International, 70(2017).

[2] 张守文:《经济法学》(第六版),北京大学出版社 2015 年版,第 210 页。

[3] Aldo Frignani; Giuseppe Rossi, Exchanges of Information among Competitors: A Comparative Survey, 2003 Business Law International, 54(2003).

[4] Aldo Frignani; Giuseppe Rossi, Exchanges of Information among Competitors: A Comparative Survey, 2003 Business Law International, 60(2003).

了同业竞争者的经营决策,出于理性考虑,也并不会产生实际意义上的价格协调行为。[1]

在垄断竞争的市场结构中,由于相关市场中经营者数量众多,同质或可替代的产品较多,进入相关市场的障碍较少。一旦部分经营者实施价格共谋共同提价,消费者会迅速转向其他未提价的产品;而在相关市场中占据较大份额的经营者均实施信息交换行为时,由于市场准入的便利性,潜在竞争者可实现迅速转产,信息交流对价格水平难以产生持续影响。但潜在竞争者迅速转产的前提是该竞争者必须了解所进入市场的相关情况。如前文所述,占据较大市场份额的或相关市场全部的经营者间排他性的信息交流可能并不利于潜在竞争者进入相关市场。显然,在垄断竞争结构下,直接认定经营者通过信息交流是绝对促进竞争或绝对反竞争是不合乎逻辑的,应该比较限制与促进竞争的可能性,而不能根据该种市场结构直接认定信息交流行为对竞争的影响。

是以,基于垄断竞争市场的结构特性,信息交流可能有助于防止经营者生产过剩,从而实现促进经济效率等积极效果。同时,经营者之间的特定的信息交流行为也可能产生清除反竞争障碍的后果。[2] 垄断竞争市场结构下,信息交流行为的竞争效果有待于结合信息类型的因素予以具体判断。

3. 寡头竞争市场——易于产生协同行为

一般经济理论认为,当企业数量少、规模相似、产品同质化、企业需求结构和成本结构相似、技术发展水平低、进入壁垒高时,共谋就更容易发生。[3] 竞争机构历来密切关注寡占市场中的信息交流行为。[4]

从寡占市场的结构特性上看,由于市场中仅有少量经营者,寡占垄断者在份额分散的市场环境下,为保证自身市场力量不会因竞争者的行为而变化,需要更加侧重对竞争对手经营决策的关注。在寡占市场中,如果一个经营者为扩大市场份额而降价,由于相关市场经营者数量有限,其他竞争者可以及时观察到该经营者的行为。此时,为维持现有市场份额,其他竞争者也会选择降价。是以,寡占市场中具有价格一致性

---

①诸如审理硬木案的最高法大法官布兰戴兹、学者波斯纳、霍温坎普均不认可最高法院有关硬木案的结论。[美]理查德·A.波斯纳:《反托拉斯法》,孙秋宁译,中国政法大学出版社,第162-165页;[美]赫伯特·霍温坎普:《联邦反托拉斯政策 竞争法律及其实践》(第3版),许光耀,江山,王晨译,法律出版社2009年版,第234页。

②Aldo Frignani; Giuseppe Rossi, Exchanges of Information among Competitors: A Comparative Survey, 2003 Business Law International, 58(2003).

③Aldo Frignani; Giuseppe Rossi, Exchanges of Information among Competitors: A Comparative Survey, 2003 Business Law International, 54(2003).

④OECD, Policy roundtables: Information Exchanges between Competitors under Competition Law, Directorate for Financial and Enterprise Affairs Competition Committee, 2010, p.37.

的自然趋势。即使不诉诸实际的垄断协议,寡占市场依然紧密、简单且稳定,寡占垄断行业的一致行动也更容易安排或执行①。

当寡占市场中存在信息的协调交换时,即使不存在实质意义上的价格固定,由于市场结构条件,信息交流有可能或更容易促成经营者相互依赖的定价,寡占市场中的信息交流总是对竞争有害的。②

因此,由于市场结构条件,寡头垄断者之间的信息交换更容易形成价格同盟③。而在这种结构下,消费者和市场的潜在竞争者也无法抑制该市场结构下的反竞争行为。其原因在于,由于市场结构条件,消费者几乎没有买方势力,而潜在竞争者进入相关市场的障碍较多。④ 此外,由于寡占市场中价格一致性的自然趋势,寡占垄断者降低售价的行为并不会增加其市场力量,反而会导致利润的降低。⑤ 作为理性的经济人,寡占垄断者往往具有不予降价的共识,因此,信息交流所获效率增益显然难以惠及消费者,寡占市场中的信息交流可能产生的积极效应并不明显。

因此,在寡占市场中信息交流导致共谋的可能性极大,可能产生的反竞争效果往往会超过该行为对竞争的促进作用。

(二)信息类型对竞争效果的影响

在某些市场结构下,竞争者信息交流前实施协调一致的行为难以维持,信息交流后却有可能改变市场条件而使协调成为可能,例如,信息交流可以增加市场透明度、降低市场复杂性,缓冲不稳定性或弥补信息的不对称。⑥ 同时,并非所有类型的信息交流都具有产生共谋的潜力。⑦ 因此,分析不同类型信息交换竞争效果对规制路径的确定具有重要意义。

---

①Ben F. Tennille, Antitrust Law—Reciprocal Price Information Exchanges, 47 North Carolina Law Review, 882(1968).

②L. A. Sullivan, W. Grimes, The Law of Antitrust: an Integrated Handbook, St. Paul, Minn. : West Group, 2000, p. 240.

③Ben F. Tennille, Antitrust Law—Reciprocal Price Information Exchanges, 47 North Carolina Law Review, 883(1968).

④《关于对横向合作协议适用〈欧盟运行条约〉第 101 条的指南》,薛颖,丁亚琦,徐美玲译,载于韩伟:《美欧反垄断新规选编》,法律出版社 2016 年版,第 33 页。

⑤如前文所述,寡占垄断者降价销售,其他经营者为维持现有市场力量也会降低售价。此时,寡占市场中经营者的市场份额保持不变,但由于相关市场中产品售价普遍降低,在销售数量不变的情况下,市场中的全部经营者利润都会下降。因此,寡占市场中一方的降价行为仅会增加消费者福利。在该市场条件下,经营者缺乏降低售价的动力。

⑥《关于对横向合作协议适用〈欧盟运行条约〉第 101 条的指南》,薛颖,丁亚琦,徐美玲译,载于韩伟:《美欧反垄断新规选编》,法律出版社 2016 年版,第 24 页。

⑦OECD, Policy roundtables: Information Exchanges between Competitors under Competition Law, Directorate for Financial and Enterprise Affairs Competition Committee, 2010, p. 11.

1. 所交流信息的前瞻性——未来信息交换更易促成共谋

信息的前瞻性在评估中也起着重要的作用,经营者之间交流的是历史信息还是未来计划也同样会对该行为的竞争效果产生不同影响。

对于历史数据的收集并不能明确表示相关市场中的竞争者当前或者未来的状态,对历史数据的交流显然难以消除市场中的不确定性。通过对历史数据的交换,信息交流可能产生的稳定共谋的作用也很难实现。经营者在形成横向共谋后,必然不会以过去的信息作为惩戒背离行为的依据。反之,如果经营者交流信息有关未来的计划或当前的行为,则更有可能导致相关市场中行为的一致性,对于当前行为与未来计划的交换,也使得背叛者的行为更容易被发现。

因此,交流过去的信息导致串通的风险远远小于对当前甚至未来信息的交流。① 对于当前行为信息与未来计划内容的交换更应该引起竞争关注。

2. 所交流信息的主题——价格信息交换更易促成共谋

不同主题的信息交流对竞争效果的影响不同,价格信息的交流与非价格信息的交流对竞争可能产生的影响是不同的。相关市场中的经营者之间有关产品质量的竞争,以及有关诸如售后服务、广告行为等对消费者有特殊吸引力方面的竞争很容易被消除,但价格是经营者在预测竞争对手的反应时必须考虑的唯一不确定因素。②

价格竞争在相关市场的竞争中往往处于重要的地位。因此,价格信息对相关市场中的经营者而言是具有较高经济价值的。在实践中,价格信息的交流是相互的,如果一个经营者想获取其他竞争对手的价格信息,他必须提供自己的价格信息。③ 价格竞争在相关市场中的作用越大,经营者之间实施固定价格行为有利于提高利润。④ 经营者所实施的所有市场行为的最终目的都是为了提高经营利润。因此,价格信息的交换更可能导致价格固定,经营者之间的价格信息交换行为也更容易向其他经营者提供更高的价格水平指引,也易于产生横向共谋的结果。在价格信息的交换中,未来定价信息的交换对竞争的限制作用更为明显。

而如果信息交换行为与价格没有关系,则一般不会引发反垄断法上的问题。⑤ 对于非价格信息的交换行为,诸如有关成本、需求预测的信息、客户信用或售后服务等信

---

① OECD, Policy roundtables: Information Exchanges between Competitors under Competition Law, Directorate for Financial and Enterprise Affairs Competition Committee, 2010, p. 12.

② Ben F. Tennille, Antitrust Law——Reciprocal Price Information Exchanges, 47 North Carolina Law Review, 883 (1968).

③ Ben F. Tennille, Antitrust Law——Reciprocal Price Information Exchanges, 47 North Carolina Law Review, 882 (1968).

④ [美]理查德·A. 波斯纳:《反托拉斯法》,孙秋宁译,中国政法大学出版社,第 197 页。

⑤ [美]赫伯特·霍温坎普:《联邦反托拉斯政策 竞争法律及其实践》(第 3 版),许光耀,江山,王晨译,法律出版社 2009 年版,第 237 页。

息则几乎没有协调一致行为的可能性。① 对于此类信息的交换将更有助于经营者改进经营方式,实现资源配置的优化,从而提高经济效率,使积极效益惠及消费者。

是以,价格信息的交流,特别是未来价格信息产生共谋的风险更高,更应引起反垄断执法机构的竞争关注。

3. 所交流信息的聚集程度——个体信息交换更易促成共谋

所交流的信息是个体信息还是聚合信息同样会对竞争效果产生不同影响。美国反垄断机构所定义的安全港中即对这一情形予以明确,要求共享的统计数据得到了足够的聚合,以使得没有参与者可以识别任何其他参与者的数据。②

可以单个识别的个体信息的交流更可能导致,直接交换个体信息的少量经营者更为直观系统地了解信息交换者的相关情况。其原因在于,信息交流过程中存在欺骗的风险,相关市场的经营者可能并不会交流具有同等价值意义的信息,经营者甚至也可能交流虚假的信息。③ 欺骗风险的存在,致使信息交流行为并非总是合乎理性的。而可以单个识别的个体交流则降低了此种欺骗风险,使得经营者之间的串通一致更为容易。此外,个体信息的交流由于其个体可识别性较高,在横向共谋产生后,大幅降低协调者之间的行为监测与背叛者的确认难度,将进一步增强垄断行为的隐蔽性。

因此,分散信息的交流具有更大的反竞争风险,更可能产生协调一致的行为。而经营者实施信息交流行为可能带来的积极效果显然并不需要共享高度分散的数据信息。④

除上述三种因素外,信息交流的范围也会对竞争效果产生影响。如前文所述,实践中的信息交流往往仅发生于同业竞争者之间,鲜见向包括消费者、潜在竞争者在内的所有人公开的信息。如果信息交流涵盖了消费者及潜在的竞争者,那么信息的交换行为既可以为提高买方势力、打破反垄断封锁提供可能。但这一情形也有例外,在高度集中的市场条件下,消费者难以形成买方势力,而潜在竞争者因市场进入门槛较高也难以发挥对反竞争行为的抑制作用。因此,一般的市场条件下,如果信息公开的范围越大,则越有利于发挥该行为的积极效果。

综上所述,实施信息交流的经营者所在市场的结构状况,所交流的信息类型均会对交流行为的竞争效果产生影响。是以,在确定具体的规制路径时,并不能一概而论,而应该对于上述影响因素予以考量。

---

①OECD, Policy roundtables: Information Exchanges between Competitors under Competition Law, Directorate for Financial and Enterprise Affairs Competition Committee, 2010, p. 11.

②Statements of Antitrust Enforcement Policy in Health Care(1996).

③Aldo Frignani; Giuseppe Rossi, Exchanges of Information among Competitors: A Comparative Survey, 2003 Business Law International, 56(2003).

④OECD, Policy roundtables: Information Exchanges between Competitors under Competition Law, Directorate for Financial and Enterprise Affairs Competition Committee, 2010, p. 12.

四、信息交流行为规制路径选择

信息交流问题是反垄断法的基础问题。信息交流既可能产生对竞争的积极效果，也可能产生对竞争的消极效果。不同的市场结构与信息类型产生共谋的风险大小存在明显差异。信息交流行为整体规制思路的确定离不开对行为双重效果的系统分析；而对具体路径的明确则离不开对效果影响因素的探讨。是以，本部分将在前文论证的基础之上，明确规制信息交流行为的整体思路及具体规制路径。

(一) 规制信息交流行为的整体思路

现实生活中，经营者唯有充分了解市场的竞争状况和消费者的需求结构，基于市场制定更为有效的经营策略，才能在相关市场的竞争中尽可能地提高营业利润、降低沉没成本，实现利益的最大化。自由市场的理念并不排除竞争者之间的信息交流，通过自由竞争实现价格的一致化也并不为反垄断法所禁止[1]；只有在这种信息交流的特征和具体情形于维护市场有效竞争无益，而是在为共谋创造条件时，这种信息交流才应为反垄断法所禁止。[2]

如前文所述，信息交流是一把双刃剑，信息交换对竞争过程的正常运作而言必不可少，有助于反垄断法价值目标的实现；同时，信息交流也可能促进共谋，破坏竞争秩序。因此，一刀切的规制方法显然并不合适。对于信息交流行为的规制应该是在个案分析下的结果。在具体的信息交流反垄断评估中，应该对市场进行系统的经济分析。对于信息交流行为的评估，应着重考量促进和抑制共谋的因素，以及信息交流对这些因素的可预见性影响。[3]

欧美等国基于反垄断法较长的发展历史，已然积累了对信息交流执法的丰富经验，也形成了信息交流行为的反垄断法规制体系。因此，在明确信息交流行为的整体规制思路时，也可就美国与欧盟的有益经验予以适当的借鉴。对于单纯的信息交流行为，美国与欧盟也同样选择通过个案分析的方式判断行为的违法性。从我国反垄断法的适用对象来看，只有具有"排除限制竞争效果"的行为才应受反垄断法规制。因此，结合我国反垄断法的相关规定，针对信息交流这一特殊行为，也必须通过个案分析的方式判断行为违法性。

---

[1] Cani Fernandez, Javier Arana and Laura Pinilla, Information Exchanges and the Due Diligence Process, 13 Competition Law International, 75 (2017).

[2] [美] 理查德·A. 波斯纳：《反托拉斯法》，孙秋宁译，中国政法大学出版社，第 197 页。

[3] Aldo Frignani；Giuseppe Rossi, Exchanges of Information among Competitors：A Comparative Survey, 2003 Business Law International, 59 (2003).

在具体判断的过程中,美国侧重对信息交流行为对竞争的具体影响予以分析。[①]
而欧盟采用的是结合目的与效果进行判断,如果有目的直接认定违法;如果没有目的,
则依据效果予以具体判断。[②] 因存在违法目的而直接认定行为违法存在不合理性。
如果在市场并不集中的情形下,即使有反竞争的目的,也难以在实质上产生排除限制
竞争的效果。因此,在评估特定的信息交流行为时,应该以效果作为判定的基准,即以
拟制效果为依据进行分析判断,而不应该过分关注经营者实施相关行为的目的。

是以,信息交流行为应该通过个案分析的方式予以具体评估。在具体判断该行为
是否可能产生协同行为的过程中,应该着重关注交流行为可能产生的效果。

(二)信息交流行为具体规制路径

对于信息交流行为的规制应是结合该行为可能产生的竞争效果予以具体分析的
结果。对于信息交流行为的评估,即是对该行为可能产生的效果的经济分析。在实践
中,经济分析的结果受到分析者主观因素的影响较大,且经济分析往往需要耗费大量
的时间与财力成本。是以,从节约司法资源、有效定纷止争的角度出发,可以采用推定
的模式对特定情形下的信息交流行为的竞争效果予以评估。

如前文所述,市场结构与信息类型会对信息交流的竞争效果产生较大影响。其
中,由于市场条件的特殊性,寡占市场具有协调一致的自然趋势,在该市场结构中的信
息交流极易产生共谋;且在该种市场结构中,信息交流可能产生的积极效果并不明显。
寡占市场中的信息交流行为显然难以符合反垄断法的价值目标。而未来定价信息较
之其他信息类型也更容易促成共谋。此种试图通过合作传播未来价格信息来消除市
场中的不确定性的行为,应被认定为经营者反竞争的努力,而不是试图使竞争更加有
效的尝试。[③] 在具体的规制路径的确定过程中,有必要对上述因素予以重点考量。

综合前述内容,在具体评估信息交流行为时,从降低司法成本、提高司法效率的角
度来看,可以采用如下的分析方法予以具体评判:

在对信息交流进行具体判断之前,首先明确实施信息交流行为的相关市场是否寡
头市场。如果该相关市场属于寡头市场,则直接推定该信息交流行为因会产生协同行
为而违法;如果并非寡占,则依据所交流的信息内容判断该信息是否属于未来定价信
息;如果是未来定价信息,则推定该信息交流行为违法;对于不属于未来定价信息的情
形,则通过经济分析的方式具体判断该信息交换行为可能的效果,并比较可能产生的
积极与消极效果。当可能产生的对竞争的促进效果更大时,则认定该信息交换行为合

---

①苏志英,冯锋,徐新宇:《企业间信息交换行为的反垄断规制分析》,《中国价格监管与反垄断》
2014 年第 7 期。

②许光耀:《欧共体竞争法通论》,武汉大学出版社 2006 年版,第 11 页。

③Ben F. Tennille, Antitrust Law—Reciprocal Price Information Exchanges, 47 North Carolina Law
Review, 884(1968).

法;但信息交流会产生更大的限制竞争效果时,则认定该行为违法。此外,为了在追求效率、节约司法资源的同时兼顾公平,对于前述推定违法的情形,在经营者可以证明相关信息的交换产生的积极效果更大时,仍可认定相关行为合法。

五、结　论

信息交换行为具有双重效果,在对单纯的信息交换行为予以规制的过程中,采用个案分析的方式具体考量行为可能产生的竞争效果,更能在尊重市场行为自主性的同时,避免该行为对竞争的损害。信息交流行为产生反竞争效果的风险大小,取决于相关市场结构与交换的信息类型。直接推定寡头市场中的信息交流行为违法,直接推定垄断竞争市场中的未来定价信息交流违法,有助于兼顾效率与公平。

（责任编辑：王东方）

公司融资语境下次级债的法律问题研究

周　冰①

摘　要:在公司融资的语境下,次级债作为一种介于债与股之间的投融资手段,须在理论上深化对其法律问题的研究。次级债本质是一种特殊债权,又在一定程度上发挥着股权的功用,而准担保属性和推定信托则为高级债权人利益服务。次级债特殊金融风险之根源,在于其属性与功能的错位,金融监管体制的构建必须直面这个问题。次级债与现行法律制度挂钩,还应克服平等清偿原则和合同相对性原则带来的理论疑难。

关键词:次级债　公司融资　特殊债权　平等清偿　第三人受益合同

引　言

依据公司金融法之基本理论,公司融资手段通常可二分为股权融资与债权融资,但在交易实践中,二者的界分并不总是泾渭分明,股债交融的现象非常普遍,除常见的可转债和优先股外,次级债(subordinated debt)亦属此类债股混合性质的投融资工具。② 所谓次级债,是指某一无担保债权人(次级债权人)同意,在债务人的其他债权人(高级债权人)全部获得清偿之前,不得向债务人主张其拥有的债权。③ 次级债起初是实务人员在经济需要的压力下发明的,他们没有确切地援引某种现行的法律制度。

---

①周冰,浙江大学光华法学院 2017 级本科生。

②次级债在各国的称谓并不一致:英国和美国称"次级贷款""次级债权"或"置于后位协议",德国称"顺位后移公司资本""顺位后移贷款""顺位后移的清偿债务",法国称"分享贷款"。沈达明:《国际金融法上的次级债权》,对外经贸大学出版社 2015 年版,第 3 页。

③Dee M. Calligar,Purposes and Uses of Subordination Agreements,23 Business Lawyer 33(1967),pp. 33-34.

次级债协定当前在我国法上属于一种无名合同①,但是具有很大的特殊性,其运作还牵涉公司法、破产法、信托法等多个法律领域,因而《合同法》一般规则的适用并不足够,确有必要在理论上深化对其法律问题的研究。② 本文首先展开次级债法律属性的探析,以期对该制度正本清源,也为下文的探讨奠定理论基础。其次,本文将探讨次级债的融资功能和由此引出的风险监管问题。最后,为将次级债与我国现行法律制度挂钩,本文将为两个疑难问题提供解决方案。

一、次级债多重法律属性之检讨

次级债理论研究面临的首要问题即其法律属性之确定。这决定着次级债在一国法律制度下的生存和生长空间,也制约了次级债能够发挥的各种功能。③ 关于次级债的法律属性,一个经典论断为"以债为股"(debt that serves as equity)。依此表述,次级债本质上仍属于债权的范畴,但在某些方面发挥了股权的功用。④ 若转化视角,于高级债权人而言,次级债又有一定的担保效力和信托财产的特质。因此,次级债具有的是一种多重法律属性,以下一一检视。

(一)特殊债权

任何有关次级债法律属性的分析都应从强调其实质是债的特殊形式这一事实开始。次级债和其他公司债之间的区别主要是受偿次序的不同,而不是内在特征上的区别。因此,次级债在受偿顺序上的劣后并不影响债务人偿还本金和利息之义务,并且仍先于一切股权资本受偿。既然次级债的债权本质得到承认,次级债就能在一般情形下体现债的效力内容。例如,债权人能将次级债作为让与标的,让与之形式条件应与一般债权让与相同;若系发行公司债券之让与,应按照国家关于转让公司债券之规则

---

①广义的次级债又可依产生方式分为法定次级债(statutory subordination)与基于次级债协定(subordination agreement)产生的次级债。前者系法定特殊情形下一些债权的劣后受偿,后者则是依当事人意思表示产生的一种安排。法定次级债之典型如美国破产法上的"衡平居次原则"(the doctrine of equitable subordination),要求母公司向资本严重不足的子公司的贷款在一定情形下劣后于其他债权受偿。Roy Goode, Principles of Corporate Insolvency Law, 4th ed., London: Sweet & Maxwell, 2011, p. 254. 虽然法定次级债与约定次级债的法律效果都是被置于普通无担保债权之后受偿,但二者的制度意义相去甚远:前者只为实现特定的立法政策服务,后者则是公司融资的一种手段,属于商事主体意思自治的领域。法定次级债的适用情形十分有限,既非次级债制度构造之典型,亦与公司融资的背景主题无直接关联,故本研究展开之对象仅限于约定次级债。

②沈达明:《国际金融法上的次级债权》,对外经贸大学出版社2015年版,第5-6页。

③Bruce MacDougall, Subordination Agreements, 32 Osgoode Hall Law Journal 225(1994), p. 250.

④Robert W. Johnson, Subordinated Debentures: Debt That Serves as Equity, 1 The Journal of Finance 10(1955). p. 1.

进行。① 又例如,公司可以负担的次级债数量,亦与其他公司债的数量一样,应当被限制在一定范围内,以确保借款人的债务总额不超过其偿还债务的能力。②

但是法律必须另设规则,对次级债的债权效力加以特殊限制,否则会致使次级债劣受偿这一关键特征名存实亡,高级债权人的利益也可能随之落空。例如,无论在实体法抑或破产法中,一般债权人都可以抵销之方式处分其债权③;但是如果允许次级债权人抵销,就可能使得次级债权人在实际效果上先于其他债权人获得清偿,因此理论上次级债的抵销应当被限制。实践中,英美法国家要求次级债券持有人为高级债权人信托,或者令其返还抵销金额,以防止抵销为高级债权人造成的消极影响。④ 此外,一般债权人在法定情形下可以申请启动债务人企业的破产程序⑤,但是为了防止次级债权人采取的行动违背高级债权人利益,比较法上的次级债协定通常禁止次级债权人绕过高级债权人而申请债务人破产。⑥

还需注意的是,不同类别的次级债的特殊程度亦有不同。根据清偿顺序从属性发生的阶段,次级债有不完全次级债(inchoate subordination)和完全次级债(complete subordination)之分。后者要求在任何情况下,次级债都必须在高级债权得到完全清偿后方可受偿,故又称为"绝对次级债"(absolute subordination);而前者需以清算、解散、破产、重整等程序之启动为条件,次级债的受偿次序才会被置于高级债权之后,而在其他情况下其受偿权与一般债权无异,故又被称为"偶发次级债"(contingent subordination)。⑦不完全次级债的特殊性主要表现在破产或者清算程序中,在次级债协定约定或者法定的事由发生之前,原则上应该将其作为一般债权对待,而完全次级债的特殊性则从实体法一直贯彻到程序法中。⑧

(二)准股权与固有资本

根据次级债协定,公司进入清算程序后,次级债权人将是所有债权人中最后一个得到清偿的,对于高级债权人而言,这似乎具有与公司固有资本相同的担保效果。因

---

①沈达明:《国际金融法上的次级债权》,对外经贸大学出版社 2015 年版,第 12 页。

②Edward Everett,Subordinated Debt:Nature,Objectives and Enforcement,44 University Law Review 487(1964),pp.489-491. 有鉴于此,我国《保险公司次级定期债务管理办法》第 10 条第 3 项将"累计未偿付的次级债本息额不超过上年度末经审计的净资产的 50%"作为保险公司申请募集次级债的必要条件。

③《合同法》第 99 条、第 100 条,《企业破产法》第 40 条。

④张学安,郑雷:《次级债券在中国的若干法律问题》,《河南社会科学》2007 年第 1 期。

⑤《企业破产法》第 7 条第 2 款。

⑥Dee M. Calligar,Subordination Agreements,70 Yale Law Journal 376(1961),p.393.

⑦Dee M. Calligar,Subordination Agreements,70 Yale Law Journal 376(1961),pp.377-378.

⑧Bruce MacDougall,Subordination Agreements,32 Osgoode Hall Law Journal 225(1994),pp.229-320.

此,许多国家法律都承认次级债在财务地位上被视为债务人的固有资本。① 我国《证券公司次级债管理规定》第 4 条、《保险公司次级定期债务管理办法》第 4 条与《商业银行次级债券发行管理办法》第 2 条第 2 款亦作如是规定。正是在这个意义上,次级债亦具有准股权(quasi-equity)的属性。② 但要注意的是,次级债的准股权效力受到严格的限制,只是在有限的情形下才可以被视为公司的固有资本。限制的因素主要有如下几点。

首先是对次级债借入或发行期限的限制。③ 虽然实践中短期次级债也很常见,但可以作为公司固有资本组成部分的次级债应当具有长期性和稳定性,否则其从属地位将失去意义。大多数国家的监管资本规范要求次级债的到期日至少为自发行时起 5 年。我国《保险公司次级定期债务管理办法》第 3 条明确要求保险公司发行的次级债应当"经批准募集、期限在五年以上(含五年)"。《证券公司次级债管理规定》第 3 条则将次级债分为发行时间 1 年以上的长期次级债和 3 个月以上、1 年以下的短期次级债;第 4 条规定,仅有长期次级债可按一定比例计入净资本,短期次级债不计入净资本。

其次,次级债最终仍需偿还,并不能从根本上解决公司固有资金来源的问题。而且根据《商业银行资本充足率管理办法》的要求,次级债在最后五年的存续期间内,其资本额须每年累计折扣(或摊提)20%,已摊销部分不能再作为银行资本金,其作用只相当于银行的高级负债,但仍需支付高于普通债券利率的利息,给银行造成额外的财务负担。④

最后,次级债虽然可以在公司破产清算时为一般债权人提供保护,但并不能在公司持续经营期间吸收损失。这只能由普通股资本来实现,次级债无法胜任。就此而言,次级债的资本功能明显弱于普通股。⑤

(三)准担保与推定信托

次级债无法在法律意义上构成债权担保,既非人的担保,亦非物的担保。但自经济意义而言,次级债权人所承担的义务,相当于为高级债权人提供了某种担保权益,使其债权更有保障。因此,次级债的这一属性可以被称为"准担保"(quasi-security)权益。⑥

---

①沈达明:《国际金融法上的次级债权》,对外经贸大学出版社 2015 年版,第 11 页。

②伏军:《国际金融法》,对外经贸大学出版社 2013 年版,第 150 页。

③Vinod Kothari,Legal Aspects of Subordinated Debt Instruments(July 3,2015). Available at SSRN:https://ssrn. com/abstract=2626504.

④董兵兵:《商业银行次级债资本工具的发展趋势》,《中国金融》2012 年第 3 期。

⑤同上。

⑥沈达明,冯大同:《国际资金融通的法律与实务》,对外经贸大学出版社 2015 年版,第 182 页。

依次级债产生的准担保效力之不同,又可将次级债区分为移交型次级债(turnover subordination)和全面型次级债(contractual subordination)以分别考察:前者指次级债权人同意在其高级债权获得清偿之前向高顺位债权人移交从共同债务人或者担保财产等处得到的还款;后者则为次级债权人同意在共同债务的其他所有债权人受偿之后受偿。① 全面型次级债的特点是其从属于所有现在的和将来的债权人,因此对某一特定高级债权的担保效果就被稀释。② 次级债的准担保属性于移交型次级债中体现得最为显著,此时高级债权人不但能从债务人破产财产中按照债权比例获得本应得的清偿额,亦可将次级债权人分得的清偿额归于己有,实质上收获了"双份清偿"(double dividends)。③

与次级债的准担保属性相关联的问题是,如何保证高级债权人的担保利益不丧失。对于物的担保,担保权人之利益系于担保财产之价值;对于人的担保,则由保证人的责任财产提供债权清偿之保障。如此,二者都具有相对的稳定性和固定性。而次级债能提供的准担保权益,取决于其作为一项债权按比例在公司清算中所能分得的财产;若该项债权因一定事由的出现不复存在,则高级债权人的担保利益亦随之落空。例如,如果次级债权人自身被宣告破产,则其次级债加速到期,债务人须提前清偿④,高级债权人于是不再享有次级债所提供的偿还保障。⑤

针对这一问题,英美法实践中有援引衡平法上的推定信托(constructive trust)理论作为救济手段。所谓推定信托,是指当被告拒绝原告对其所持有的某一财产的请求时,若导致的结果是显失公平(unconscionable)的,则法院会将该财产视为被告为原告利益而持有的信托财产以执行。⑥ 基于这种技术手段,尽管当事人未有明确意思表示,仍可以将次级债视为次级债权人(受托人)为高级债权人(委托人)利益而设定的一项信托财产,并基于信托财产的独立性,使高级债权人的担保利益具有确定的保障。⑦ 于上述次级债权人破产例中,依推定信托之拟制,次级债得以除外于次级债权人之破产财产(《信托法》第16条),高级债权人亦因此不会受到不公正的对待。此外,正如下文将提及的,在一些不承认第三人受益合同(third party beneficiary contract)的国家,法院也会借助推定信托以使高级债权人获得准担保利益。⑧

---

① [英]菲利普·伍德:《国际金融的法律与实务》,姜丽勇,许懿达译,法律出版社2011年版,第253页。

② Philip R. Wood, Project Finance, Securitisations, Subordinated Debt, 2nd ed., London: Sweet & Maxwell, 2007, p. 187.

③ Dee M. Calligar, Subordination Agreements, 70 Yale Law Journal 376(1961), p. 377.

④ 《企业破产法》第46条第1款。

⑤ Kenneth Kaoma Mwenda, Anna Laszczynska, Legal Problems of Debt Subordination: A Comparative Study, 10 African Journal of International and Comparative Law 674(1998), pp. 683-684.

⑥ Mohamed Ramjohn, Beginning Equity and Trusts, London: Taylor & Francis Group, 2013, p. 131.

⑦ Bruce MacDougall, Subordination Agreements, 32 Osgoode Hall Law Journal 225(1994), p. 244.

⑧ 伏军:《国际金融法》,对外经贸大学出版社2013年版,第156页。

　　究其本质,推定信托是法院不顾当事人本意而强制施加,将被告拟制为财产受托人,以防止不公正行为的一项裁判技术,其目的在于实现个案裁判结果的实质正义。①因此,推定信托理论尽管在英美法实践中被采纳,但是法官并不会将之作为次级债的法律本质属性来看待。例如,在 *Cherno v. Dutch American Mercantile Corporation*② 一案中,美国上诉法院第二巡回法院承认,如果可以证明一方会因为某种事情的发生而不当得利(unjustly enriched),法院可以基于次级债协定而于当事人间创设推定信托;但安德森法官(Judge Anderson)同时指出,"仅是违反债务清偿合同约定的事实,并不能构成施加推定信托的理由"。③

(四)总结与反思

　　对次级债的法律属性进行分析是一项艰难的任务。次级债协定的内容是对原本债务清偿顺序或担保权益优先顺序的法律规则的修改,这些又都是当事人内部可以自由协商的事项。因此,试图就这些安排的法律属性作出一套可以普遍适用的论断,或许并不是可行的做法。④ 但根据本节以上的梳理,可以发现,次级债的多重法律属性虽然表面上错综复杂,但其实大致就是围绕着两条主线展开:一条是次级债作为一种特殊债权的本质属性,另一条是为保障次级债权人利益从属于高级债权人利益的各种制度配套。

　　申言之,在上述各种次级债多重法律属性的解释路径中,其债权属性起到了支配性的作用。次级债权人与债务人公司之间的法律关系,可以视为借款合同法律关系基于特定目的修改之后的产物。也正因如此,次级债有在将来成为一种有名合同的潜质。至于次级债的准股权属性,则是基于次级债的从属性、长期性和稳定性的特征,仅在公司的财务审计中被作为固有资本对待。次级债与股权仍有本质性的区别。次级债权人不可能享有股东的各项权益,亦不必承担基于股东身份产生的各种义务,而作为固有资本的次级债,其资本功能也明显弱于一般的股权资本。

　　但与一般合同债权显著不同的是,次级债的设定涉及高级债权人的利益;甚至可以说,次级债权人针对债务人所能享有的特殊权益(例如通常次级债比一般公司债具有更高的利率回报)⑤的正当性,由其受偿权益对高级债权人权益之从属性所赋予。这种清偿权益的从属,在高级债权人的视角下形成了准担保利益;为保障这种准担保利益不落空,于是有了推定信托的引入。无论是准担保利益抑或推定信托,都不能代表次级债的本质属性,而是其特殊功能的重要体现。

────────────

①Alastair Hudson,Equity and Trusts,London:Taylor & Francis Group,2015,p. 549.

②Cherno v. Dutch American Mercantile Corporation,353 F. 2d 147(2d Cir. 1965).

③Bruce MacDougall,Subordination Agreements,32 Osgoode Hall Law Journal 225(1994),p. 245.

④Roderick J. Wood,Subordination Agreements,Bankruptcy and the PPSA,49 Canadian Business Law Journal 66(2010),p. 66.

⑤季奎明:《论我国金融机构次级债务的商事法规范适用》,《中国商法年刊2010》。

二、次级债之功能与风险规制

次级债的法律属性与其功能是不断互通的：实践对次级债功能的期许塑造了其特殊的法律属性,次级债法律属性的定位又决定了其可以在实践中发挥何种功用。在公司融资语境下,次级债的根本属性是一种特殊债权,但功能的发挥却主要依赖其准股权属性。次级债这种属性与功能的错位会造成特殊的金融风险,次级债金融监管体制的构建必须直面这个问题。

(一)作为融资手段的次级债

次级债的准股权属性意味着其在一定情况下可被作为公司固有资本对待,这是次级债备受青睐的主要原因。各国次级债的实践表明,次级债作为公司融资的一种手段,主要发挥着提高公司资本充足率、增强公司融资能力和企业拯救的功用。

1. 提高公司资本充实率

我国的次级债发行主体主要是商业银行与保险公司,对此二者而言,资本充足率都是非常重要的经营指标。各国一般都设置有对商业银行的资本充实率管制,以监测其抵御风险的能力。保险公司作为一种高负债率经营和以风险为管理对象的金融机构,其发展和扩张的同时对资本金亦有大量的需求。相比以股权补充资本,发行次级债程序简单、周期短、成本低,是一种快捷、可持续的资本金补充方式。① 尤其是 2008年金融危机后,随着第三版巴塞尔协议(Basel Ⅲ)资本框架的引入,商业银行可以通过广泛发行次级债券,以满足协议对最低资本充实率的要求。②

2. 增强公司融资能力

作为准股权的次级债可以扩大公司的股本基础(capital base),从而支持更广泛的短期银行贷款和长期高级债形式的借款。公司的次级债数额愈大,其股本基础亦相应增大,从而就增加了它的借款能力。在经济意义上,次级债被视为"带息票的优先股"(preferred stock with a coupon)。从融资成本的角度看,次级债比优先股还更有优势。次级债的利率通常低于市场中优先股的股息率,而且在所得税的计算中,公司可扣除就次级债支付的利息,而就优先股及普通股支付的股息则不在可扣除项目之列。③

---

①陈洁:《保险公司次级债发行法律问题研究》,浙江省 2011 年保险法学学术年会论文,浙江,2011 年 10 月,第 142 页。

②Patrick Yung, Unsecured Debt Subordination Arrangement: Validity and the Legislative Reform in Hong Kong, 7 Law and Financial Markets Review 118(2013), p. 118.

③Dee M. Calligar, Purposes and Uses of Subordination Agreements, 23 Business Lawyer 33(1967), p. 36; Edward Everett, Subordinated Debt: Nature, Objectives and Enforcement, 44 University Law Review 487(1964), pp. 487-489.

3. 企业拯救

在困难时期,公司可能在偿还债务时面临严重的流动性问题。然而,短期流动性问题并不一定意味着该公司业务的失败。毫无疑问,强制清算的效果对公司股东和债权人都是一种创伤,此时,次级债是解决暂时性现金流问题的方案之一。一个公司主要债权人可以将其债权从属于其他债权(特别是那些更容易受到现金流问题影响的中小企业),并允许他们优先受偿。此时,通过次级债协定的安排,这些脆弱的债权人获得了准担保利益,使他们不至于申请破产清算,从而保护公司的营运。如果债务人公司有良好的前景或成功的商业模式,次级债协定相当于为公司业务"购买"了一段时间,次级债权人也可以收回未偿款项。①

可以发现,实践中次级债发挥的功能就是产生近似股权资本的效果。但是这些功效最终仍然不得不受到其债权本质的限制。

首先,资本充实率之目的在于保障公司的抗风险能力,而抗风险、弥补经营损失仍主要依赖于股本以及公开储备,次级债务的辅助功能有很大局限。这也是巴塞尔银行监管委员会在规定资本充足率8%最低水平的同时,又单独规定核心资本4%最低水平的重要原因。② 我国《商业银行次级债券发行管理办法》第9条要求商业银行公开发行次级债券时核心资本充足率不低于5%,第10条则要求以私募方式进行时核心资本充足率不低于4%。银监会在2009年10月下发了《关于完善商业银行资本补充机制的通知》,强调商业银行应重视核心资本对风险的抵补作用,在资本补充时要优先考虑核心资本。

其次,公司凭借次级债所增强的融资能力也受到诸多因素限制,包括债务与(真正)股本的比例、债务与净值的比例等。③

最后,次级债只能解决企业拯救的一时之需,企业拯救最终的成功还取决于公司经营管理的改善和商业模式的调整,否则待到次级债到期,公司资本缩水,终不免走向破产清算的结局。

(二)属性与功能错位视角下的次级债风险

在次级债属性与功能错位的视角下,次级债带来的金融风险首先体现为偿付风险。虽然次级债在一定时期内能为公司带来稳定的资金,但是最终它还是一种债务,到期时公司需要偿本付息。因此,次级债虽然是一种重要的融资工具,但其发行必须与公司的偿付能力相匹配。提高偿付能力的关键在于补充股权资本和提升公司的盈利能力。然而,实践中许多公司发行次级债的主要动力却正是弥补其清偿能力的不

①Patrick Yung,Unsecured Debt Subordination Arrangement:Validity and the Legislative Reform in Hong Kong,7 Law and Financial Markets Review 118(2013),pp. 118-119.

②郭雳:《全球化视角下的我国商业银行次级债"热"(上)》,《金融法苑》2005年第1期。

③Dee M. Calligar,Purposes and Uses of Subordination Agreements,23 Business Lawyer 33(1967),p. 36.

足,这不仅是舍本逐末的做法,还为公司引入大量的偿付风险。当这种风险积聚到一定程度时,会导致偿付危机的发生。①

再者,我国金融机构间大量相互持有次级债的现象可能使这种偿付风险演变为系统风险。《证券公司次级债管理规定》第 2 条第 1 款将证券公司次级债券的发行对象限定为"机构投资者",第 2 款又进一步将"机构投资者"限定为"经国家金融监管部门批准设立的金融机构,包括商业银行、证券公司、基金管理公司、信托公司和保险公司等"。《保险公司次级定期债务管理办法》第 18 条亦要求保险公司向其控制的公司或者与其受同一第三方控制的公司定向募集次级债。这种做法实质是将次级债的偿付风险都集中在了金融行业内部,违背了分散风险的思想,其中任何一方若出现偿付危机,将会引发多米诺骨牌效应,导致整个金融行业的动荡。此外,金融公司之间相互持有次级债,在发行利率相同、购买数额相同的情况下,这种持有只是一种账面上的数字游戏,金融系统资本未见增加,整体抗风险能力也没有实质提高。②

最后,我国次级债的发行模式进一步增加了偿付风险可能发生的概率。《证券公司次级债管理规定》第 2 条第 3 款规定,证券公司次级债券只能以非公开方式发行,不得采用广告、公开劝诱和变相公开方式。次级债的一级市场本就缺少竞争定价机制,此禁止公开之规定又将次级债发行置于社会监督之外,显著地增加了监管的难度。再加上次级债的二级交易市场尚未建立,次级债发行后的价格无法反映公司的信用风险的变动,市场机制难以发挥对次级债风险的规制作用。③

(三)次级债的风险规制

为了应对次级债属性与功能错位带来的偿付风险,笔者认为,我国的次级债监管体制至少应有以下两方面的改进措施。

其一,加强对金融公司相互持有次级债券的监管。《商业银行次级债券发行管理办法》第 13 条规定:"商业银行持有的其他银行发行的次级债券余额不得超过其核心资本的 20%。"银监会下发的《中国银监会关于完善商业银行资本补充机制的通知》则进一步要求,商业银行长期次级债务原则上应面向非银行机构发行;商业银行在计算资本充足率时,持有的其他银行长期次级债的额度直接冲抵其自身通过发行次级债所增加的附属资本。我国对商业银行次级债所制定的监管规则大幅压缩了次级债发行和计入资本的额度,值得赞许,其思维进路应当贯彻在其他公司次级债的监管法规中。

①何林,尧金仁:《保险公司次级债市场存在的问题和应对策略》,中国保险学会学术年会论文,上海,2011 年 5 月。

②陈洁:《保险公司次级债发行法律问题研究》,浙江省 2011 年保险法学学术年会论文,浙江,2011 年 10 月。

③何林,尧金仁:《保险公司次级债市场存在的问题和应对策略》中国保险学会学术年会论文,上海,2011 年 5 月。

此外,还可以通过设定金融公司持有其他公司次级债的比例上限,进一步抑制金融公司过度相互持有次级债的行为。①

其二,建立健全公司次级债券的上市流通机制。根据《商业银行次级债券发行管理办法》第3条的规定,我国商业银行次级债已经实现了定向募集次级债券与银行间市场公开发行次级债券并举的格局。这一做法应当向其他公司次级债的发行和流通推广。将次级债权发行、流通融入整个中国债券市场中去,是中国发展次级债券市场的现实选择。② 次级债券上市流通可以发挥市场本身对次级债风险的约束作用,其交易价格能有效反映公司的信用信息和资产质量,很大程度上限制了公司的风险行为和违规操作。③

三、次级债理论疑难之克服

次级债实质是商事实践的创造而非法律逻辑的产物,自其诞生之时起,就与既有的法律体系存在龃龉,以致其有效性受到质疑。我国通过一系列部门规章和其他行政规范性文件引入了次级债制度,这些文件对次级债的发行起到了指引与规范之功效,却缺少对次级债与现行法律制度挂钩问题的考量。随着次级债在我国公司资本补充渠道中的地位日益重要,为保障其商事实践的进一步有序开展,应当在理论上克服次级债法律制度构造中可能遇到的疑难问题。在次级债的实践历史中,对其合法性的挑战主要来源于两个方面,一是破产法中平等清偿原则对次级债效力的否定,二是合同相对性原则对高级债权人取得权利的限制。

(一)平等清偿之强制规范

平等清偿原则(the pari passu principle)又称比例分享原则(the pro rata sharing principle),通常被认为是企业破产法的首要原则,现代各国立法普遍采纳,亦见诸我国《企业破产法》第113条之规定。其基本含义是,所有无担保债权人对破产财产享有同等的权利,并按其债权比例分享破产财产。④ 在性质上,平等清偿原则属于强制性规范(statutory rule),并构成一项调整债权人与债务人之间关系的公共政策(public

---

①蒋进,黄丽红:《对我国商业银行次级债问题的法律思考》,《福建政法管理干部学院学报》2007年第4期。

②同上。

③何林,尧金仁:《保险公司次级债市场存在的问题和应对策略》中国保险学会学术年会论文,上海,2011年5月。

④Rizwaan Jameel Mokal, Priority as Pathology: The Pari Passu Myth, 60 Cambridge Law Journal 579 (2001), p. 581; Roderick J. Wood, Subordination Agreements, Bankruptcy and the PPSA, 49 Canadian Business Law Journal 66(2010), pp. 76-77.

policy），法院可据之以否定任何偏向某一无担保债权人的财产移转行为的效力。① 而在次级债协定的安排下，次级债同为无担保债权，却被置于高级债权之后，不得与之按比例分享破产财产，于是与平等清偿之强制规范产生矛盾，使次级债的合法性受到质疑。②

平等清偿原则与次级债之冲突在美国并未引发什么问题。美国法院在 *Bird & Sons Sales Corporation v. Tobin*③ 一案中就承认了次级债的有效性，认为次级债协定"并没有违反公共政策或者破产法之精神"。④ 美国《统一商法典》（Uniform Commercial Code）第1-209条又有规定："债务人的一项债务可置于另一项债务之后受偿；债权人也可以与债务人或债务人的另一债权人约定将其债权让位于另一项债权之后受偿。"⑤可以认为，这是以一般条款的形式承认了次级债协定的有效性。⑥

但在英国，平等清偿原则长期是次级债理论难以克服的疑难问题。在20世纪90年代以前，英国法院仅有限地承认了移交型次级债协定的效力，因为从解释上，可以认为移交型次级债亦与其他无担保债权按照债权比例受偿，不过是之后又将其所得份额移转给了高级债权人而已，故其安排与平等清偿原则可以兼容；但是全面型次级债受偿的前提是所有其他无担保债权人都得到了完全清偿，在逻辑上没有其他解释空间，故其效力在英国被长期否定。⑦ 例如，在 *British Eagle International Airlines Ltd. v. Compagnie Nationale Air France*⑧ 一案中，克罗斯勋爵（Lord Cross）认为，次级债是一种排除平等清偿原则适用的约定，制造了一种不同于法律规定的破产财产分配方式，因此有悖公共政策。⑨

直至 *In re Maxwell Communications Corporation Plc*⑩ 一案，英国法院的裁判立场才出现转变，开始承认次级债协定的效力。在该案中，凡尼勒特法官（Judge Vinelott）尽管也意识到次级债与平等清偿原则表面上存在冲突，但鉴于次级债在商业实践中已被

①Roy Goode, Principles of Corporate Insolvency Law, 4th ed., London: Sweet & Maxwell, 2011, p. 236; Kenneth Kaoma Mwenda, Anna Laszczynska, Legal Problems of Debt Subordination: A Comparative Study, 10 African Journal of International and Comparative Law 674(1998), p. 685.

②Patrick Yung, Unsecured Debt Subordination Arrangement: Validity and the Legislative Reform in Hong Kong, 7 Law and Financial Markets Review 118(2013), p. 119.

③Bird & Sons Sales Corporation v. Tobin, 78 F. 2d 371(8th Cir. 1935).

④Bruce MacDougall, Subordination Agreements, 32 Osgoode Hall Law Journal 225(1994), p. 262.

⑤ALI(美国法学会), NCCUSL(美国统一州法委员会)：《美国〈统一商法典〉及其正式评述(第一卷)》，孙新强译，中国人民大学出版社2004年版，第35页。

⑥Bruce MacDougall, Subordination Agreements, 32 Osgoode Hall Law Journal 225(1994), p. 227.

⑦Vinod Kothari, Legal Aspects of Subordinated Debt Instruments(July 3,2015). Available at SSRN: https://ssrn.com/abstract=2626504.

⑧British Eagle International Air Lines Ltd v Compagnie Nationale Air France, W. L. R. 1 758(1975).

⑨Tan Cheng Han, Debt Subordination, 1993 Singapore Journal of Legal Studies 491(1993), pp. 496-497.

⑩In re Maxwell Communications Corporation Plc, W. L. R. 1 1402(1993).

广泛使用,他认为不宜否认次级债的效力:"正如债权人有权决定不申报其债权一样,他们也应当可以放弃自己的受偿顺位。"可见,凡尼勒特法官的裁判带有一定的实用主义倾向。① 如何在理论上解决平等清偿原则给次级债协定效力带来的挑战,仍需要更深入的探讨。

法律强制性规范之目的,盖在维护社会公共利益,实现特定的社会政策,故其适用不得为个别意志所排除。在判断一项协定是否与强制性规范冲突,从而需使其无效时,可以问这么一个问题:如果承认某一协定的有效性,是否会致使该强制性规范的规范意旨落空? 若否,则无须以违反强制性规范为由否定其效力。因此需要探究,平等清偿之强制规范欲达到何种目的。

本文认为,平等清偿原则主要为破产法的两个目的服务,一为增进效率,二为实现公平。一方面,相比诸如优先原则、时间顺序原则等其他分配方式,平等清偿原则能在法律上降低财产分配的成本和延迟,因为法院只需将所有无担保债权人视为一个集团(class)对待,而不必考虑其他因素。在集团内部,担保债权人一律按比例受偿,就不会因为争夺财产而产生额外消耗。② 另一方面,平等清偿原则使得实体法中具有相同性质的债权在破产法中也获得了公平的对待,是破产法中形式平等的一种体现。③ 次级债协定的安排并不妨碍平等清偿原则这两个目的的实现。

首先,真正增进了破产分配效率的,是将无担保债权人集团化的处理方式,而非平等清偿原则本身。无担保债权人的集团化既化解了他们的内部竞争,又避免了单独处理每个债权请求的成本消耗。④ 次级债并不破坏无担保债权人集团的完整性,只是有一部分成员被分出,成为从属于该集团的另一个集团(次级债权人集团),而余下的成员仍然在破产财产不足以清偿全部债权的情况下按比例受偿。

其次,次级债协定的安排亦不会导致不公正的结果。如果任由所有债权人争夺破产财产,最终胜出的总是最强势的债权人;为贯彻公正的价值,就需要以平等清偿原则保护弱势债权人。⑤ 因此,平等清偿原则禁止的是部分无担保债权人借助其优势地位

①Kenneth Kaoma Mwenda, Anna Laszczynska, Legal Problems of Debt Subordination: A Comparative Study, 10 African Journal of International and Comparative Law 674 (1998), p. 683; Patrick Yung, Unsecured Debt Subordination Arrangement: Validity and the Legislative Reform in Hong Kong, 7 Law and Financial Markets Review 118(2013), p. 119.

②Vanessa Finch, Corporate Insolvency Law: Perspectives and Principles, 2nd ed., Cambridge: Cambridge University Press, 2009, pp. 601-602.

③Rizwaan Jameel Mokal, Priority as Pathology: The Pari Passu Myth, 60 Cambridge Law Journal 579 (2001), p. 583.

④Rizwaan Jameel Mokal, Priority as Pathology: The Pari Passu Myth, 60 Cambridge Law Journal 579 (2001), p. 593.

⑤Vanessa Finch, Corporate Insolvency Law: Perspectives and Principles, 2nd ed., Cambridge: Cambridge University Press, 2009, p. 602.

优先获得受偿,而不排斥次级债权人自愿靠后受偿。正如著名国际金融学家 Philip Wood 指出的,平等清偿原则的目的是确保一个债权人不在全体债权人之前得到清偿,一个债权人同意在另一个债权人之后得到清偿不会触犯这些法律规定的政策。①

由此可见,所谓次级债与平等清偿原则的冲突只是表面上的,二者的价值内涵并不抵触。我国《企业破产法》虽未明确承认次级债协定的效力,但这在理论上不应该有障碍。

(二)合同相对性与第三人受益

如前所述,移交型次级债之准担保利益归属于特定的高级债权人,因此成立移交型次级债之法律关系,最简单的办法是由债务人、次级债权人和高级债权人三方协议为之,从而使高级债权人取得该协议项下的权利。然而,全面型次级债置于所有的无担保债权人后受偿,因其受益之债权人通常人数众多,又时刻处于变动中(尤其是公司发行次级债券的情形),无法以多方协议的形式确定。因此,全面性次级债一般由次级债权人与债务人的合同行为创设。② 由此产生的问题是,在全面型次级债之法律关系中,基于债务人与次级债权人之间的密切关系,如果次级债权人违约,甚至提出提前清偿,债务人有可能不采取任何行动以强制执行次级债协定。此时,作为合同外第三人的无担保债权人,是否享有强制执行权或者其他违约救济手段?③

传统合同法理论固守合同相对性原则(the doctrine of privity),认为合同的效力仅发生在合同当事人之间,第三人不能取得合同权利义务。④ 基于合同相对性,英美法国家早期法院判例均不予执行高级债权人在全面型次级债法律关系中的权利。这一局面随着第三人受益合同理论的发展而被打破。美国纽约州上诉法院于 1859 年判决的 Lawrence v. Fox⑤ 一案中开拓了这样的规则:"为三人的利益而向某人作出允诺时,被该允诺赋予利益的第三人可以就违约允诺的行为提起诉讼。"⑥美国第一次和第二次《合同法重述》(Restatement of Contract)都有专章探讨第三人受益合同的问题,形成了系统的法律规范。⑦ 英国的起步则相对较晚,直至《1999 年合同(第三人权利)法

---

①沈达明:《国际金融法上的次级债权》,对外经贸大学出版社 2015 年版,第 142 页。

②沈达明,冯大同:《国际资金融通的法律与实务》,对外经贸大学出版社 2015 年版,第 183 页。

③Patrick Yung, Unsecured Debt Subordination Arrangement: Validity and the Legislative Reform in Hong Kong, 7 Law and Financial Markets Review 118(2013), p. 122.

④Janet O'Sullivan, Jonathan Hilliard, The Law of Contract, 5th ed. , Oxford: Oxford University Press, 2012, p. 131.

⑤Lawrence v. Fox, 20 New York 268(1859).

⑥[美]E. 艾伦·范斯沃思:《美国合同法》(第三版),葛云松,丁春艳译,中国政法大学出版社 2004 年版,第 669-670 页。

⑦[美]弗里德里奇·凯斯勒,[美]格兰特·吉尔莫,[美]安东尼·T. 克朗曼:《合同法:案例与教材》(第三版),屈广清等译,中国政法大学出版社 2005 年版,第 1213-1214 页。

案》[Contracts(Rights of Third Parties)Act 1999]通过,才在立法中允许合同赋予第三人强制执行的权利。①

当然,第三人受益合同理论并非解决合同相对性问题的唯一途径。在各国的司法实践中,各式各样的理论都有被援引以应对这一问题,包括担保合同(collateral contract)、信托(trust)、代理(agency)以及禁反言(estoppel)等。② 例如,英国法院长期借助推定信托理论以赋予第三人强制执行权。然而,在此情形下适用推定信托未必合适,不但缺少既定的信托财产,而且受益人也无法确定。③ 相较之下,其裁判之说服力弱于前述次级债权人破产情形下推定信托理论的适用。再者,正如本文已经指出的,推定信托理论的适用有明显局限,只能作为特殊情形下的裁判手段,而不应将次级债一般性地视为信托以赋予第三人权利。综合考虑各种因素,第三人受益合同理论应当是赋予次级债协定外第三人强制执行权的最适当路径。

第三人利益合同是否在我国《合同法》第 64 条中得到确立一直是存在争议的问题④。《民法典》第 522 条在原《合同法》第 64 条的基础上新增一款,规定:"法律规定或者当事人约定第三人可以直接请求债务人向其履行债务,第三人未在合理期限内明确拒绝,债务人未向第三人履行债务或者履行债务不符合约定的,第三人可以请求债务人承担违约责任;债务人对债权人的抗辩,可以向第三人主张。"如此,我国已明确将第三人受益合同纳入立法,第三人对债务人直接享有履行请求权和违约救济权,应无疑问。

四、结　论

在公司融资的语境下,次级债作为一种介于债与股之间的投融资手段,主要发挥着提高公司资本充足率、增强公司融资能力和企业拯救的功用。我国虽然通过一系列部门规章和其他行政规范性文件引入了次级债制度,但还需加强对相关理论问题的研究。次级债本质是一种特殊债权,又在一定程度上发挥着股权的功用,而准担保属性和推定信托则为高级债权人利益服务。在次级债特殊金融风险的根源,在于其属性与功能的错位,并主要表现为偿付风险和系统风险。对此,我国可以通过加强对金融公司相互持有次级债券的监管、建立健全公司次级债券的上市流通机制等手段予以应

---

① Richard Stone, James Devenney, The Modern Law of Contract, 11th ed., London: Taylor & Francis Group, 2015, p. 166.

② Bruce MacDougall, Subordination Agreements, 32 Osgoode Hall Law Journal 225(1994), p. 250.

③ Michael Fitzgerald, The Pitfalls and Alternatives to Subordinated Loans, 2 International Financial Law Review 17(1983), p. 17.

④ 韩世远:《合同法总论》,法律出版社 2018 年版,第 365-370 页。

对。次级债与现行法律制度结合可能遇到的理论疑难可能来自两个方面：一是破产法中平等清偿原则对次级债效力的否定；二是合同相对性原则对高级债权人取得权利的限制。对于前者，由于次级债与平等清偿原则的规范意旨并不冲突，不应据此否定次级债的效力；对于后者，则可通过第三人受益合同理论以克服。

（责任编辑：刘薇铭）

"绷扒吊拷"考

万文杰①

摘　要："绷吊"是"绷扒吊拷"的简称,在字典中它被称为中国古代的刑罚,在实际中则常作为中国古代刑讯手段,虽未出现于律典条文中,但散见于官箴、判牍、元曲、明清小说里;对于"绷扒吊拷"这种行为的适用条件与适用对象以及具体操作,缺乏系统的阐述;在史料史实的基础上,探寻"绷扒吊拷"的来源及其使用情况。首先将"绷扒吊拷"的史料进行系统梳理、分类、编排与辨析;其次分析"绷扒吊拷"的适用情况,对其内容与实际操作进行具体分析;最后从刑罚文化、酷刑文化、审判文化、监狱文化的视角来对"绷扒吊拷"进行定性,推测在字词方面从"绷吊"演变成"绷扒吊拷"的主要原因是元杂剧词曲押韵所需,以及尝试分析宋代以后"绷扒吊拷"的演变形式与内容,通过对"绷扒吊拷"的全面阐释进而丰富中国古代法律文化。

关键词:官箴　绷吊　绷扒吊拷　刑讯

中国古代的刑罚种类繁多,且具有等级的划分,从中国古代旧五刑"墨劓剕宫大辟"到新五刑"笞杖徒流死",中国的刑罚制度从隋唐时期开始趋于稳定,发展至清末结束,这期间仅有稍微变动。我们发现一个奇怪的现象,在字典、官箴、戏曲、明清小说中常见的惩罚手段:"绷吊"或"绷扒吊拷",却没有出现于律典之中,发人深思,究其原因,可能是这种惩罚手段属于当时的刑讯手段且颇与官方主流价值观不符,不太适宜写入律典之中,因此它的存在随着朝代更迭,也逐渐消失在世人眼中。可"绷吊"或"绷扒吊拷"究竟为何?"绷,束也。"②"吊,问终也。"③绷吊或绷扒吊拷:指的是强行脱去衣服,捆绑并吊起来拷打。还有"吊拷绷扒"一词,亦作'绷扒吊拷'。"剥去衣裳,用绳捆绑,吊打拷问。"④绷指捆绑之意,扒有脱掉一说,与其相近的词有"搠扒吊拷、绷

---

①万文杰,沈阳师范大学法学院2019级法律史学硕士研究生。
②[汉]许慎撰,[宋]徐铉校订:《说文解字》,中华书局2013年版,第273页下。
③同上,第165页上。
④陈公水:《齐鲁古典戏曲全集》元杂剧卷,中华书局2011年版,第186页。

爬吊拷、绷巴吊拷、绷扒吊拷、绷扒吊拷、吊拷绷扒、吊拷绷把"①,观诸词大意,皆无甚差异。"绷吊"或"绷扒吊拷"在字典中被定性为刑罚,但用于审问犯人时便是一种刑讯手段,那么它是刑罚抑或刑讯?值得我们在描述其内容的过程中进行界定。关于其具体内容及操作方法我们不得而知,但在宋代官箴中发现了许多关于"绷吊"的规定及其相关内容,在判牍、判词中亦有其使用情况与实际效果,并且元曲、明清小说对"绷扒吊拷"也有所提及,因此笔者试从宋代官箴这一角度切入,试剖析"绷吊"或"绷扒吊拷"的相关内容。

一、宋代官箴中关于"绷吊"的表达

官箴书种类繁多,宋代官箴书以李元弼所撰《作邑自箴》、吕本中所撰《官箴》、胡太初所撰《昼帘绪论》、许月卿所撰《百官箴》以及不著撰人的《州县提纲》为代表,宋代官箴表达了对于基层官吏的要求十分具体和严格,其中许多规定融入了多代人的经验积累与惨痛教训。即使步入现代化社会,对官员的一些管理与规定都可在宋代官箴中寻找到相似的内容。在宋代官箴中对于官员运用惩罚手段的规定较为丰富,而且为了防范胥吏、色人对官员的干涉,制定了详细的规则,在极其有限的篇幅里,对官员行为、思想等各方面的规定进行了充分的阐述与说明。

宋代的刑罚制度除了沿袭《唐律》规定的笞、杖、徒、流、死五刑制度外,产生了前朝所未有的刑罚制度,有折杖法、刺配、编管与安置,除此之外,宋代死刑的执行方式更为多样且残酷,除了绞、斩两种执行方式外,还增加了凌迟、杖杀等死刑执行方式。但从宋代官箴中发现一种独特的惩罚方式:"绷扒吊拷"或"绷吊",指强行脱去衣服,捆绑并吊起来拷打。"绷吊"作为宋代的一种惩罚方式,未详见于《唐律疏议》《宋刑统》及其他律典中。(详见表1)

表1 《唐律疏议》《宋刑统》"断狱律"相关条文

条号	《唐律疏议》	律条出处	编号	《宋刑统》	律条出处
473	不给囚衣食医药	刘俊文撰:《唐律疏议笺解》,北京:中华书局,1996年,第2027-2029页	1	因应请给医药衣食	[宋]窦仪等撰,薛梅卿点校:《宋刑统》,北京:法律出版社,1999年,第534-535页
474	据众证定罪	同上,第2029-2033页	2	不合拷讯者取众证为定	同上,第536-545页

①王贵元,叶贵刚:《诗词曲小说语辞大典》,群言出版社1993年版,第645页。

续 表

条号	《唐律疏议》	律条出处	编号	《宋刑统》	律条出处
476	讯囚察辞理	同上,第2035-2039页	3	决罚不如法	同上,第545-546页
477	拷囚不得过三度	同上,第2039-2044页	4	监临官捶迫人致死	同上,第548-549页
478	拷囚限满不首	同上,第2044-2048页	5	断罪引律令格式	同上,第549-551页
481	违法移囚	同上,第2051-2053页	6	官司出入人罪	同上,第552-556页
482	决罚不如法	同上,第2054-2057页	7	推断怀孕妇人	同上,第558-559页
483	监临自以杖捶人	同上,第2059-2062页	8	纵死囚逃亡	同上,第563-564页
484	断罪不具引律令格式	同上,第2063-2065页			
485	辄自决断	同上,第2065-2067页			
486	辄引制敕断罪	同上,第2067-2069页			
487	官司出入人罪	同上,第2069-2079页			
490	狱结竟取服辩	同上,第2087-2089页			
494	处决孕妇	同上,第2095-2098页			
495	拷决孕妇	同上,第2098-2100页			

　　但在实际操作中,却使用频繁,而且在官箴、判牍、小说和戏曲当中都能见到"绷扒吊拷"的身影。正可能因为它是一种秘密的惩罚方式,多半用于刑讯过程,不将其纳入律典中也是情有可原的。同时也可以清楚地看到"刑律的规定往往与现实的运用存在巨大的差距。"[1]

　　在《作邑自箴》中对于官员如何处事的规诫中写道:"凡酒醉人,当官无礼高声,未得枷吊打拷,且押下申报,差人看管。俟酒醒,依法行遣。"[2]官箴中告诫官员面对醉酒

----

　　①王宏治:《中国刑法史讲义:先秦至清代》,商务印书馆2019年版,第492页。

　　②[宋]李元弼撰:《作邑自箴》,载《宋代官箴书五种》,闫建飞等点校,中华书局2019年版,第17页。

之人,要进行强制约束且安排人员进行看管,这种行为属于现代行政法中的典型的行政强制措施;主要目的是为了防止醉酒之人在失去意识和控制的状态下,对他人或者自己实施危害行为。但官箴中强调在此种情况下不得进行"枷吊打拷",表明了当时对于无罪之人的人身保护意识未曾或缺,中国传统法文化中的"这种关注反省、释设并举的自信精神,体现人本主义思想,它实际上支撑着法律上的自首制度、大赦制度,又实际地影响着监狱管理制度。"①并由此可推定"枷吊打拷"是"绷扒吊拷"相类似的惩罚方式,"枷吊"与"绷吊"所采用的方式应该是大同小异的,主要是"枷"与"绷"的区别。但对于事实清楚、拒不认罪的犯人而言,官箴却告诫官员丝毫不必心软,"罪人犯状明白,倚赖凶顽,累经绷拷,未肯招承者,但昼夜不得令睡,立在厅前,不过两三日,便通本情。"②宋代官箴中教导官员在面对事实清楚而拒不认罪的情况下,可使用的惩罚手段不仅有"绷拷",还有体罚(不让睡觉)等手段,但使用这些惩罚手段是有前提的,是在事实证据清楚的情况下,犯人拒不认罪认罚的情况下,才可采用的方式。

但这两条规定形成了一个鲜明的对比,对无罪之人加以保护、对有罪之人无须怜悯的这种反差与矛盾发人深思。用莫里斯的话来说,就是"中国的刑法从理论上讲是足够仁慈的,但是在执行上是残忍和野蛮的。"③究其本质原因,可以说是情理中的人道立场与态度,因为"中古法律及其思想系统,历来又都是仁与暴的统一体,仁政、善制作为对立面的抑制因子,总是在这个统一体内部抑制着'武健严酷'的暴政及虐法的恶性发展。"④这种矛盾与冲突在法律层面显得较为突出。由此我们可知"宋代强化了司法审判中的约束机制,为使审判中情得其实,法当其罪,加强了对刑讯的限制,对免用刑讯的对象、使用刑讯的条件、刑具规格及刑讯必申长吏等,都做了严格规定。"⑤在宋代官箴中展现了官员对于刑讯手段的使用并不是毫无根据的,而是基于一定的前提条件才能选择使用的。

那么官箴中对于"绷吊"的具体规定和适用方法有哪些呢?首先是工具的材质,"凡绷吊罪人,直上大绳,谓之'定命绳'。罪人取力全在此绳,须是多用好麻打造,稍磨擦动,即易去。"⑥官箴中强调"绷吊"所用的绳子应由好麻打造,且绑法应该有章可循。其次是使用方法,"凡勘罪人,切不可非理拗穷绷吊,但吊起一足,直身令立,己自

---

①霍存福:《中国传统法文化精神纲领》,《吉林公安高等专科学校学报》2009年第5期。

②[宋]李元弼撰:《作邑自箴》,载《宋代官箴书五种》,闫建飞等点校,中华书局2019年版,第22页。

③[美]莫里斯:《法律发达史》,王文学译,中国政法大学出版社2003年版。

④霍存福:《中国传统法文化的文化性状与文化追寻——情理法的发生、发展及其命运》,《法制与社会发展》2001年第3期,第15页。

⑤郭东旭:《宋朝法律史论》,河北大学出版社2001年版,第11、12页。

⑥[宋]李元弼撰:《作邑自箴》,载《宋代官箴书五种》,闫建飞等点校,中华书局2019年版,第24页。

难受。"①对于"绷吊"的使用限度不可"非理拗穷",这也体现了司法操守的文明趋向。此外在《作邑自箴》知县专行戒约的七十二条规矩中写道:"不得将罪人擅便拗穷,苦虐绷吊。"②对"绷吊"的适用同样有着严格的限制,由此可见绷吊的工具与使用方法也在官箴中体现得淋漓尽致。

那么"绷吊"的场所一般选择在什么地方呢?官箴中在教导官员如何处事中就提到了,"廊下枷吊罪人,用东西廊牌子施写罪人姓名,付逐廊狱子专切看守。"③并且在告诫知县"专行戒约"的七十二条规矩中亦写道:"白日廊下绷吊罪人,遇官员下厅或出外看谒,仰看守狱子等取覆,却押入牢内。"④不仅在官箴中对"绷吊"场所进行了说明,小说里对于"廊下"的描述亦验证了"绷吊场所在廊下"的猜测,小说里写道:"哥哥爹爹出门后,晚娘打我好伤心,又在廊下来吊我,又在坟堂药我身,哥哥逃走无去响,苏家算来绝了根,今朝娘又将我打,定要打死做,妹身碎瓦堆上,双膝跪肩,膀窝里尖刀存。"⑤由这几条线索基本可以判断"绷吊"场所一般选择在廊下,而且规定在没有人看守罪犯的情况下,都是押入大牢里面,一方面是以防犯人乘机逃跑,另一方面则是防止罪犯因无人看管而绷吊致死,这也折射出监狱管理的人性化的一面。从中国传统法文化精神层面来说,这项规定是体现了"'哀敬折狱'的司法态度,'惟良折狱'的司法操守,这些都属于中国司法所崇尚的价值,是中国司法精神的重要组成部分。"⑥虽然"绷吊"对于官员而言是可使用的惩罚手段,但是官箴中并没有给予官员随意使用"绷吊"的权力,而是严格限制这种惩罚手段的使用。同时可以看出宋代官箴中是公认这种惩罚手段的,但从绷吊的适用规定可以看出宋代官方的恤刑慎刑思想,那么绷吊在实际中的使用情况与官箴中的规定是否符合呢?

二、"绷吊"具体使用情况与实际效果

任何一种惩罚手段的存在,都有其实际用处以及存在的价值。在使用一种惩罚手段时,官员和百姓必然会对该种惩罚手段进行价值判断,因为当残酷的惩罚被滥用于百姓身上时,不仅是与官方主流价值观相违背,而且会使百姓对官方的这种行径产生不满的情绪。因此针对一种惩罚手段的存在,人们必然会对其实际效果进行评价,表

①[宋]李元弼撰:《作邑自箴》,载《宋代官箴书五种》,闫建飞等点校,中华书局 2019 年版,第22 页。

②同上,第 36 页。

③同上,第 27 页。

④同上,第 34 页。

⑤佚名:《绘图苏凤英药茶记宝卷》,民国上海惜阴书局石印本,第 14 页。

⑥霍存福:《中国传统法文化精神纲领》,《吉林公安高等专科学校学报》2009 年第 5 期。

达对这种惩罚行为的看法。"绷扒吊拷"的具体使用情况与实际效果在判牍、小说、诗文中详有记载,且对其效果进行评价与说明。

(一)"绷吊"失体面、易滥用的负面评价

在民间话语体系下,一种惩罚手段多半会受到负面评价,因为这与官方的恤刑慎刑思想是相违背的,但评价的主体不仅有百姓群体,更不乏官员群体,从官方话语体系下,对"绷吊"的评价是否和民间话语体系下的评价相同或相异呢?经常接触百姓,了解人民疾苦的彭龟年在《止堂集》中"论州府公庭治囚失体书"中就谈道:

"厅前绷吊罪人,昔尝效愚悃,未蒙垂听。夫奸猾之人,不可不以法治之,然为此者,则有有司焉。有司虽未得人,然亦不可兼有司之事而治之也。且大官大府,一入其间,当使之有雍容闲雅气象。今左右囚系,有似囹圄,非所以示观瞻也,况君子之为国,有不可以徒法行者是。固不当察哉。恭惟阁下自下车以来,行且及期,纪纲整饬,百废具举,固已光掩前哲,治越诸郡,而振作之气犹不少衰。诚以在下之人,习惯为慢,发必惩创,犹敢冒法。然某妄谓民之诚心溃散已久,一旦束之以法,未必尽能收敛,先生盍以哀矜之心用之乎?且试反而求之,身愈点检,则病愈多,求之我者如此,则求之人者可知矣。此忠恕之道也。孔子曰:'居上不宽,吾何以观之哉?'夫所谓宽者,非欲其放纵弛废,盖欲其不琐琐于其间也。蒙瞀之言,几于狂矣,罪当斥责,不胜惶惧。"[①]

彭龟年对于绷吊的适用表达了负面评价,认为在厅前绷吊罪人是有失州府审讯囚犯的体面的,并且引用孔子的话语论述来支持自己的观点,这不仅显示了"绷吊"在审判时的适用事实,而且是不符合民心的行为。这种观点不仅在宋代有,在清代更是有人这样认为,慎行明罪、体恤百姓的郑端在《政学录》中的"十害箴"对于绷吊的适用亦表达了不太认可的态度:

"惨酷用刑,刑者不获已而用人之体肤,即己之体肤也。何忍以惨酷加之乎,今为吏者好以喜怒用刑,甚者或以关节用。刑殊不思刑者国之典,所以代天纠罪,岂官吏逞忿行私者乎?《书》曰:'钦哉钦哉,惟刑之恤哉!'盖刑者,国之典宪,安容自己酷虐,残人肢体,损人肌肤,以为能吏。若纵吏推勘,法外绷吊,大棒拷讯,如此违犯,明有常刑,泛滥追呼,一夫被追,举家遑扰,有持引之需,有出官之费,贫者不免举债,甚者至于破家,其可滥乎?讼者元竟本一二人,初又词类攀竟,人兄弟、父子、亲邻,动辄数十。甚至与夫殴而举其妻,与父相争而引其女,意在牵联凌辱妇女,若官不详究,点紧关人三二名。而追问一付吏手,视为奇货,必据状悉追,无一人得免。走卒之执判在手,引带恶少,吓取无已。未至官府,其家已破。故必量事之缓急,如杀人劫盗,必须差人掩捕。

---

①曾枣庄,刘琳:《全宋文》第二百七十八册,卷六三〇二,彭龟年九,上海辞书出版社 2006 年版,第 234 页。

余如婚田斗殴、钱谷交关之讼,止令告人自赍判状信牌,责付乡都保正勾解,庶免民害。"①

郑端对于伤人体肤的惩罚手段表达了激烈的否定,认为像这类的惩罚手段极其容易被官吏所滥用,尤其是"法外绷吊"这类。清末修律大臣沈家本对于这类惩罚手段的危害性也进行了说明,在论威逼人致死中,对于和"绷吊"相似的惩罚的滥用表示反对,"自杀之事,根因种种不同。其为豪恶欺凌,凶徒讹,则必有捆缚、吊拷、关禁、勒索等项暴虐情形,死者撄难堪之侮辱,及多般之困苦,冤忿填胸,生不如死。"②沈家本在论述由于豪强恶棍使用"绷吊"类似的手段致人自杀,表达了他对这类事件的同情与无奈,同时也折射出了对滥用"绷吊"这类惩罚手段的不支持。从官方话语体系的背景下,官员们对"绷吊"都表达了负面的评价,但对于绷吊的评价不仅是基于评价人的主观感觉,也是在事实基础上所作出的,那么在更多事实记载中绷吊的使用情况和实际效果是如何呢?

(二)官府用刑过当、私人非法刑讯

由上我们不难看出对于"绷吊"及同类型的惩罚手段,官员群体都表现出一致的不支持与不认同的态度。那么"绷吊"在实际运用中的情况是如何呢?关于"绷吊"适用于断案和审判的内容很多,亦有私人使用绷吊的情况,从史料内容来看,绷吊多被认定为刑讯的手段;适用的情况则分为官府合法刑讯、官府用刑过当和私人非法刑讯,后两种情况占多数,官府合法刑讯的情况占少数。如果将"绷吊"定义为刑讯,则需要对刑讯定义,"'刑讯'是一种行为,但又是一种不寻常的行为,意味着对被讯问人进行拷打和折磨。"③而将刑讯与逼供联系在一起,刑讯逼供的定义为"是指负有讯问职权的国家司法工作人员,对被讯问人或证人采取拷打、体罚、威逼等暴力手段或者其他非法方法摧残其身体或者实施精神折磨,强迫其作出有罪供述的行为。"④因此从这个角度来看,把"绷吊"纳入刑讯的范围亦不为过。南宋后期理学家、大臣真德秀在其文集中记载了用刑过当的案例:

"某比以巡历至饶州乐平县,有进士程林之、百姓鲍贵,凡数十状。某初未敢谓然,遂檄弋阳主簿王乃知,天资狂惷,监司有以为材者,俾摄尉职。由是恣为暴横,旁若无人。其催科,则将迤绝之税,衮入《催帖》,勒令人户代输。有送纳少迟,则于大雪之夕裭其衣以当钱,监留不放,几至冻死者。有连日比较,遭大杖七次,荆扑杂下,几无全肤者。其称呼则以'判院、直阁'自名。百姓陈词,误覆省干,而讯其手背掌心者,其行

① [清]郑端:《政学录》,清光绪五年王氏谦德堂刻畿辅丛书本,第121页。
② [清]沈家本:《历代刑法考》寄簃文存卷二,中华书局1985年版,第2090页。
③ 崔敏:《刑讯考论:历史 现状 未来》,中国人民公安大学出版社2011年版,第2页。
④ 同上,第4页。

轿则必欲市民,有仓猝不及,而掉至务。绷吊决挞者,邑人为之语曰:'宁逢三峡虎,不直王监务。'则又因巡历至池州,有铜陵进士蔡奭、百姓曹汝迪等诉大通监税承节郎李扬不法事,凡数十条,某亦未敢轻信,遂将专拦数辈送狱鞠治。"①

这段文字描述了欧阳修记载的淳熙七年广州新会县县尉,当时因见迪功郎方季随任用前任广州番禺县县尉,因番禺县尉一日抓获了贼人并取得奖赏,因此方季随升为承务郎,因此新会县县尉亦想借此机会升迁,于是便出现了"半年之间,囚禁决捷,百姓过当,因而致毙者十五人。数内官七一名,三日内两火科断。其余或因绷吊,或因考讯,并皆责出身死。"②甚至有孕妇因此而流产,可见"绷吊"这类惩罚手段在基层被滥用的情形。后来县尉想要以此政绩去升职,却不料被上级发现他的这种残酷做法,于是就"《考功格法》,终身不合升改为孙酬赏,有司一切不问。"③县尉不仅是用刑过当的问题,依《宋刑统·断狱律》推断怀孕妇人条"诸妇人怀孕,犯罪应拷及决杖、笞,若未产而拷、决者,杖一百;伤重者,依前人不合捶拷法。"④同时对孕妇的处决亦是违背国法的,这种行径与官方主流价值极为不符,是备受谴责的。

从对"绷吊"的态度和相关案例不难看出,对于"绷吊"的使用是反对派居上的,既有人认为厅前绷吊是有失州府庭审体面的,又有人认为"绷吊"作为断案审判手段是不合理的和残酷的,并且反对运用"绷吊"来作为残害百姓的手段,进而实现升迁的目的,这是许多人不能同意的。

虽然"绷吊"在许多官员眼里是不符合适用期待的,但是有很多案例里面表明了"绷吊"有些时候是具有一定积极效果的,《名公书判清明集》中宋自牧受理胡石壁终判的"办公吏摊亲随受略案"、刘后村受理并审判的"南康军前都吏樊铨冒受朝廷案""诱人婢妾雇卖案"、宋自牧受理并断罪的"与贪令捃摭乡里私事用配军为爪牙丰殖归己案"与"假为弟命继为词欲诬赖其堂弟财物案(主簿拟)"五个案例之中皆出现了绷吊的情节。笔者以其中三个案例为中心分析绷吊的使用效果,判断"绷吊"为何一直被官员所暗自推崇与适用的原因。

刘后村受理并处断的"南康军前都吏樊铨冒受朝廷爵命等事",同样是官府用刑过当的情形:此案记载了樊铨在担任南康军都吏期间,把军队向朝廷申请修城的三万贯以赈灾为由变成会子再变成大米,从而说大米和会子都用于赈灾,使得前人的桩积为空、本郡缓急无备。朝廷派武校尉绫纸去抽拙,众人都出钱出物,樊铨暗箱操作,辄为暗阉,并称自己拙得。樊铨积不义之财变得富有,就有做官的想法,于是就把武校尉

①曾枣庄,刘琳:《全宋文》第三百一十二册,卷七一五九,真德秀二五,上海辞书出版社 2006 年版,第 432 页。

②同上,第 284 页。

③同上,第 285 页。

④[宋]窦仪等:《宋刑统》,薛梅卿点校,法律出版社 1999 年版,第 559 页。

绫纸参部,作进士书填写,并且冒名吉州安福监税,赴任摄职,冒请俸禄。樊铨在自己家乡自称税院,风光无比,士大夫都不如他。樊铨还生放课钱,让自己的部曲去捉拿欠债的人,并且"绷吊拷讯,过于官法。"后部曲因伤人入县狱,樊铨就花钱买通官吏,以诬告反坐之词给被害人以罪名。刘后村认为樊铨"以一吏之微,盗用府库钱物,冒受朝廷爵命,凭恃豪富,侵剥贫弱,一郡之巨蠹也。闻其志得意满,侍妾悉皆道装,阴设钩致之术,浊乱衣冠之家。干名犯分,阖郡切齿,擢发不足数罪。今且以本是胥吏,而冒称进士,冒受进武绫纸、监税省札,"于是刘后村决定"从条决脊杖二十,刺面,配二千里州军牢城。牒饶州,只令取上引断押发,仍将冒受绫纸、省札缴申朝省,乞行毁抹。估到家业,催申账目,候到,拨付本军,为今岁救荒之备。仍榜本军。"①由此可见,"绷吊拷讯"虽是官法所允许,但有其限度,可见樊铨的部曲是超过官法所规定"绷吊"适用程度的,属于官府用刑过当的范畴。

而在"诱人婢妾雇卖"一案中,却出现私人冒称"官府用刑过当"来实现掩盖罪行的情况:梁自然和诱卓清夫的女使碧云,并把碧云藏在家里,五日后,梁自然的妻子阿陈将碧云的髻剪下,诱去雇卖,导致卓清夫来告状。卓清夫多次起诉未果,于是就申诉到知府,梁自然经府入词,称其县官吏将其祖母绷吊,以此来掩盖梁自然诱人奴婢之罪。于是知府派人去县衙对证,使得梁自然如实供述。建阳县知县判定"梁自然既和诱人家女使,后剪其髻,又诬诉县吏,系二罪俱发,合从重。照得在法:髡发,徒一年半。欲将剪髻之罪,比附上条,减等放,徒一年上定断;或从轻,勘杖一百。"建阳县知县不敢专断,于是申请知府详细判察推看,知府派人详细察看后,上呈写道"照得梁自然引诱卓清夫女使,供招已明,但剪髻一节,供称其妻阿陈下手。阿陈既不出官,合将梁自然收罪。若从徒罪科断,便合其妻坐罪。但梁自然既供通引诱匿,情节分明,又复经府,妄词诬执,以掩其罪,自合科断。欲照知县书拟行下,将梁自然勘杖一百,仍押下县界,坐以髡发之罪。"最终知府采取了知县的书拟并合照台旨来解决这个纠纷。② 从这个案件可以得出,梁自然诬告县吏对其祖母使用绷吊,从而想蒙混其罪行,最终被揭穿了其阴谋,可见"绷吊"在当时人们眼里是耳熟能详的,并且民间出现了用官吏实施绷吊来掩盖当事人罪行的情况,由此可见当时官府用刑过当的问题是十分普遍的。

在宋自牧受理的"与贪令捃摭乡里私事用配军为爪牙丰殖归己"一案中则记载了官府滥用刑讯的情况,陈瑛稳定赵知县替满之时,解决县里的案子,无故科罚当事人,数额较大,赵知县则为其周旋,而陈瑛称此次机会骗取财物,多达六七千缗,毛信诉陈瑛未果,只因陈瑛财力丰厚,专门与县官交结,得以官方庇护,案件久拖不决。毛六四

①[明]张四维辑:《名公书判清明集》卷之十一,中华书局 1987 年版,第 432-434 页。
②[明]张四维辑:《名公书判清明集》卷之十二,中华书局 1987 年版,第 451 页。

被关在监狱里,说道"自古岂有论人骗乞,偏受绷吊,而被执者反安然坐视之理?又岂有见在人又不勘,勒令供执已死人虚当之理?"宋自牧从此处看出官吏必有实情隐瞒,于是将此案相关人等送到都吏处,委托本司兼金赵司法,于四景堂反复诘问,不直供者绷讯,直到实情水落石出。在检法书拟中将陈瑛的罪状全部写入,拟判在法:诸欺诈取财满五十贯者,配本城。又法:诸以卖买、质借、投托之类为名以取财,状实强夺者,以强盗论。欲将陈瑛决脊杖二十,配一千里。吴与系已配人,既为牙爪谋骗,又作陈瑛名折缚田业,计五百贯以上,助恶谋业,受保借钱一百贯,欲决脊杖十五,加配五百里。李三六系茶食人,行赇公事,受钱五十贯,欲决脊杖十三,配三百里,并监赃所夺钱业,送案别呈。罗喆、罗茂才且监下,毛信、毛六四先放。此案涉及人物诸多,参与此案之人亦十分复杂,宋自牧最终依书拟断罪:此事自州县而至本司,将及一年,狱官则为其奇玩钓饵,推吏则为其厚赂沉迷,越历两官,托延百计,及其终也,反将词人两手两脚缚烂终死定论。若非专官专吏,索齐干照案牍,不特豪强依然得志,而被害之家反被诬罔之刑矣。若酌情而论,情同强盗,合配远恶。送之检法,止欲抑疾恶之忿心,行酌中之公法。并引上照断,遵照拟判,逐一结断。①

通过对三个有关于"绷吊"的案例进行分析与解剖,分别说明了"官府用刑过当""私人以官府用刑过当之名掩盖其罪行"与"官府滥用刑讯"的三种情况,不难看出"绷吊"在司法领域的适用是十分常见的,并且多为残酷与伤民,既有逾越国法之上的滥用,又有以此为掩饰来实现逃避惩罚,更有为利益而将此施以无辜之人。按照现代刑讯逼供的表现形式来看,"绷吊"既有"暴力击打、挤压类(用绳索捆绑或者用手铐等将被讯问人双臂吊起来拷打)"②的表现,又有"使用器械类(用手铐吊起来使其双脚悬空,使其全身重量落在被拷的双手上。用约束绳将被讯问人五花大绑,并不断勒紧,有时竟将绳索勒进皮肉,使皮肉溃烂。)"③的身影。因此我们从中国古代司法案例中对"绷吊"有了现实角度的思考与探究。

(三)民间话语体系中"绷吊"的适用情况与实际效果

由上得知,"绷吊"这类惩罚方式不仅在文集、判牍里可见,而且在小说传记里也可以发现它的身影,小说传记代表的是一种民间话语体系,与官方话语体系的表达是具有差异性的。从民间话语体系下来看"绷吊"的适用情况与实际效果,未尝不是一个独特的视角。明代小说里记载捕人运用"绷吊"手段进行破案,"大凡捕人绷吊盗贼,初上吊即招,倒还落得便宜;若不招时,从上至下遍身这一顿棍棒打得好不苦怜,任你铜筋铁骨的汉子,到此也打做一个糍粑。"④更有甚者,私自使用"绷吊"来进行串供,

①[明]张四维辑:《名公书判清明集》卷之十二,中华书局 1987 年版,第 462 页。
②崔敏:《刑讯考论:历史 现状 未来》,中国人民公安大学出版社 2011 年版,第 5 页。
③同上,第 5、6 页。
④[明]天然痴叟:《石点头》,明金阊叶敬池刊本,第 273 页。

"我等如此绷吊,还不肯吐露真情,明日县堂上可知他不招的?若不招时,我辈,罪不能免。"①在审判时也不乏有用绷吊之人"大尹升堂,验着衣领针线是实,明知无枉,喝教用起刑来,令招实情。拥扒吊拷,备受苦楚。"②可见对于"绷吊"的评价是一种十分毒恶的刑讯手段。但在基层适用这种刑罚时,有时却有一定的效果,"解在襄阳府来,押下司理院,绷爬吊拷,一一勘正,三人各自招服了。"③这体现出了官方合法刑讯所期待的效果,但是这种情况毕竟是少数,在民间话语体系下,"绷吊"大部分是负面、消极的评价。

在宗教信仰出现冲突时,有违背长官意志与指令的人受到绷吊的滥用,元世祖不相信道教,认为除了《道德经》以外,其余皆为谎言,于是就封杨琏真伽为江南释教都总统,杨琏真伽就下令"凡是道士,尽要他削去头发,改做和尚,如有不遵依的,就拿来拥扒吊拷,加以刑法。"④并将道观改为寺院,提高佛教的地位。甚至在文学作品里,也有"绷扒吊拷"的身影,四大名著之一《西游记》中,对"绷扒吊拷"就有记载,万寿山大仙留故友唐僧,却不料孙悟空在五行观窃人参,孙悟空见猪八戒绷在树上,惨痛不绝,便前去笑话他,说道:"好女婿呀!这早晚还不起来谢亲,又不到师父处报喜,还在这里卖解儿耍子哩!咄!你娘呢?你老婆呢?好个绷巴吊拷的女婿呀!"⑤由此可见"绷扒吊拷"这类惩罚手段是耳熟能详的。即使到了北宋末年为国殉身的义士亦经历了"绷吊","李震,汴人,宋靖康年间为一小校。金人逼城,震领所部三百人出战,杀七百余骑,援兵不至,遂为所擒。金人问曰:'南朝皇帝在何处?'震曰:'我官家要你问做什么?'金人乃绷吊于街市凌迟之。震骂不绝口,剥皮将尽,但未破腹,尚有气,尤大骂,仰首向天而死。"⑥这不仅是在歌颂李震面对国家危亡之时的气节,我们从此处可见金人也知道绷吊的使用方法,这也是为何宋代以后绷吊依旧在流传,并且在宋代以后称为"绷扒吊拷"。

绷吊具体的适用情况与实际效果在文集、判牍、小说里各有体现,主要表现为在官方话语体系下对"绷吊"的负面评价、官府用刑过当与私人非法刑讯以及极少的官府合法刑讯、民间话语体系下"绷吊"的适用与效果。(详见图1)

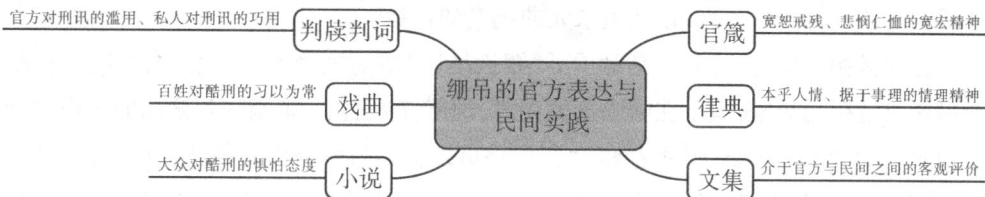

图1 绷吊的官方表达与民间实践

①[明]冯梦龙:《警世通言》,明天启四年刻本,第290页。

②《二刻拍案惊奇》卷五。

③[明]冯梦龙:《警世通言》,卷三七,明天启四年刻本。

④《西湖二集》卷二六。

⑤[明]吴承恩:《西游记》第二十四回,岳麓书社2009年5月,第214页。

⑥无名氏:《湖海新闻夷坚续志·前集卷一》人伦门·忠臣,金心点校,中华书局2006年版,第11页。

通过官方和民间这两套话语体系对"绷吊"适用情况进行一定的描述,此外结合具体的案例对其实际效果进行分析,从而较全面、客观地来看待"绷吊"的真实模样。那么在这种语境下,绷吊会演变成什么样子呢?

三、"绷扒吊拷"的发展与演变形式

宋代前后对于"绷吊""绷扒吊拷"都有不同的描述,宋代及其以前对这种惩罚方式多称为"绷吊",此处有一史料需进行说明,《韩湘子全传》第二十回:"美女庄渔樵点化,雪山里牧子醒迷。"中写道韩愈本想抱得美人归,却不曾想洞房花烛夜之时,房间不见一人,"只见退之高高的吊在松树上,树梢头挂着一幅白纸,上有诗四句。诗云:'笑杀痴迷老相儒,贪官恋色若踌躇。而今绷吊松梢上,何不朝中再上书。'"①此书所写的虽为唐代著名文学家、诗人韩愈,但此书为明代所创,因此不足以将其认定唐代之史实,可断定"绷吊"最早出现于宋代官方话语体系中。

(一)元曲中的"绷扒吊拷"

"绷吊"在宋代以后就主要被称为"绷扒吊拷",最主要的原因可能是由于元曲的流行以及绷吊在词曲中广泛的使用,为方便元曲的吟唱,因此称为"绷扒吊拷";其中有一例最具代表性与说明性,"我往常时看别人笞杖徒流绞,今日个轮到我绷扒吊拷。"②由于"绞"与"拷"两字可构成押韵,因此在元曲里广泛地将"绷吊"拓展成"绷扒吊拷"。并且宋代以后,元杂剧中频繁出现"绷扒吊拷",明清时期在小说定律之中也对这种情况进行了说明。康熙年间的曲谱中写到绷扒吊拷,《新编南词定律》中记载的:"这痛苦教人怎熬,惟有皇天可表。这兔儿委的拿了,甘受你绷扒吊拷。"③读起来也颇有词曲押韵的味道,可见自元代后绷扒吊拷也多为人们熟悉,我认为主要原因是戏曲的传唱,这同时也印证了前面的推测:"绷吊"发展成"绷扒吊拷"的主要原因是由于元曲对该词的广泛运用,以及追求元曲词谱的押韵。

元曲被搬上舞台,民间更是赋予了"绷扒吊拷"新的生命力,元代公案杂剧中对绷扒吊拷可谓引用频繁,似乎在吟唱这类词时,颇能催人泪下,杂剧中对该词的使用也合乎情景,元杂剧"灰阑断子"的故事,"剧中马员外正妻与赵令史有奸情,合计毒杀马员外,栽赃说小妾张海棠因奸杀夫。同时,正妻为了霸占家产,买通接生婆刘四婶、剃胎头的张大嫂以及街坊四邻,将张海棠的孩子说成是自己所生,反诬张海棠强夺孩子。公堂之上,本案元凶赵令史代替郑州太守苏顺审理,一番绷扒吊拷便将张海棠屈打成

---

① [明]杨尔曾:《韩湘子全传》第二十回,上海古籍出版社 1990 年版。
② 郑传寅:《张千替杀妻》杂剧斟律,《文艺研究》,2001 年第 2 期。
③ 清吕士雄等撰:《新编南词定律》,清康熙五十九年刻朱墨套印本,第 457 页。

招。"①并且在《灰阑记》第二折中记载赵令史以绷扒吊拷恐吓张海棠，"小贱人，这里是开封府门首了。你若经官发落，这绷扒吊拷，要桩桩儿挨过。不如认了私休，也还好收拾哩。"②张海棠觉得打杀我都说不得，情愿与你同到官府，当庭质证；张海棠觉得自己含冤受苦，不料赵令史说"你药杀亲夫，这是十恶大罪哩!"③张海棠却不畏人言，便与令史对言："若妾身犯下分毫，相公也，我情愿吃那杀丈夫的绷扒吊拷。"④可见张海棠在面对冤屈时丝毫不怕此等惩罚，反而希望将该惩罚手段用于杀害其丈夫之人，最终在包拯的审判下，找出真凶，使张海棠沉冤昭雪，使迷案真相大白。

除了《灰阑记》外，在《救孝子贤母不认尸》第三折中："杨母面对无能断案，有意枉法的官府对儿子的摧残拷问，愤怒地历数大大小小的官府。"⑤并且杨母对令史说："你要我数说，您大小诸官府，一剗的木笏司糊突，并无聪明正直的心腹，尽都是那绷扒吊拷的招伏。把囚人百般拴住，打的来登时命卒。哎哟，这便是您做下的个死工夫。"⑥这反映出人民百姓对这种惩罚手段丝毫不惧，可是最后却无几人能够经受住此等的锻炼，"官人行不容分诉，便将我吊拷绷扒，打的无容针处。"⑦也有陷于两难的情况，"人命事怎干休? 怎绷扒吊拷难禁受。可若是取了招，审了囚可着谁人救?"⑧既害怕这绷扒吊拷的手段，又害怕招供后无人可救命的纠结当中。从"绷扒吊拷"的角度可以看出对于这种惩罚方式的态度可谓是千姿百态。

但是也有人相信使用这手段颇能令人服贴，《赵氏孤儿》第二折中为使程婴交出孩子便道，"他把绷扒吊拷般般用，情节根由细细穷。那其间枯皮朽骨难禁痛，少不得从实攀供。"⑨甚至有模拟岳飞在绷扒吊拷下的情节，"今日推问岳飞，岳飞今番必定招罪招罪! 绷扒吊拷受禁持，怎当拶指与竹笆?"⑩当然也有丝毫不畏惧的情况，《豫让吞炭》第三折中写道："由你由你，既待舍死忘生，怕什么吊拷棚扒。"⑪由此可见元代公杂剧中对于绷扒吊拷的适用情境更加熟悉，对于它的使用以及效果都充满了畏惧心理，相信没几个人能承受这样的折磨。正是民间对于元杂剧的热爱与推崇，使得"绷扒吊拷"在元杂剧中获得了更为丰富的描写与表达。

①赵忠富:《元代公案杂剧中的包拯形象》，《中国戏剧》艺术研究，第63页。
②[元]李潜夫撰:《包待制智赚灰阑记》民国七年景刊明博古堂元曲选本，第21、22页。
③同上，第23页。
④同上，第23页。
⑤墨亚:《法正天心顺 伦清世俗淳—浅析元杂剧公案剧作家的儒家思想倾向》，《安康师专学报》2006年第6期。
⑥[元]王仲文撰:《救孝子贤母不认尸》，民国七年景刊明博古堂元曲选本，第29页。
⑦同上，第29页。
⑧[明]王骥德:《古杂剧》，明顾曲斋刻本，第87页。
⑨[明]孟称舜:《酹江集》，明崇祯刻古今名剧合选本，第419页。
⑩[明]毛晋:《六十种曲》，明末毛氏汲古阁刻本，第988页。
⑪[元]杨梓:《豫让吞炭》第三折。

（二）《元典章》中的"绷""扒""吊""拷"

宋代之后"绷吊"发展为"绷扒吊拷"，未曾在后世律典中见此内容，但在《吏学指南》的"加刑"中对"绷扒吊拷"进行了解释，"绷，谓以绳绑缚也。扒，谓控首也。吊，谓绳束也。拷，谓掠问也。"①从《吏学指南》的介绍来看，"绷扒吊拷"在元代指的是四个行为，分别为捆绑、控首、绳束、掠问。而从《元典章》的刑罚内容可以看出，"绷扒吊拷"并未随之消失，而是以其他形式表达同样的实质，这种惩罚手段一直存续着。

《元典章》在记录元朝刑罚种类时，谈到"禁断王侍郎绳索"，刑部尚书、集贤院侍读学士上呈王侍郎的罪状，称"自阿合马擅权以来，专用酷吏为刑部官，刑部侍郎王仪，尤号惨刻。自创用绳索法，能以一绳缚囚，令其遍身痛楚，若（后）［复］稍重，四肢断裂，至今刑部称为'王侍郎绳索'。"②虽王仪称其自创，可其想法来源必有"绷扒吊拷"里的绷的影响；另外在"罪人毋得鞭背"中谈到，御史台上呈河北河南道肃政廉访司的申告，强调各司不实施定制的刑罚，而用其他虐刑，"今朝廷用刑自有定制，有司不详科条，辄因暴怒滥用刑辟，将有罪之人脱去衣服，于背上拷讯，往往致伤人命，深负圣上好生之德。若不禁治，事关至重。"③可见这里有"扒""拷"影子。

虽未详见绳"吊"，但有直接将有罪过人不依体例讯问，"将人头发鬉揪提着。"④相比绷扒吊拷的"吊"更为惨烈，并且在当时元代兴起"酷虐之风"，凡有罪人，官吏都喜滥用"绳缚罪人、磁芒刺膝、鞭背精跪、游街拷掠、遇夜问事等项非法酷刑。"⑤这类酷刑的滥用不仅"上负国家好生之德，下长官吏酷虐之风。"⑥元朝开始注重刑罚滥用的问题，并且对其给予了足够重视，相比元朝的其他酷刑，"绷扒吊拷"这类惩罚手段算不上狠毒。元代虽未直接记载"绷扒吊拷"，但可见绷扒吊拷在元代演变形式后之残酷，令百姓闻酷虐之风而丧胆，因此学者习惯性地认为元朝灭亡的主要原因是由于其暴虐之风。

根据《反酷刑公约》中对酷刑行为的定义"是指为了向某人或第三者取得情报或供状，为了他或第三者所作或被怀疑所作的行为对他加以处罚，或了恐吓或威胁他或第三者，或为了基于任何一种歧视的任何理由，蓄意使某人在肉体或精神上遭受剧烈

---

①［元］徐元瑞撰：《吏学指南·加刑》，杨讷点校：《吏学指南》（外三种），浙江古籍出版社1998年版，第83-84页。

②《元典章》，陈高华等点校，天津古籍出版社、中华书局2011年版，第1352页。

③同上，第1353页。

④同上，第1359页。

⑤同上，第1354页。

⑥同上，第1355页。

疼痛或痛苦的任何行为，而这种疼痛或痛苦又是在公职人员或以官方身份行使职权的其他人所造成或在其唆使、同意或默许下造成的。纯因法律制裁而引起或法律制裁所固有或附随的疼痛或痛苦不包括在内"①，结合前面的分析，以及酷刑的构成要素四大方面为"酷刑是故意施加的行为、酷刑行为造成严重的精神或身体上的痛苦、酷刑由政府人员实施或经其同意或知悉、酷刑是为了获取情报或供状等目的，使其人在肉体上或精神上遭受剧烈疼痛或痛苦的行为。"②把"绷扒吊拷"定义为酷刑亦是符合其构成要素所规定的，因此从酷刑文化来看"绷扒吊拷"的表现形式和实际效果，亦可丰富酷刑文化的相关内容。

无论是元杂剧还是《元典章》甚至明清小说、曲谱，都表明了"绷吊"在宋代以后继续发展成为"绷扒吊拷"，由于"中国古代的刑罚制度，从总的趋势看，是由野蛮向文明发展的历史，是由滥用酷刑、死刑，向规范使用刑罚，限制使用死刑的历史。"③也许随着百姓自我保护意识的加强以及统治阶级想要保其体恤万民的名义，"绷扒吊拷"只能退出历史的舞台，但它却一直以各种形态存在着，也许它会隐姓埋名甚至归隐山林，但它的各种形态依旧存在着，并且一直在发展演变着。其中最具有代表性的例子是"1943 年 5 月至 6 月间，中央社会部讨论起草《审讯条例》……康生主张用刑……最常用的刑讯方式是将受审人员吊在梁上，施以鞭打，或拳打脚踢。'捆绑吊打、肉刑拷问'是刑讯常用手段之一。"④

四、结　论

从"绷吊"在官箴中的规定出发，结合各方面进行综合论述，描述一个特殊的惩罚方式，我们得知"绷吊""绷扒吊拷"的存在，不仅因其是"四个动词代表四种刑罚"⑤，由四种刑罚组成一种惩罚方式的这一特点，而且因其广泛运用于刑讯审判断案中，同时在刑罚文化、审判文化、监狱文化、酷刑文化中可以找到它的身影。从宋代的"绷吊"到后朝的"绷扒吊拷"，笔者认为一方面的原因是元曲的使用需要，另一方面则是对其的扩充与解释。笔者通过描述一个存在于史料中的惩罚方式，进而使历史中许多未被发现的惩罚方式重现舞台，还原出一个更完善更全面更真实的历史场景。"绷吊""绷扒吊拷"是一种适用于刑讯、审判过程甚至在牢狱中亦适用的惩罚方式，这种惩罚方式经历了宋元明三个朝代以后演变成了其他形式，但这种"法外之刑"一直以

①崔敏：《刑讯考论：历史　现状　未来》，中国人民公安大学出版社 2011 年版，第 198 页。
②崔敏：《刑讯考论：历史　现状　未来》，中国人民公安大学出版社 2011 年版，第 198-199 页。
③王宏治：《中国刑法史讲义：先秦至清代》，商务印书馆 2019 年版，第 492 页。
④崔敏：《刑讯考论：历史　现状　未来》，中国人民公安大学出版社 2011 年版，第 144-145 页。
⑤王统尚、石毓智：《近代汉语"吃"字被动式兴衰的原因》，《古汉语研究》2019 年第 2 期。

各种形式存在着；"所以我们研究古代刑罚制度时，不能仅着眼于法律文本，更要结合社会实践，根据历史及档案中官方记载的案例、古代私人笔记中出现的司法事件，乃至于民间文学、公案小说反映的社会状况，综合考量，从而了解真实的刑罚制度。"①因此，笔者相信还有许多像"绷吊"或"绷扒吊拷"这类的惩罚方式，值得去探索、挖掘与其相关的史料与史实，为进一步丰富中国古代法律研究，献出绵薄之力。

（责任编辑：于子涵）

①王宏治：《中国刑法史讲义：先秦至清代》，商务印书馆2019年版，第492页。

哈特的误解:阿尔夫·罗斯的法律现实主义

吴佳昊①

摘 要:哈特在《法律的概念》一书中多处表达了对阿尔夫·罗斯理论的批判,即罗斯忽视了法律的内在观点。但根据《法律与正义》的最新英译本,罗斯的理论很大程度上是由于老版本翻译的问题而被误读了。罗斯以逻辑实证主义作为自身的哲学基础,区分了"有效性"与"科学有效性"两种概念,并提出了"规范表达型"与"规范描述型"两种法学理论的区分,将法律视为是关于强力的运用而非由强力支撑,同时,将法律规范"科学有效性"的判准定位为法官感受到的社会约束力,证成了法学作为一门科学的性质。罗斯避免了哈特的诸多批判,并建立起自己别具特色的法律现实主义理论。

关键词:法律现实主义 阿尔夫·罗斯 逻辑实证主义 哈特 内在观点

一、引 言

阿尔夫·罗斯是斯堪的纳维亚法律现实主义的代表人物,罗伯特·阿列克西教授认为其是 20 世纪最伟大的法学家之一②,但一直以来,罗斯的法理论在英美国家并未受到其应有的重视,国内相关论文更是寥寥。主要原因有二:第一,斯堪的纳维亚法律现实主义与乌普萨拉学派③的紧密结盟,可以说前者是后者哲学运动在法学领域的一处分支。这一举动一方面使得前者在法理论的构建方面保持了贯穿前后的经验主义立场,但另一方面也将自身命运紧紧地与后者绑在一起,一损俱损。第二,哈特对于罗

---

①吴佳昊,华东政法大学法学院 2021 级法律方法论博士研究生。
②[丹麦]阿尔夫·罗斯:《指令与规范》,雷磊译,中国法制出版社 2013 年版,第 311 页。
③一支主张经验论的哲学流派,影响了之后一次世界性的哲学潮流,即维也纳学派的逻辑实证主义。逻辑经验主义属于科学哲学的一支,于 20 世纪前叶达至兴盛,但陆续遭到波普尔的证伪主义、库恩的历史主义、夏皮尔的新历史主义的批判。该学派核心人物石里克遭杀害以及"二战"导致的学者们流亡,加剧了该学派的衰弱,如今持有纯粹逻辑实证主义观点的人已经很少了。

斯理论的著名批判,致使英美法学界对后者失去了研究的兴趣。哈特的批判一方面指向法理论的经验主义路径——将法律仅仅视为以威胁为后盾的"强制性命令",该种分析方法忽视了法律的"规范性"。① 不仅包括斯堪的纳维亚法律现实主义、也包括以霍姆斯为代表的英美法律现实主义,甚至还包括奥斯丁的法律实证主义;另一方面,批判直接指向罗斯本人的理论,即"法律预测说"——将法律仅仅视为对法官判决的预测,哈特认为该类理论是纯粹行为主义的,是关于法律的外在观点,忽视了法律的内在观点。②

但根据罗斯代表作《法律与正义》的最新英文译本③,由于上一版本错误翻译的问题,罗斯的很多观点是被哈特误解了,哈特针对罗斯的诸多批判,实际上是不成立的。罗斯本人也在阅读过《法律的概念》后表示:"其与哈特在诸多基础问题上持有的共识远大于二人的分歧,这一点甚至哈特本人都没有意识到。"④

因此,本文主要目的为,在回答哈特对罗斯批判的基础上,概述罗斯的法律现实主义理论。文章主体分为三部分,第一部分陈述哈特对于罗斯批判,其核心论据为法律的内在观点;第二部分陈述罗斯的法律现实主义理论,包括罗斯理论的哲学基础、规范表述型与规范陈述型法理论的区分、法律与强力的关系、法律规范的"科学有效性"与"有效性";第三部分为结论,针对哈特的批判,为罗斯进行辩护,并对后者的法律现实主义进行总结。

二、哈特对罗斯的批判

(一)法律的内在观点

哈特对于罗斯理论的批判事实上都建立在其"内在观点"的基础上,因此,在陈述具体的批判之前,有必要简要地概括一下何谓法律的内在观点,即其哲学基础、主要内容、区分目的以及判别标准。

在哈特之前,实证主义法学的认识论一直是二元的,即事实与价值的两分,不是将法律还原为作为事实的"强制",就是将法律还原为与事实没有关系的纯粹规范。但随着二战后哲学界的"语言学转向",维特根斯坦的语言哲学对法理论研究产生了重要影响,使得以哈特为代表的实证主义者发现了事实与价值之间的"第三领域",即通过语言而制度性建构起来的社会事实领域。

---

① [英]哈特:《法律的概念》,许家馨、李冠宜译,法律出版社2018年版,第76页。

② 同上,第146页。

③ Alf Ross,On law and justice,trans. Uta Bindreiter,Oxford:Oxford University Press,2019.

④ Alf Ross,"Review of The Concept of Law by H. L. A. Hart",The Yale Law Journal,vol. 71,no. 6(1962),pp. 1185-1190.

与将法律还原为"命令"的奥斯丁和将法律还原为"规范"的凯尔森都不相同,哈特认为,法律语言,既不表达自然事实也不规定介入人的意志的规范,而是在法体系内部构成"法律事实",在社会性语境中承担"意义"。① 哈特不再像其前辈一般拘泥于回答"法律的概念是什么?"这一问题,而是转向于解释"法律概念是如何适用的,实现了什么作用?"

内在观点与外在观点的区分也在于此,即对于法律,我们可以采取"观察"与"反省"的两种视角②,前者为,观察一个社会里的成员是如何行动的,何种行为导致了何种结果,红灯意味着停止行进的"标志"(sign)与看到雷云意味着要下雨并没有任何区别。也可以采取内部视角,即红灯是停止行进的充分"标准"(standard),其提供了一种正当性要求,而非仅仅是"标志"。

那么,如果将法律理解为维特根斯坦意义上的"语言游戏",人们对于"规则"的共享认知对于理解法律的实践是必不可少的,正如维特根斯坦所说:"即使狮子开口说话,我们也不能理解它说什么。"而哈特区分内外观点的主要目的就是为了说明,受规则指引的行为不同于习惯及基于预测而行动的特殊性质,进而说明何种社会实践才是一种受承认规则调整的法律实践。③

最后,内在观点的满足需要哪些标准呢?不同学者之间存在争论④,但关于实质核心要素的观点还是较为统一的,即一种对于规则的"反思批判性态度",大致可以分为三点要素:批判他人偏离规则行为的态度;自身面对批评时对批评行为正当性的承认;对于批评、要求以及承认批评与要求,适用广泛的规范性语言,例如"应当""必须"等。一三两个要素结合产生"规范性批判态度",即运用规范性语言批判他人违反规则的行为;二三两个要素结合产生"反思性批判态度",即面对批评时运用规范性的语言对批评表示认可。

(二)对"法律强制说"的批判

哈特认为,将法律视为"强制性命令"的观点,忽视了法律的规则面向。⑤ 即人们并不仅仅是因为违反法律会导致以暴力为后盾的威胁而遵守法律,正相反的是,在法院之外,法律以各种方式被用来控制、引导和计划我们的生活。⑥ 研究者们应当看清

---

①[日]中山龙一:《二十世纪法理学范式转换》,周永胜译,《外国法评译》2000 年第 3 期。

②刘星:《哈特法律概念分析的模式建构及其历史定位》,《比较法研究》1996 年第 4 期。

③范立波:《论法律规范性的概念与来源》,《法律科学》2010 年第 4 期。

④陈景辉:《什么是"内在观点"?》,《法制与社会发展》2007 年第 5 期;范立波:《论法律规范性的概念与来源》,《法律科学》2010 年第 4 期;支振锋:《法律的驯化与内生性规则》,《法学研究》2009 年第 2 期。

⑤[英]哈特:《法律的概念》,许家馨、李冠宜译,法律出版社 2018 年版,第 60 页。

⑥同上,第 93 页。

楚法律的主要功能与辅助性功能,前者是为了引导人的行为,而惩罚仅仅作为后者来保障前者发挥作用,毫无疑问的是,前者是可以脱离后者发挥作用的,但后者一旦脱离前者就会变得毫无意义。

"法律强制说"混淆了"被强迫"与"有义务"两个有差异的概念,"有义务"本身带有一种"规范性"的要求。① 当人们通常会按照法律要求进行行为时,其不仅或者说很小程度上是出于对因违法而导致制裁的恐惧,而是将法律视为社会生活中的行为标准。正如哈特所说,人们对法律持有一种"反思性的批判态度"②,其会将法律作为自身行为的理由,且法律是对违法者施以"制裁"的理由。

(三)对"法律预测说"的批判

法律预测说将法律仅仅视为对于法官判决的预测,该理论的极端形式为"规则怀疑论",即在法官判决之前,不存在任何法律,所谓的法律仅仅是作为一种渊源而存在。由此,法学似乎变成了寻找"规律"的学问,就如同在不断实验中发现自然规律的自然科学一般。

哈特认为,"法律预测说"是一种纯粹行为主义的观点,忽视了"法律的内在观点",将法律活动仅视为一种规律性,并对判决结果进行预测。该理论扭曲了法律的规范面向,由此,人们甚至无法区分法律与人们之间的惯常性行为。纯粹行为主义的立场使得观察者无法对于接受规则的群体成员如何看待他们自己的规律行为提供有效的说明,同样无法从规则的角度和建立在规则基础上的"义务"或"责任"的角度来描述群体成员的生活。③ 因此,观察者的描述会以行为可观察的规律性、可预测性、可能性等方式呈现出来。

罗斯的"法律预测说"抛弃了凯尔森意义上的"应然性命题"④,正如哈特本人所说的,被广泛引用于批判罗斯理论的那段论述:"当法官说出,某项规则是有效的时候,其仅仅是在'预设'(presuppose)着,而非'说出'(state)法体系具有普遍实效;很明显,他没有任何想要预测他自己或其他法官行为的意图。"⑤法官嘴里的"某项规则是有效的",这是一种内部陈述,仅仅是在肯定该规则已符合所有他在法庭上用来鉴别法律的标准,这样的陈述并非是一种预言,而是其裁判理由的一部分。

---

①[美]德沃金:《认真对待权利》,信春鹰,吴玉章译,中国大百科全书出版社1998年版,第37页。

②[英]哈特:《法律的概念》,许家馨,李冠宜译,法律出版社2018年版,第55页。

③陈景辉:《什么是"内在观点"?》,《法制与社会发展》2007年第5期。

④H. L. A. Hart, "Scandinavian Realism", The Cambridge Law Journal, vol. 17, no. 2(1959), pp. 223-240.

⑤[英]哈特:《法律的概念》,许家馨,李冠宜译,法律出版社2018年版,第164页。

(四)小结

哈特批判内容如下:由于罗斯坚持逻辑实证主义的观点,认为如果一个陈述不能被作为一个关于事实的陈述经受分析,或者它不能作为一个对情感的描述而经受分析,那么,它一定是形而上学的。①

如果想避开上文提及的——将法仅作为事实陈述进行分析——经验主义路径,那么,罗斯对于法律概念的分析就必然采取两种形式之一:第一,要么它根据下一步的实际行为与人们的感情(主要是法官的感情);第二,要么它必须根据某些有的法律规则具有、而有的规则不具有的神秘而难以观察的品性。②

而考虑到作为逻辑实证主义者的罗斯对于"形而上学"的极度排斥,即那种认为规则自身具有"有效"之类的神秘特性,那么其逻辑链最后必然指向第一种观点,即将法律的有效性寄托于"法官的情感",从而落入了"规则预测说"的陷阱之中。

同时,哈特也评论道,除了诉诸情感因素之外,就视法律规则为"一种解释型式"一如视其为预测的依据而言,罗斯的分析与美国现实主义理论并无太大的差别。哈特指出,罗斯从未直面对于法律现实主义的两个批判:第一,即使从一个普通市民或律师之口说出"这是一个有效的英国法律规则",是一个关于法官将会如何行为的预测,这并不能成为法官口中的意思,这位法官并不去预测他自己或者其他人的情感或行为。法官所说的"这是一个有效的法律规则",是一种认可行为,在这样说时,他承认相关的规则满足了特定的一般标准,从而可以被视为某一体制的规则,并且因此成了行为的法律准则。③

第二,即使(尽管哈特认为这是很可疑的)非司法形式的陈述"X是一个有效的规则"总是对未来司法行为或感情的预测,但是这些预测的根据则在于这样的一种认知,对于该项陈述"这是一个有效的规则",法官是在非预测的意义上适用于理解的。

哈特认为,罗斯错误地理解了法律的内在观点,将其与法官的情感绑定,从而使得凯尔森所指的"应然性命题"在分析法律时毫无必要。但是,哈特意义上"内在观点"对应的是"规范性",表现在不是作为外在观察者,而是社会参与者,对社会规则会怀有一种"批判性的反思态度"。具体体现为:第一,他们遵循或者愿意遵循这种一般的行为模式;第二,他们将这种一般的行为模式作为评论他人与自己行为正当性的标准;第三,他们会据此提出一系列规范性的词汇,例如"应该""必须""本应""正确""错误"等。

---

① [英]哈特:《法理学与哲学论文集》,支振锋译,北京大学出版社 2005 年版,第 174 页。
②同上,第 175 页。
③同上,第 176 页。

它们都是关于法律的一种内在陈述,这种内在的品性,绝不仅仅是一个谈话者具有某种"压力感",或者受到某种心理上的"约束感",尽管这些压力感都是伴随这些陈述产生的;但是根据被接受的标准来评论行为、提出主张以及对敌视性的反应进行证成等方面,"压力感"既非必要也非充分,因为其根本在于内在观点指向的"正当性"。① 而罗斯忽视了正当性,将着眼点放在了"心理层面上的压力感与约束感",是主次不分的行为。

三、罗斯的法律现实主义

(一)罗斯法理论的哲学基础

罗斯法理论的哲学基础是维也纳学派的逻辑实证主义,属于科学哲学的分支,是古典经验论与现代逻辑结合的产物,代表人物为卡尔纳普、石里克、纽拉特等。② 其兴起依赖于二十世纪物理学与数学的重大突破,相对论与量子理论的提出,改变了人们认识世界的方式,从而产生了一种新的认识论哲学,以对自古希腊以来的思辨哲学中的唯理论批判为其立论的基础,将区分科学的真伪为其核心任务。

逻辑实证主义的核心观点在于对一对命题的区分。③ 分析命题:即其包含的不过是词的意义关系的命题,例如"狗是动物"这一陈述,"狗"这一名词天然包含"动物"的含义;综合命题:即该种命题存在事实的内容,超出了词所指的含义,例如"冰是冷的",从"冰"这一词并不能直接推出"冷"的含义,而必须借助经验。由于现代物理与数理的发展,使得康德的"综合先天知识"破产④,由此,一种知识要么是分析的,要么是综合的。

分析命题不具有创造真理性的功能,其仅仅是作为一个真理的传导器,将蕴含于前提中的真理性传递到结果中,最典型的便是古希腊的三段论;与前者相比,综合命题虽然能说明关于世界的一些新的认识,但是其给出的认识真理性又无法获得保证,随时可以为经验证伪。

---

① [英]哈特:《法理学与哲学论文集》,支振锋译,北京大学出版社 2005 年版,第 177 页。
② [奥]克拉夫特:《维也纳学派》,李步楼、陈维杭译,商务印书馆 1998 年版,第 9 页。
③ [德]赖欣巴哈:《科学哲学的兴起》,伯尼译,商务印书馆 2016 年版,第 216 页。
④ 康德将知识分为先天的与后天的,前者指其陈述的真理性不依赖于人的经验,且诉诸经验通常不是必要的,即先天知识不可为经验证伪,例如数学原理;后者指不诉诸经验就不能被证实的知识,经验在获得知识之前就已产生,无特定经验则无法证明一个后天陈述;康德认为存在综合先天命题,即既无法通过经验反驳,又能告诉我们关于世界一些情况的知识,例如几何知识、物理知识、因果律。
康德的"综合先天命题"建立在牛顿经典力学的绝对时空观与绝对因果关系的基础上,现代物理数理逻辑的发展证明了不存在综合先天命题,综合的即是后天的,分析的即是先天的。[德]赖欣巴哈:《科学哲学的兴起》,伯尼译,商务印书馆 2016 年版,第 85 页。

除开分析命题与综合命题外,逻辑实证主义认为还有一种伪命题,其既排斥逻辑,又排斥经验,仅仅具有一种情感表达的效果,最典型的命题便是形而上学哲学,他们在"认识"上是无意义的,无所谓真伪,或许在"情绪表达"方面是有意义的,因此被称为伪命题。

综上所述可以发现,逻辑经验主义将经验以及逻辑作为判断科学真伪的判别标准,而罗斯的现实主义法学的核心目的,就是证明法哲学作为一门学科具有科学的性质,那么,作为科学的法哲学研究对象就应当是断言(assertion),即可区分真伪的命题。但很明显的是,大部分法律规则都是以"指令"(directive)的形式存在的①,通常以规范性语词的形式表现出来,例如"应该""必须""应当"。此类的陈述并不具备"代表性"的含义,仅仅是表达试图产生某种影响的心理企图,即"指令"本身不能指涉对象,而是创造了一种"义务",但是从认识论层面来讲,"义务"的存在是不可以通过"感知经验"来加以证实的。② 简单来说,仅仅作为"指令"的法律,并不符合科学研究的标准,也不具有认识上的意义③,以"指令为研究对象"的法哲学并不能称之为科学。那么罗斯又是如何完成其理论的构建的呢?

(二)"规范表达型"与"规范描述型"

罗斯区分了两种不同的法哲学传统,他分别称为"规范表达型"(norm-expressive)与"规范描述型"(norm-descriptive)。④ Holtermann 教授在其文章中用一个巧妙的例子说明了这两个术语的区别。⑤ 首先想象有一个叫艾伦的小孩,他在圣诞节前告诉他的父亲:"我们应当为圣诞老人准备一些布丁。"很明显,尽管艾伦很诚恳地相信这一"指令"的存在,可这是一个虚假的陈述。但是当艾伦的父亲回到家里和他的妻子叙说这件事情的时候,他会这么说:"艾伦相信我们应当为圣诞老人准备一些布丁。"

————————

①罗斯在这里用"directive"而不是"command"("imperative"),是因为其也发现了"命令"几乎很难合适地适用于法律,特别是当法律同时也指向(适用于)法官与其他法律适用权威的时候。Alf Ross,On Law and Justice,trans. Uta Bindreiter,Oxford,Oxford University Press,2019,p. 87.

②当一句言语说出时,接收者可以表示接受与拒绝两种态度,对于陈述句而言,接受仅有宣示作用,陈述论题本身的性质并不受接收者行为的影响;但对于指令而言,接受具有构成性作用,指令因被接受而存在。那么,本质上为指令的社会规范的存在,依赖于被规范主体的接受,罗斯将其描述为在心理层面上感受到拘束力。[丹麦]阿尔夫·罗斯:《指令与规范》,雷磊译,中国法制出版社2013 年版,第81 页。

③这里涉及罗斯法哲学的核心问题,认知主义者一般认为,"有效性"是规范自身的属性;但非认知主义者的罗斯认为既然规范本质为指令,接受行为使得其得以存在,即"scientifically valid",认知主义者所谓的"valid"不过是将心理层面的效力体验误认为规范本身,不具备可认知性。[丹麦]阿尔夫·罗斯:《指令与规范》,雷磊译,中国法制出版社2013 年版,第109 页。

④因罗斯的《法律与正义》还未有中文版本,因此这两个术语是笔者自己翻译的。

⑤Holtermann,J. V. H,"A Straw Man Revised - resetting the Score between H. L. A. Hart and Scandinavian Legal Realism",Santa Clara Law Review,vol. 57,no. 1(1959),p. 116.

通过对第一句陈述前增加了一个部分,即"艾伦相信",使得第二句话的真实性已经不再依赖于第一句话,其仅仅取决于艾伦是否事实上相信着第一句话代表的指令所指的义务的存在。通过为第一句话(规范表达型)增加一个"艾伦相信",使得第二句话(规范描述型)不再是一个关于"义务"是否存在的规范性命题,而是成为一种有关"信念"的"心理事实"判断问题。① 完成了从认识上"无意义"命题向认识上"有意义"命题的转化。

在罗斯的理论中,法律科学的规范性应当是"规范描述型"的,而非"规范表达型"的②,前者是关于法律的科学,而后者是在法律内的科学。"规范表达型"的陈述,都是直接或间接表示了研究者对于一个既定法律规范的接受或者偏好;而"规范描述型"通过插入一个"命题性态度报告",使得整个陈述的真实性可以进行经验性的检验。关于这一问题,罗斯认为,在他之前的法学家建立的法哲学理论都是"规范表达型"的,他们在理论的建构过程中大量使用"指令性"的规范类语词,诸如"应该""应当""必须",是非科学的,使得这些理论中法律的"有效性"势必要最终诉诸不可验证的东西。③

罗斯将这些法哲学理论归为"理想主义"(idealism),有"实质理想主义"与"形式理想主义"之分,前者将法律的终极有效性诉诸"正义""善""上帝"之类"先验"的存在,典型代表就是自然法学说;后者将法律的终极"有效性"诉诸法律内部,确认规范本身的存在就是对其"有效性"的确认,使得规范的有效性都依靠于更高层级的规范,最终不得不诉诸一个终极的前提,不论是凯尔森的"基础规范"或是哈特的"承认规则",实际上,这一最终命题就不再是"有效性""是"什么,而变成了"应当是"什么的问题④,典型代表就是法律实证主义者们。

这也是为何罗斯坚称自己的法哲学是"现实主义"法理论,由此区别于自然法学的"实质理想主义"与规范法学的"形式理想主义"。"理想主义"法理论背后默认的哲学思想是将人类世界区分为理念世界与现实世界,现实世界中的东西都要诉诸理念世界里的"理念"方能获得效力,而"现实主义"法理论以科学哲学为基础,只存在一个现实世界,而法律也应当从可被经验检验的社会现实中获得其有效性。

接着,将"艾伦"的例子类比到法律中,会发现,原本一个关于"指令"的"规范表达型命题"可以被改写为"规范描述型"命题,用如下的符号进行表达:"X PAR Y",

---

①这一规律首先由弗雷格提出,即如果一个命题 P(无论 P 是断言或指令),为其附加一个"命题性态度报告"(Propositional attitude report)(例如主体 A 相信、感觉、声称),这就使得整个句子的真实性独立于命题 P。Holtermann,J. V. H,"A Straw Man Revised-resetting the Score between H. L. A. Hart and Scandinavian Legal Realism",p. 117.

②Alf Ross,On Law and Justice,trans. Uta Bindreiter,Oxford,Oxford University Press,2019,p. 149.

③同上,p. 163.

④同上,p. 165.

X 表示一个主体,PAR 是"命题性态度报告"的英文缩写,代表主体对于对象的某种态度,Y 代表主体指向的对象命题,使得新产生的陈述真实性不再依赖于 Y,不论 Y 是"规范表达型"或"规范陈述型"都不影响新陈述的性质。接着,下文需要陆续解决三个问题,主体 X 代表什么? PAR 是怎样的一种态度? 对象命题 Y 代表什么?

(三)法律与强力

本段目的在于阐释,罗斯为何反对"制裁理论",即将法律理解为是由"强力"加以支撑的。或者简单而言,如果法律运行的效果是人们行为产生了一种大体上的一致性,脱离了强制,能否解释这种一致性产生的原因? 而在最后,会引出本部分需要解决的问题,即主体 X 与对象命题 Y 各自代表什么。

首先,"制裁理论"将导致法律内容的缺失。最明显的便是,权能规范①,会被排除出法律的范围之外,因为其本身并不由强力加以支持,违反其的后果一般是相应行为的失效,而不是引发强力的制裁。

同时,有关强制的规范本身也会被排除出法律,当认为一个规范必须由一种强力来加以支撑的时候,势必不断进行追溯,支撑某一强力规范的强力又是什么? 这样无止境的倒退,既在现实中不可能找到任何实在对其进行支撑,同时在逻辑上也是没有尽头的。②

故而,与其说法律规则是由强力支撑的,不如说是有关强力的适用;这些规则一般而言并不需要被强制实施,而是被自觉遵守,即由于赋予规则以约束力的"效力感"存在而被遵守。关于"效力感"的内容将于下一部分详细阐释,在此仅简略提一下。

其次,"制裁理论"曲解了人们遵循法律的动机,即仅仅是因为惧怕法律的制裁。③将法官依法判决的理由解释为惧怕法律的制裁是违背常识的,虽然针对法官渎职行为确实存在制裁,但这二者并非一回事。即使是个人,遵守法律的动机也决不能理解为惧怕制裁。可以设想,大部分人联合起来是可以推翻少部分人统治的;抑或认为少部分人统治的成功在于,统治机器具有更强的组织性,但该机器运作的本身,也不是依靠强力就可以的。

---

① [德]罗伯特·阿列克西,冯威:《阿尔夫·罗斯的权能概念》,《比较法研究》2013 年第 5 期。
② Alf Ross,On Law and Justice,trans. Uta Bindreiter,Oxford,Oxford University Press,2019,p. 151.
③ 罗斯在多处明确表达了自己理论与"强制说"的区别,其批判对象包括奥斯丁与盖格;Theodor Geiger,Vorstudien zueiner Soziologie des Rechts(1947),p165,cf. PP. 26,32ff. ,47,157ff. 转引自[丹麦]阿尔夫·罗斯:《指令与规范》,雷磊译,中国法制出版社 2013 年版,第 110 页;Alf Ross,Author's Response existence and vadility of a norm. In reply to two critics,World Futures:The Journal of New Paradigm Research,vol. 8,no,3(1970),pp 87-93;Alf Ross,"Review of The Concept of Law by H. L. A. Hart",The Yale Law Journal,vol. 71,no. 6(1962),pp. 1185-1190.

即使是希特勒,也并非依靠制裁建立起了纳粹,缺乏对于制度的形式性尊重①,任何法律都不可能仅仅依靠制裁建立起来②。人们服从法律的动机是多样的,但大致可分为利益性的——通过制裁影响当事人利益和非利益性的——对于法律制度的尊重,制裁理论忽视了后者。

最后,罗斯认为错误理解的根源在于误解了两种法律规范(legal norms)③,即指向法官的与指向民众的。例如,法律规定个人应当要遵守契约,同时规定法官对不遵守契约的人适用强制,由此认为法律是由强力支撑的。但在逻辑上,二者其实是一条法律规范,前者仅仅是后者产生后"反射"效果,前者并没有包含任何后者未包含的内容。④

与其说法律规范是由强力加以支持的,不如说其仅仅是"有关强力的适用"。因此,主体 X 应当是法官,而"命题性态度报告"指向的对象 Y 应是能够约束法官的法律,即那些规定了法官在何种情况下应当如何行使他们权威的规范。

(四)法律规范的科学有效性与有效性

在回答完一三两个问题后,还剩下第二个问题,所谓的命题性报告其实指向的是一种主体与对象之间的态度性关系,诸如"认为""相信""认可"之类的。当法官表示"某一法律规范是有效(valid)"时,这是规范表达型命题,说话的主体是法官,可是当其被转化为规范描述型命题后,就变成了"法官认为某一法律规范是科学有效的(scientifically valid)",说话的主体是法学研究者。因此,前者是有关"规范"的一种陈述,但后者却是有关"规范存在"的一种陈述,罗斯的法律现实主义理论关注的其实是后者。故而,要理解"命题性态度报告"的内涵,就离不开对于"有效"(valid)和"科学有

①对法律的形式性尊重区分于实质性尊重,后者一般体现为一种"道德感""正义感",前者体现为"法律就应当得到尊重",前者是形式性的判断,后者是实质性的价值判断。对法律的形式性尊重是人们遵守法律的重要动机。

②细心的读者可能会注意到,在讨论法律与强力的关系时,已经暗示了罗斯的理论在处理法律的存在而非法律的效力问题。一者,即使是纳粹的邪恶法律,是"invalid",但其确实是"存在"的,而且有意识形态支持的;二者,"scientifically valid"与"valid"在正常情况下大体重合,但前者不依赖于后者。三者,法学研究应当是描述性的,而非如同立法一般是规范性的。混淆了两者就容易以"恶法亦法"为理由批判罗斯理论,但其实这是两个层面的问题。Henrik Zahle, "Legal Doctrine between Empirical and Rhetorical Truth. A Critical Analysis of Alf Ross' Conception of Legal Doctrine." EJIL, Vol. 14 No. 4, (2003) pp. 801-815.

③在罗斯的理论中,法律由法律规范与法律现象(即在现实世界中运作的法)组成,前者是后者的抽象,能够对后者进行系统性的、融惯性的解释,同时前者也通过后者表现出来,二者实质上是同一事物在不同层面上的表达,具体内容将在下文详细展开。Alf Ross, On Law and Justice, trans. Uta Bindreiter, Oxford, Oxford University Press, 2019, p. 116。

④[美]凯尔森:《法与国家的一般理论》,沈宗灵译,商务印书馆 2017 年版,第 254 页。

效"(scientifically valid)两个术语的理解。①

同时在上个版本中,也是由于对这两个术语的错误翻译②,导致了哈特对于《法律与正义》文本的误读。在用丹麦文撰写的原版著作中,罗斯实际上分辨了两种有效性"gyldig"和"gaelldende ret"。③ 最新译本将前者翻译为了"有效性"(valid),即通常意义上理解的有效性,将后者翻译为了"科学有效性"(scientifically valid),即是从逻辑经验主义的认识论角度的有效性。

在上文关于法律与强力的论述中可以发现,一个事实上维持的强制性秩序并不总是被人们感受为"有效的"(其可能是一种暴政)。因此,在日常用语中的"法律",是一种与"主观情绪"相关的词语,与主体对于"有效性"的情绪性感受密切相关。故而,罗斯在《法律与正义》一书中多使用"科学有效性"而非"有效性"。

罗斯在书中通过国际象棋的类比,来说明何谓规则的"科学有效性"。象棋的规则是"指令性"的,其意义在于具体化如何玩这个游戏,目标在于使得棋手意识到,这是在下象棋。同时,规则在选手角度来看,是具有"社会约束力的",即选手不仅会感到自愿地去进行一系列的行为,同样也会意识到,违反规则的行为将引来对手的批评或反对。

那么,如何去判别哪些是"科学有效"的象棋规则呢?如果单纯从外部观察者的角度出发,那只能获得一些单纯的规律性行为,不能在规范性层面对整个游戏进行理解,正如哈特所说的,通过外部观察获得的行为规律性甚至无法区分习惯、惯常行为与实际上被遵守的象棋规则。即使有人观看了上万场的比赛,开局移动王,会被认为是由规则禁止的行为,但事实上,这不过是很蠢的行为罢了。

那么,为了更深入地了解规则的存在问题,一种内省的视角是必须要采取的,那么当询问棋手们什么是"科学有效"的规则,回答必然是:那些事实上为他们所遵守的,

---

①可以在《指令与规范》中找到罗斯本人对这两个名词的权威解释:"gaeldende"与"gylding",后者接近于"valid",前者意味着"存在的法""发挥效用的法"。在没有任何评价性的言外之意的前提下,它用来指称我们已经描述为构成规范或规范体系之存在的社会事实。"Gaeldende ret"是"想象法"或"建议法"(imagined or proposed law)的对应物,在陈述性商谈中,这一术语用来描述存在的规范,尤其是在法教义学的领域内,后者的语句可以被形式化为这样一个公式:"D 在社会中是'有效的'法",这意味着某个指令 D 在社会 S 中存在或发挥着效用。[丹麦]阿尔夫·罗斯:《指令与规范》,雷磊译,中国法制出版社 2013 版,第 129 页下注释 2。

②在英文中没有相关的单词与两个丹麦词语对应,罗斯用"valid"统一翻译了两个单词,寄希望于读者通过文本理解二者的区别,但很明显这是一个非常错误的决定。但罗斯在初版中涉及"科学有效性"时,一般会采用双引号,"valid",有时也翻译为"the law in force",仔细阅读是可以分辨出来的。而"valid"本身暗示着"有效"是法律自身的某种属性或从先验中得出的;Svein Eng, "Lost in the System or Lost in Translation? The Exchanges between Hart and Ross",Ratio Juris,vol. 24, no. 2(2011),p. 204.

③Alf Ross,On Law and Justice,trans. Uta Bindreiter,Oxford,Oxford University Press,2019,p. 58.

因为棋手们对于包含在规则中的"指令",是感到具有"社会约束力"的。故,"科学有效性"包含两种要素:从外部观察可知的规则事实上的有效性;以及从内省角度可知的规则被选手们以具有社会约束力的方式体验着。

同时,"象棋规则(rule)"这一概念还存在含混之处,规则仅仅作为棋手们经验的内容体现出来,即棋手们关于特定行为的理念,以及在心理层面上他们体会到具有社会约束力的那种感觉。不过仍有可能从其中抽象出关于"指令"的意义,例如从"指令"的具体经验中抽象出马的走法。故法律的规则(rules)这一概念可以被分为两个部分——象棋现象(phenomenon)与象棋规范(norms)。

象棋现象是在实际中生效的那些象棋规则,象棋规范是为选手们共享的一种理念,能够对象棋现象进行系统性的解释,使其成为在意义与目的上前后一贯的整体。① 这里需要注意的是,"象棋的现象"与"象棋的规范"并非相互独立的存在,它们只是同一东西的两种不同侧面抽象,现象因获得规范解释而具有意义,规范也因现象的存在能够被理解。

同样的,将法律视为更复杂、更重要的象棋规则,其也可以被视为"法律现象"与"法律规范"之间的相互关系,大量在人类社会中发生的行为,通过法律规范而被解释以及理解为在意义上是前后融贯的,故"科学有效性"是有关法律规范而非法律现象的性质。② 由此,"科学有效的法律规范"包含了两方面的内容,其意味着大量规范性的理念,能够以一种抽象的方式,来有计划地解释社会中的"法律现象",并对之进行预言;同样也意味着这些规范是事实上被遵守着的,因为它们被人们体验为具有社会约束力。

在文章上部分已经提及,在罗斯的理论中,法律规范是关于"通过公共权威来进行的暴力运作",简单来说,就是有关"通过法庭对特定强力活动进行安排"的规范。故而,"科学有效的法律规范"指向的对象是法官③,其应当被再度定义为,确实生效的(efficiency)规范性概念,或至少在法官的思维里,被认为是有效的,因为这些规范被法官感知为具有社会约束力的,因此是有实效的。④

这里需要进一步加以解释的有三点:第一,一部新的法律,在其被议会批准通过,与其第一次被法庭适用,这段时间间隔内,毫无疑问是"科学有效的"。虽然从外部视角并不能察觉任何规律性的变化,但该部法律确实是被法官体验为具有社会约束力

①Alf Ross, On Law and Justice, trans. Uta Bindreiter, Oxford, Oxford University Press, 2019, p. 95.
②同上,p. 96.
③将法学研究与法实践相区分,那么,法学研究中检验法律规则"存在"与否的标准定位为法庭的推理。Henrik Zahle, "Legal Doctrine between Empirical and Rhetorical Truth. A Critical Analysis of Alf Ross' Conception of Legal Doctrine. " EJIL, Vol. 14 No. 4, (2003), pp. 801–815.
④Alf Ross, On Law and Justice, trans. Uta Bindreiter, Oxford, Oxford University Press, 2019, p. 81.

的,而不是像美国现实主义法学说的一般,在法官裁判前,不存在任何法律。第二,法律是一种社会性的现象,正如象棋是棋手之间的交互性活动一样,是超个人的,在这种意义上说,单独的法官可能为个人独有的气质所影响,但是这并不是法律,尽管这部分内容对于预测法官的判决很有意义。第三,法律规范的"科学有效性"并不指向一般民众,与市民们是否视某一法律为"有效的"法律,以及是遵守或是违反它,并无太大的关系。相反而言,一项法律在法庭之外,越是被市民们遵守,法庭就越缺乏机会去显示法庭对相关行为的应对,因而一项法律的"科学有效性"就更难以查明。①

综上,法官对于某一法律的"命题性态度报告",等价于说某一法律是"科学有效的",即是指这些法律被法官认为是具有社会约束力的。

(五)作为判定标准的"社会约束力"

在结束本部分的论证之前,需要阐明一下,所谓的法官认为某一法律是"具有社会约束力的"内涵是什么?对此罗斯的回答是:"说一项法律对于法官而言是'具有社会约束力的',就是指相关的行为如果作为一个案件被呈上法庭,与之相关的法律规范将构成判决产生过程中不可或缺的一部分。"②这也同样导致了另一个结论的产生,说一项法律规范的"科学有效性"是一种程度上的概念,并非像传统法哲学中,要么是有效,那么是无效,法官对于某一规则感受到的社会约束力,在不同的具体个案中,完全可能存在差异,不同规范之间的冲突,也会影响各自对法官的社会约束力。

而罗斯将法律规范"科学有效性"的判定标准定位为"法官感受到的社会约束力",也引发了两个问题:第一,将"科学有效性"的判准标准留给法官的心理活动,作为研究者的法学家,又如何知道法官心里究竟在想什么呢?罗斯是否违背其自身的逻辑实证主义立场?第二,也是上文提及的哈特对于罗斯的批判,罗斯是否抛弃了凯尔森意义上的"应然性命题"。

对于第一个问题的回答是,尽管这确实存在认识论方面的难题,但并非像自然法诉诸先验的正义一般,是致命的缺陷。对其进行预测完全是可能的,因为法官的心理过程,是建立在由全体法官所共享的,一种普遍性的规范性观念之上。确实,对于心理过程的直接观察是不可能的,但是完全可以为其创造一个预设,可以通过观察预言是否成真来进行检验。类比到上文提及的艾伦的例子中,尽管艾伦的心理过程是无法直接观测的,但如果他真的对此保持相信,那么就可以观察到他提醒父亲去购买布丁的行为。

对于第二个问题的回答是,正因为罗斯引入了"科学有效性"这一新的概念,故哈特的批判就显得站不住脚了。当法官说:"某一法律规则是有效的。"该有效性是在通常语境中理解的,指向的是"规范"本身。当为其添加一个"命题性态度报告"后,这一

①Alf Ross,On Law and Justice,trans. Uta Bindreiter,Oxford,Oxford University Press,2019,p. 82.
②同上,p. 91.

规范表达型的陈述就变为了规范描述型的断言,法学学者说:"法官认为某一法律规则是科学有效的。"①指向的是"规范的存在"(the existence of norms)②,而后一命题又必须要有前一命题作为不可缺失的组成部分③,与其说罗斯抛弃了,不如说凯尔森意义上的应然性命题很合适地融入了罗斯的理论之中④,哈特的误解也根源于其混淆了"规范本身"与"规范的存在"问题。

四、结 论

通过本文的论述,哈特对于罗斯理论的批判,都是可以获得辩解的。首先,强制并非法律的本质,与其说法律是为强力所支撑的,不如说法律本身就是规范强力运用的规范;其次,罗斯在分析过程中并未忽视法律的内在观点,尽管是以不同的术语表达出来,罗斯很明显地看到了纯粹行为主义对于法律规则面向的忽略,法律规范的有效性应当建立在法官内心世界思考过程的基础之上;再次,罗斯也并非像哈特批判的那般,放弃了凯尔森意义上的应然性命题,反而是将其完美地融入了自己的理论之中。

事实上,"内在观点"并非与法律的规范面向紧密联系在一起的,虽然哈特坚持认为只有采取内部观点才能够理解法律的规范面向,因为"反思性的批判性态度"中蕴含的,对于规范的接受是理解法律必不可少的,而行为主义的外部观点,是一种处于法律之外、并不接受法律的观察者角色视角。⑤ 但罗斯的理论很明显证明了,哈特的内

---

①立法与法学研究,尽管可能用着同样的文本,却有着完全不同的语用,前者表示指令,后者表示陈述。Henrik Zahle, "Legal Doctrine between Empirical and Rhetorical Truth. A Critical Analysis of Alf Ross' Conception of Legal Doctrine." EJIL, Vol. 14 No. 4, (2003). pp. 801-815.

②在对凯尔森的书评中,罗斯强调,要区分关于法的命题与法规范本身,法规范本身可以是应然性的,但关于法的命题是描述性的、可分析的,由此才能建立法学的科学性质。Alf Ross, Reviewing Hans Kelsen, What is Justice? Justice, Law and Politics, In the Mirror of Science; Collected Essaies, Book Review, 45 CAL. L. rev. (1957), p564, p568.

③罗斯也从来没有否认大部分人对于规范感受到"有效"是重要的,但这是一个"效力"问题,而非"存在"问题,规范的存在不能依赖与受制于规范的人的态度,但是规范的效力却是依赖于个人的看法的。对于存在问题的回答,是建立在承认"效力"问题的基础上的。Alf Ross, Author's Response existence and vadility of a norm. In reply to two critics, World Futures; The Journal of New Paradigm Research, vol8, no. 3, (1970). pp. 87-93

④Holtermann, J. V. H, "A Straw Man Revised - resettling the Score between H. L. A. Hart and Scandinavian Legal Realism", p. 128.

⑤哈特的内在观点可以进行不同理解,哈特所谓的将法律作为社会事实并从"内在观点"进行理解,指的是语词层次上的认识抑或是深入"评价"其价值或规范性要求呢?是进行主体间的观察抑或是同时要有规范性承诺呢?如果是后者就会威胁到法与道德相分离这一实证主义基本立场。Maccormick, Legal Reasoning and Legal Theory, Clarendon Press, 1978, pp. 139, 204, 241, 286-292. 从这个意义上讲,罗斯对哈特的批判是合理的,即对实证主义坚持不彻底,导致了形式理想主义理论。

在观点排斥的仅仅是极端的行为主义,而并不排斥罗斯的温和行为主义。甚至哈特后来在于德沃金的讨论中也认为,虽然进行描述的法理学家自身并不共享参与者对于法律的接受,但是他能够而且应当能够描述这样的接受。① 这被麦考密克称为是哈特提出的"折中外在观点"或是"诠释性观点",即不带个人意志因素,从一种内部而言有意义的形式,去理解、描述人类行动。② 但这一观点很少从《法律的概念》文本中可以体现出来③,反而是在《法律与正义》中得到了清晰的阐释。④

如果单纯从时间顺序上来讲,《法律与正义》成书时间早于《法律的概念》,罗斯比哈特更早地提出了法律的内在观点。但与作为语言哲学家的哈特不同的是,作为逻辑经验主义者的罗斯,提出了第二种法律的内外区分,即"规范表达型"与"规范描述型",法学家关于法律"规范的存在"应当采用命题性的态度报告的形式。作为科学家,法学家应当时刻与命题性态度文本保持距离,处于其外部,作为观察者,法学家被禁止表达自己的态度,而应当客观陈述他人(法官)对特定法律规则的态度⑤,这使得陈述的可靠性可以建立在经验的基础上,使法哲学成为分析真伪的科学,这就是罗斯的法律现实主义。

(责任编辑:冷正涛)

---

① [美]凯尔森:《法与国家的一般理论》,沈宗灵译,商务印书馆2017年版,第312页。

②Maccormick. H. L. A. Hart,Stanford:Stanford University Press,1988,p. 43.

③Svein Eng,"Lost in the System or Lost in Translation? The Exchanges between Hart and Ross",Ratio Juris,vol. 24,no. 2(2011),p. 223.

④罗斯主张,一个观察者可以通过想象自己身处行动者位置来体验到一种"效力体验",即不是规范属性的"效力",而是指向规范存在。哈特反对罗斯将内在观点归结为一种"社会约束感",而强调一种反思性的批判态度。但罗斯认为,一个拥有这种态度的人,批判自己违反规则,接受他人对自己的批判,却仍感觉是在自由地行动,本身是不可理解的。哈特过于强调了人的有意识行为,忽视了大部分情况下遵循规则的无意识态度。而且,哈特简单地将外在观点理解为对规则没有遵守态度的观察者视角,但忽视了外部语言使用不是在规则接受与反对之间,更多是用于陈述性报告。Alf Ross,"Review of The Concept of Law by H. L. A. Hart",The Yale Law Journal,vol. 71,no. 6(1962),pp. 1185–1190.

⑤Holtermann,J. V. H,"A Straw Man Revised‐resettling the Score between H. L. A. Hart and Scandinavian Legal Realism",p. 137.

欧盟"严重扭曲"算法的 WTO 合规性研究

汪猷义①

摘　要:在对欧盟新"严重市场扭曲"算法进行解读后,本文梳理了 WTO 争端解决机构在长期实践中形成的判断成员方规定"本身违法"的判断标准。在该标准下,本文认为 GATT 1994 第 6 条和《反倾销协定》第 2 条为欧盟"严重市场扭曲"算法提供了合规空间,尤其是在"印尼诉澳大利亚 A4 纸反倾销措施案"对"特殊市场情况"的解释之后,欧盟立法所称的"严重市场扭曲"是有可能被认定为《反倾销协定》和 GATT 1994 第 6 条所称的"特殊市场情况"的。但是这并不意味着该算法是完美无缺的,也并不能被认为构成"本身违法"只意味着该算法有被以符合 WTO 规定实施的可能性,且无法保证欧委会在具体的执法过程中一定符合 WTO 的规定。因此,更合理的做法是关注欧委会的具体执法行为,同时中国出口企业做好合规工作,以此来争取个案的胜利。

关键词:严重市场扭曲算法　WTO　本身违法

一、引　言

中国在加入世界贸易组织(WTO)时,迫于其他成员方尤其是美国的压力,被迫在《中华人民共和国加入世界贸易组织议定书》第 15(a)(ii)款承诺:在反倾销调查程序中,如果受调查的中国生产者不能够证明自己是在市场经济条件下经营的,那么 WTO 成员方反倾销调查机关有权不按照中国国内价格和成本进行严格比较。② 换言之,这一条款实际上是承认了在中国出口商不能"自证清白"的情况下,其他 WTO 成员方可以使用"替代国价格"来计算中国产品的正常价值(normal value)。但是根据《中华人民共和国加入世界贸易组织议定书》第 15(d)款③,上述第 15(a)(ii)款将于中国加入

---

①汪猷义,中国人民大学法学院 2020 级法律硕士(法学)研究生。
②《中华人民共和国加入世界贸易组织议定书》第 15 条(a)(ii)款。
③《中华人民共和国加入世界贸易组织议定书》第 15 条(d)款。

WTO 15 年之后,即 2016 年 12 月 11 日失效。关于在第 15(a)(ii)款失效以后其他 WTO 成员方能否继续使用"替代国价格"来计算中国产品的实际价值存在争议。以 Bemard O'Connor 和 Jorge Miranda 为代表的一些学者认为,即使第 15(a)(ii)款因到期而失效,WTO 成员方依然可以继续对中国产品使用"替代国价格"。① 大部分中国学者以及一些国外学者认为,第 15(a)(ii)款的到期宣告着对中国使用"替代国价格"时代的结束,从此以后 WTO 成员方再也不能以《中国入世议定书》的承诺为由而对中国产品使用"替代国价格"算法。②

尽管在《中国入世议定书》第 15(a)(ii)款失效后能否继续对中国产品使用"替代国价格"还存在争议,因为顾虑与中国的政治关系以及可能被诉至 WTO 或者欧盟法院③,欧盟还是在 2016 年对其现行的《反倾销条例》(EU Basic Anti-Dumping Regulation)进行了修改。2016 年 11 月 9 日,欧委会提出《反倾销条例》修改建议,此后经过多方讨论,最后欧洲议会通过了修改建议,新的《反倾销条例》于 2017 年 12 月 4 日生效。新的《反倾销条例》删除了针对"非市场经济国家"(NME)和转型国家的"替代国价格"算法,取而代之的是新增加的第 2(6a)款所规定的"国家中立"(country-neutral)的"严重市场扭曲"算法(significant market distortion)。尽管在修法过程中,欧委会和欧盟其他机构竭力使新的计算方法符合欧盟在 WTO 项下的义务,但是新计算方法的 WTO 合规性依然存在争议。④

本文将在第二部分从"严重市场扭曲"的判断标准、"严重市场扭曲"存在的举证责任,以及在确定存在"严重市场扭曲"后欧盟反倾销调查机构在计算正常价值时所使用的信息等几个角度来详尽分析欧盟的新算法。在介绍完"严重市场扭曲"算法的内容之后,本文将在第三部分分析其在 WTO 框架下的合规性。在此部分,将先分析

---

①Jorge Miranda, Interpreting Paragraph 15 of China's Protocol of Accession, Global Trade and Customs Journal, Volume 9, Issue 3, 2014; Bernard O'Connor, Much Ado About Nothing: 2016, China and Market Economy Status, Global Trade and Customs Law Journal, Volume. 10, Issue. 5, 2015.

②Rao Weijia, China's Market Economy Status under WTO Anti-dumping Law after 2016, Tsinghua China Law Review, 151 (2013); Li Zhenghao, Interpreting Paragraph 15 of China Accession Protocol in Light of the Working Party Report, Global Trade and Customs Law Journal, Volume 11, Issue 5, 2016; Christian Tietje, Karsten Nowrot, Myth or Reality? China's Market Economy Status under WTO Anti-Dumping Law after 2016, Policy Papers on Transitional Economic Law, No. 4.

③European Commission, Commission Staff Working Document Impact Assessment Possible Change in the Calculation Methodology of Dumping regarding the People's Republic of China, Brussels, 9. 11. 2016. SWD (2016) 370 final, p. 31.

④在《中华人民共和国加入世界贸易组织议定书》第 15(a)(ii)款失效后的次日,中国便在 WTO 向欧盟提出了磋商请求,并在其后要求成立专家组审理此案。其中便包括要求专家组就欧盟新计算方法发表意见。European Union-Measures Related to Price Comparison Methodologies-Request for Consultations by China, p. 2.

"阿根廷诉欧盟生物柴油反倾销措施案"中专家组提出的判断成员方法律是否符合WTO规定的标准,之后将在该标准下分析欧盟新计算方法是否符合 GATT1994 第 6条和《反倾销协定》第 2.2 条。最后将预测欧委会在执行新《反倾销协定》时可能产生的违规情况,并对中国应当如何应对给出相关建议。

二、"严重市场扭曲"评述

(一)新旧算法比较

尽管新《反倾销条例》和被取代的"替代国价格"算法存在诸多相似之处,但这两者在某些方面还是存在较大的差异。首先,"替代国算法"具有极强的针对性,仅针对被欧盟明确定性为"非市场经济国家"才适用;①而新的"严重市场扭曲算法"从表面上来看是中立的,不针对任何特定类型的国家,任何 WTO 成员方如果根据该规定被认为存在"严重市场扭曲",欧委会就会适用该算法来计算正常价值。第二,相关举证责任被转移到了欧盟方。在以往的"替代国算法"下,被调查企业必须"自证清白",即要根据原欧盟《反倾销条例》第 2(7)款所列举的标准承担证明自己确实在市场经济情况下经营的举证责任,否则欧委会便会使用"替代国价格"来计算相关产品的正常价值;而在"严重市场扭曲"算法下,欧委会必须证明"严重市场扭曲"的存在。

(二)"严重市场扭曲"的概念

欧盟新《反倾销条例》第 2(6a)(a)款对"严重市场扭曲"作出了如下定义:上报的价格和成本,包括原材料和能源的价格,因为严重政府干预而并不是由自由市场力量的结果。在判断是否存在"严重市场扭曲"时,第 2(6a)(a)款列举了几项因素,可以做如下概括:①国有企业或者国家控制的企业在相当程度上支配市场;②国家在企业中的存在使国家能够影响价格和成本;③公共政策支持国内供应商;④缺乏、歧视性适用或者不完全执行破产法、公司法和与财产有关的法律;⑤薪资成本被扭曲;⑥金融机构被垄断。

尽管欧盟新《反倾销条例》对"严重市场扭曲"下了定义,但是其依然是一个十分抽象的概念,近乎不可能确定其明确的含义。首先,定义中的关键词语并不清晰,例如如何理解"严重",什么是"市场扭曲"②,即使第 2(6a)(a)款给出了某些需要考虑的

---

①这些国家包括阿尔巴尼亚、亚美尼亚、阿塞拜疆、格鲁吉亚、蒙古、朝鲜等国家。Regulation (EU) 2016/1036, L 176/21, footnote 6. https://eur-lex.europa.eu/eli/reg/2016/1036/oj#ntr6-L_2016176EN.01002101-E0006.

②Edwin Vermulst,The birth of a monstrosity:The EU's 'significant distortions' proposal,Regulating for Globalization,27/11/2017,http://regulatingforglobalization.com/2017/11/27/birth-monstrosity-eus-significant-distortions-proposal/.

因素,但是这仅仅是不完全列举,其他因素在何种程度上能够构成"严重市场扭曲"并不明确。此外,从逻辑上看第 2(6a)(a)款所定义的"严重市场扭曲"本就无法清晰地确定。根据第 2(6a)(a)款的定义,判断是否存在"严重市场扭曲"需要经过两个步骤。首先,需要确定被调查企业的经营环境并不是自由市场环境。其次,在确定这个之后,还需要证明这种非自由市场环境是因为国家的严重干预而导致的。在判断的第一个环节问题就产生了,什么是自由市场本就不明确。通常而言,市场是通过供求规律来调节各种资源的分配,而所谓的自由市场便是这种供求规律在发生作用时不受到其他外界因素的干扰,而能够主导资源的分配。① 但是这种理想情况几乎不存在,在供求规律发挥作用时会受到许多其他因素的影响,包括市场自发形成的垄断和市场之外的政府干预。至于根据政府干预经济的程度来判断是否是自由市场也并不是一个行得通的办法,例如美国商务部指责的中国实施的破坏市场的经济政策也普遍存在于其他被一向视为是市场经济典范的国家。② 而在第二个阶段,问题也同样存在,在诸多因素影响供求规律时,如何才能判断所谓的非自由市场是因为政府干预经济而形成的还是受到其他诸如垄断等市场内部因素而形成的则更加困难。可见,欧盟新《反倾销条例》所涉及的判断路径是用一个模糊概念取代另一个模糊概念。基于上述原因,欧委会作为反倾销调查机关事实上享有了极大的自由权。

(三)举证责任——产业/国别报告制度

在欧盟修改《反倾销条例》之前,原有的《反倾销条例》第 2(7)(b)款对中国、越南、哈萨克斯坦等非市场经济 WTO 成员方采用了"混合计算方法"。③ 该款设置了一个可推翻的推定,对于来自上述国家的被调查企业,欧委会推定他们并不在市场经济环境中运行,因此在计算这些产品的正常价值时应当适用"替代国价格"算法。但是不同于那些并不是 WTO 成员方的非市场经济国家,第 2(7)(b)所设定的推定是可以被推翻的,只要被调查企业能够证明自己符合原《反倾销条例》第 2(7)(c)款所设定的各项标准,便可以不再对其适用"替代国价格"算法,而适用其国家价格来计算出口产品的正常价值。而在新《反倾销条例》下,欧盟方面负责证明"严重市场扭曲"的存在。

欧委会建议将举证责任转移到欧盟方面受到了欧盟其他机构和企业界的强烈反对。④ 例如,欧洲经济与社会理事会主张举证责任不应当由相关欧盟企业和欧委会来

---

① [美]曼昆:《经济学原理——微观经济学分册》(第 7 版),梁小民,梁砾译,北京大学出版社 2015 版,第 71 页。

② W. Watson, Will Non-market Economy Methodology Go Quietly into the Night? US Anti-dumping Policy toward China after 2016, Cato Institute Policy Analysis Number 763, 8(2014).

③ Regulation(EU) 2016/1036, L. 176/21, Art. 2(7)(6). https://eur-lex.europa.eu/eli/reg/2016/1036/oj#ntr6-L_2016176EN.01002101-E0006.

④ European Parliament, Briefing, EU Legislation in Progress, p. 10.

负担。这些反对意见虽然没有取消由欧盟方面承担举证责任的修改建议,但是为了防止欧盟企业在提起反倾销指控时承担过重的举证责任[1],欧委会设计了产业/国别报告制度,且在欧洲议会批准通过的最终修正案中得到了保留。根据欧盟新《反倾销条例》第2(6a)(c)款,欧委会如果认为某一产业或者国家明显可能存在严重扭曲,则需要定期发布或者更新产业/国别报告。这些报告应当包括第2(6a)(a)款中规定的判断"严重市场扭曲"存在与否的考量因素。在产业/国别报告发布以后,报告和其中的证据将保存在任何相关调查的文件中,有关方面可以反驳,补充或发表评论。最重要的是,为了减轻欧盟企业在提出反倾销指控时的举证责任,指控者能够根据欧委会报告中的证据来说明使用拒绝适用被调查企业国家价格的合理性。

关于"严重市场扭曲"的举证责任,还有两点值得注意。第一,欧委会既是产业/国别报告的发布机构,同时也是反倾销调查机构。而这意味着,一旦欧委会在产业/国别报告中已经认为了某一产业/国家存在市场扭曲,其在之后的反倾销调查阶段推翻自己原来作出的决定的可能性并不大。因此,如果欧盟企业提出了反倾销指控,并且在提出指控时援引欧委会发布的产业/国别报及其相关证据,被指控企业虽然有权利发表意见、作出辩护,但是能够成功推翻指控的可能性并不大。整个反倾销调查程序极有可能沦为欧委会的自我实现预言(self-filling prophecy)[2],对被调查企业而言这是极为不公平的。第二,相较于原先的"替代国价格"算法,新算法的举证责任本质上仍然在被调查企业。虽然证明"严重市场扭曲"的举证责任由欧委会来承担,但是根据新《反倾销条例》第2(6a)(a)款,如果被调查企业主张应当用国内价格来计算产品的实际价值,则其负有举证证明自己在市场经济环境下经营的责任,这一点和原先"替代国价格"算法在本质上是相同的。

(四)正常价值的计算信息

当欧委会确认"严重市场扭曲"存在时,被调查企业报告的价值和成本便不能在计算正常价值时被使用,根据新《反倾销条例》第2(6a)(a)款,此时欧委会应当使用"未经扭曲的价格和基准(benchmarks)"来计算产品的实际价值。而根据该款的规定,"未经扭曲的价格和基准"包括:①与被调查企业所属国有经济发展水平相近的"合适的代表性国家"的相应生产和销售成本;②未经扭曲的国际价格、成本或者基准;③如果被调查企业能够证明自己在市场经济环境中经营,则应当使用被调查企业未经扭曲的国内价格和成本。

---

[1] European Commission, The EU is Changing Its Anti-Dumping and Anti-Subsidy Legislation to Address State Induced Market Distortions, 5 October 2017, http:// trade. ec. europa. eu/doclib/press/ index. cfm? id=1736.

[2] Sherzod Shadikhodjaev. Non-Market Economies, Significant Market Distortions, and the 2017 EU Anti-Dumping Amendment, Journal of International Economic Law 21(4), 897(2018).

从表面上来看,欧盟新《反倾销条例》并没有给上述可供计算正常价值的信息设定适用上的优先顺位。[①] 但是,一旦欧委会确定被调查企业所在的行业或者国家存在"严重市场扭曲",实际上便已经推定了相关市场并不是正常运行的。在宏观经营市场被认定存在整体扭曲时,被调查企业更难证明自己独善其身。因此,即使新《反倾销条例》允许对符合条件的企业使用国内价格和成本计算正常价值,但是被调查企业事实上能否证明自己达到了其规定的条件不无疑问。

从计算正常价值的信息来看,新的"严重市场扭曲"算法和"替代国价格"算法有极高的相似度,甚至可谓是"新瓶装旧酒"。[②] 在所列举的三种可供计算正常价值的信息当中,第一种和第二种均背离了被调查企业的国内价格,转而采用了第三国价格和国际价格,在这一点上和采用第三国价格的"替代国价格"算法是一致的。但是新"严重市场扭曲"算法仍有一些新的制度设计。首先,增加了国际价格作为计算正常价值的基准,这在之前的计算方法中是不存在的。其次,根据新《反倾销条例》第 2(6a)(a)款,如果欧委会发现有不止一个国家属于其所称的"合适的代表性"国家,此时欧委会应当优先考虑具有适当社会和环境保护水平的国家。这一规定吸收了欧洲经济与社会委员会提出的建议,其主张在确定被调查企业所属的行业或者国家是否存在"严重市场扭曲"时,对国际劳工组织(ILO)的标准和多边环境保护条约的尊重程度也应当被考虑在内。[③] 但是欧洲经济与社会理事会的建议走得太远,最后并没有被完全采纳,而是经过了调整在选取计算正常价值的信息时对这些因素再加以考虑。但是即使如此,因劳工保护和环境保护标准更高的国家薪资成本和环境保护成本会更高,在用此类国家的价格作为计算正常价值的基准时,会导致倾销幅度上升。而被调查企业因为薪资成本和环境保护成本更低,会被认为存在"社会和环境倾销"。[④] 这对中国等发展中国家而言是十分不利的,这些国家的劳动力优势将会被抹杀,并被征收更高的反倾销税。更严重的是,欧盟长期以来是其他国家立法效仿的典范,例如中国的《反垄断法》便在相当程度上借鉴了欧盟的竞争法[⑤],如果欧盟的这种做法被移植到其他国家,不断上升的反倾销税可能会在更大程度上阻碍国际贸易。

---

①Sherzod Shadikhodjaev. Non-Market Economies, Significant Market Distortions, and the 2017 EU Anti-Dumping Amendment. Journal of International Economic Law, 21, 897(2018).

②Andrei Suse. Old Wine in a New Bottle: The EU's Response to the Expiry of Section 15(a)(ii) of China's WTO Protocol of Accession, Journal of International Economic Law, 20, 951-977(2017).

③The European Economic and Social Committee, Opinion on Proposal for a Regulation Amending Regulation(EU) 2016/1036 on Protection against Dumped Imports from Countries Not Members of the European Union and Regulation(EU) 2016/1037on Protection against Subsidised Imports from Countries Not Members of the European Union, REX/483, para. 1. 5.

④社会和环境倾销指的是出口国没有合理保护工人利益和环境, https://en. m. wikipedia. org/wiki/Social_dumping.

⑤H. Stephen Harris, Peter J. Wang, Yizhe Zhang, Mark A. Cohen, and Sebastien J. Evrard, Anti-Monopoly Law and Practice in China, Oxford University Press, 2011, p. 2.

三、欧盟新规的 WTO"合法性"分析

成员方在加入 WTO 后,作为成员方的基本义务之一,必须确保有关国际贸易等方面的法律与 WTO 项下各项条约的规定。因此,欧盟新《反倾销条例》第 2(6a)款规定的新计算方法必须符合 GATT1994 第 6 条和对其具体化的反倾销协定的规定。在该部分中,本文将先分析在"阿根廷诉欧盟生物柴油反倾销措施案"中专家组和上诉机构报告中讨论的判断成员方国内规范是否"本身违法"的标准,并以该标准来判断欧盟新的正常价值计算方法是否构成"本身违法"。但是从 WTO 争端解决的经验来看,即使成员方的规范不构成"本身违法"也并不意味着在实际运用中不会产生争议。因此,在结束"本身违法"的分析后,本文将进一步分析欧委会在执行层面是否会违规实施该条例,并为中国尤其是中国外贸企业提出针对性意见。

(一)"本身违法"的判断标准

如果成员方的一项国内法规被 WTO 争端解决机构认定为"本身违法",[1]即违反了 WTO 的相关规定,则该成员方必须修改其国内法规定以符合 WTO 项下的规定,否则便可能受到来自其他成员方的报复,可以看出,"本身违法"是一项十分严重的指控。WTO 争端解决机构以及其前身 GATT 在许多裁决中都涉及了这个问题,这些裁决对于厘清"本身违法"的判断标准具有非常重要的意义,尽管如此,在判断具体案件中所涉及的成员方国内规定是否"本身违法"仍然未臻明确,需要专家组个案判断。[2]

起初在判断成员方规定是否"本身违法"时,专家组或者上诉机构会区分该规范是"强制性"还是"裁量性"规范,并认为只有那些强制反倾销调查机构实施违反 WTO 义务的规定才能够被认为是"本身违法"。[3] 但是在之后的争议中,这个裁决实质上被推翻了。US-Corrosion-Resistant Steel Sunset Review 上诉机构认为,没有任何理由认为只有"强制性"规定能够被提起"本身违法"的指控,而"裁量性"规定却能够豁免这种指控,这对某些因这些规定而受到不利影响的成员方来说是不公平的。[4] 此后,"裁量性"规定也能够被认定为"本身违法"。但是如何认定"裁量性"规定"本身违法"依然

---

①"本身违法"指的是 WTO 成员方的国内法规定本身不符合 WTO 的规定,而"适用违法"指的是行政机关某一具体的行为不符合 WTO 的规定。Appellate Body Report, EU-Anti-Dumping Measures on Biodiesel from Argentina, WT/DS473/R.(29. March 2016)para. 6. 154.

②Andrei Suse. Old Wine in a New Bottle:The EU's Response to the Expiry of Section 15(a)(ii)of China's WTO Protocol of Accession, Journal of International Economic Law, 974(2017).

③Appellate Body Report, US-Anti-Dumping Act of 1916, WT/DS136/AB/R.(26. Sept. 2000)para. 88.

④Appellate Body Report, US-Corrosion-Resistant Steel Sunset Review, WT/DS244/AB/R,(9. Jan. 2004)para. 88.

有待明确。在判断某项成员方国内规定是否"本身违法"时,还是应当考虑每个案件的具体情况,包括被指控成员方在 WTO 项下的义务。①

"阿根廷诉欧盟生物柴油反倾销措施案"中专家组和上诉机构采用的判断标准,对于厘清认定"裁量性"规定"本身违法"的标准具有重大意义。在这个案件当中,专家组认为,尽管阿根廷证明了欧盟《反倾销条例》第2(5)款第2段能够以违反欧盟在 WTO 项下义务的方式被适用,但是阿根廷未能证明该条规定只能被以违反 WTO 规定的方式被适用,而不能被以任何符合 WTO 规定的方式被适用。② 在随后的上诉阶段中,上诉机构也支持了专家组的意见,其认为,仅仅因为某一项规定能够以违反 WTO 规定的方式被适用这一事实并不足以证明被指控的成员方国内规定即构成"本身违法"。③ 专家组和上诉机构的论证逻辑可以被概括为:只要成员方的国内规定能够以符合该成员方在 WTO 下义务的方式被适用,则该规定便不能被认为构成"本身违法"。

因此,从上述裁决中可以推断出判断"裁量性规定""本身违法"需要考虑的因素:

(1)存在争议的成员方"裁量性"规定所有可能的解释;

(2)是否存在任何一种符合该成员方在 WTO 项下所负义务的解释;

(3)反倾销调查机关是否实际上被限制以至于根本不可能按照第二项所涉及的解释执法。

(二)"严重市场扭曲"标准合规性分析

如上所述,欧盟新《反倾销条例》设立的"严重市场扭曲"算法在计算被调查产品的正常价值时,舍弃了被调查企业的申报价格而以"未经扭曲的价格和基准"作为计算产品正常价值的基础。但是拒绝使用出口国国内价格和成本的做法在 WTO 的规定中仅能在极少数的情况使用,根据 GATT1994 第 6 条和《反倾销协定》第 2 条的规定,只有在以下三种情况反倾销调查机构才能够舍弃被调查企业所属国的国内价格和成本,分别是:①在正常商业渠道中没有类似产品的销售;②出口国国内市场出现了"特殊市场情况"(particular market situation)以至于出口国国内价格和成本不适宜用来比较;③规定在 GATT1994 第 6 条第 1 款注释的例外方法。所以如果欧盟"严重市场扭曲"计算方法的触发机制不能在 WTO 所设定的三种舍弃出口国国内价格的情形中找到依据,则应当认为欧盟违反了其在 WTO 项下的义务。

---

① Appellate Body Report, US-Countervailing Duties on Certain Corrosion-Resistant Carbon Steel Flat Products from Germany. WT/DS213/AB/R(28. Nov. 2002) para. 157; Panel Reports, EC-IT Products, para. 7. 112.

② Panel Report, EU-Anti-Dumping Measures on Biodisel from Argentina, WT/DS473/R, (29 March 2016) para. 7. 174.

③ Appellate Body Report, EU-Anti-Dumping Measures on Biodisel from Argentina, WT/DS473/AB/R, (6 Oct. 2016) para. 7. 11.

1. 欧盟新规不符合"正常商业渠道"标准

如上文所述,"正常商业渠道"内没有类似产品的销售是拒绝使用被调查企业国内价格的条件之一,因此其成为判断欧盟新正常价值计算方法的触发机制是否合规的标准之一。虽然 GATT1994 第 6 条和《反倾销协定》将正常商业渠道内没有类似产品销售作为舍弃出口国国内成本和价格的条件之一,但是这两部法律并没有清楚地界定何为"正常商业渠道"。① 因此在将其作为判断准绳之前,必须通过法律解释明确其含义。根据 DUS 第 3.2 款,WTO 中的条约也应当按照国际公法的习惯解释规则进行解释。*US-Standards for Reformulated and Conventional Gasoline* 的上诉机构对此作了进一步的解释,明确认可了 WTO 条约也应当按照《维也纳条约法公约》(VCLT)进行解释,其认为,《维也纳条约法公约》第 31 条是国际公法解释的习惯法,受到了广泛的遵守,自然也应当成为 WTO 上诉机构解释 GATT1994 及其相关协定的准则。②

根据《维也纳条约法公约》第 31 条,文义解释是所有条约解释的出发点和落脚点,解释的第一步是按照条约所使用的文字的通常意义来理解条约的内容。③ 而 GATT1994 第 6 条和《反倾销协定》第 2 条中的"贸易"(trade)一词的通常含义为,货物和商品的买卖,尤其是大规模的跨国交易,是一种商业活动。④ 而作为一种商业活动,其显著的特征是逐利性,商人从事货物和商品的买卖就是为了获取利益,尽管有些时候获利意图并不能实现。因此,"正常商业渠道"的通常含义是指以获利为目的从事商品或者货物的买卖。前述解释从《反倾销协定》的法语文本中能够更直观地表现出来⑤,在法语版本中用"opération"来指称"贸易"⑥,而该词的含义即为了获取利润而进行的交易。⑦ 从上述解释可以发现,只要相关商品在出口国国内市场存在以获利为目的的交易,即不能认为该国不存在相关商品的正常商业渠道。

除文义解释外,对《反倾销协定》第 2.1 款进行目的解释也能够得到相同的解释结果。US-Hot-Rolled Steel 的专家组认为不将非"正常商业渠道"的销售作为计算正

---

①Appellate Body Report,US-Anti-Dumping Measures on Certain Hot-Rolled Steel Products from Japan,WT/DS184/15(23. Aug. 2001) para. 139.

②Appellate Body Report,US-Standards for Reformed and Conventional Gasoline,WT/DS2/AB/R,(29. April 1996),p. 17.

③Dörr,Oliver,and Kirsten Schmalenbach. Vienna Convention on the Law of Treaties. A Commentary. Springer Berlin Heidelberg. 2012. Art. 31 para. 40.

④Oxford Dictionary Online,definition of "trade",https://www.oed.com/viewdictionaryentry/Entry/204274.

⑤根据《维也纳条约法公约》第 33 条,各种语言版本的条约均具有相同的效力。

⑥《反倾销协定》(法语版),https://www.wto.org/french/docs_f/legal_f/19-adp_01_f.htm.

⑦Stéphanie Noël,and Weilhuan Zhou,'Replacing the Non-Market Economy Methodology:Is the European Union's Alternative Approach Justified Under the World Trade Organization Anti-Dumping Agreement?'(2016) 11 Global Trade and Customs Law,Volume 11,Issue 11/12,2016,p. 563.

常价值的基准是为了确保最后的计算结果切实反映了被调查产品的在出口国国内市场的真实价值。① 而以是否具有获利意图作为"正常贸易渠道"的判断标准能够排除诸如关联企业之间的财产转移等非盈利型交易,能够确保正常价值的真实性和准确性。

而在欧盟的新《反倾销条例》中,第 2(6a)款将政府干预形成的扭曲价格作为拒绝适用出口国价格和成本,而适用"未经扭曲的价格"作为计算被调查产品的正常价值的触发机制,因此判断的关键就在于"扭曲价格"是否表明被调查交易没有盈利的意图。尽管产品的销售价格是判断交易能否获利的重要依据,但是价格并不是决定能否获利的唯一因素。US-Hot-Rolled Steel 的上诉机构认为,价格仅是交易中要考虑的众多因素之一②,交易的盈利可能性同时受到多方面因素的共同影响。即使被调查产品的价格和成本由于政府干预而扭曲,也不意味着这种交易是无利可图的,更不用说这意味着整个行业和其他交易过程都不以盈利为导向。事实上卖家经常通过降低商品价格的方式来增加自己商品在市场上的竞争力,从而赚取更多的利润。可见,扭曲价格(在反倾销案件中通常是偏低的价格)并不是没有盈利意图的充分条件,因此欧盟的新《反倾销条例》并不符合 GATT1994 第 6 条和反倾销条例第 2 条规定的"正常贸易渠道"不存在类似商品销售的规定。

2."特殊市场环境"标准无法确定欧盟新规"本身违法"

如上文所述,欧盟新"正常价值算法"并不符合"正常商业渠道"标准,但是其是否构成"本身违法"还需要进一步分析其"特殊市场环境"标准下的合法性。尽管"特殊市场环境"标准和"正常商业渠道"标准在 WTO 规定中并没有适用上的先后顺序,但是"特殊市场环境"这个概念抽象性更高,引起的争议更多,尤其是随着《中国入世议定书》第 15(a)(ii)款到期失效,继续对中国进口产品使用"替代国价格"算法的风险越来越大,因此越来越多的国家选择以出口国国内市场存在"特殊市场情况"为理由,拒绝使用出口国国内价格来计算出口产品的正常价值。例如澳大利亚,尽管在《中国入世议定书》第 15(a)(ii)款到期之前就承认了中国的市场经济地位,但是在对中国产品的反倾销调查中频繁以中国市场存在"特殊市场情况"为由拒绝使用相关产品在国内的销售价格来计算正常价值。③ 但是在 WTO 的反倾销裁决中,在"印尼诉澳大利亚 A4 纸反倾销措施案"之前,并没有任何专家组或者上诉机构解释过"特殊市场情

---

①Appellate Body Report, US-Anti-Dumping Measures on Certain Hot-Rolled Steel Products from Japan, WT/DS184/15(23. Aug. 2001) para. 140.

②Appellate Body Report, US-Anti-Dumping Measures on Certain Hot-Rolled Steel Products from Japan, WT/DS184/15(23. Aug. 2001), para. 142.

③Yu Yessi Lesmana, and Joseph Wira Koesnaidi. Particular Market Situation: A Newly Arising Problem or a New Stage in the Anti-Dumping Investigation?. Asian Journal of WTO & International Health Law & Policy 14(2), 417(2019).

况"的含义。① 可以预见,随着"替代国价格"计算方法的式微,"特殊市场情况"将会被更广泛地适用于反倾销调查中,因此明确其含义具有重要意义。

在 GATT 时代,EEC-Cotton Yarn 的专家组在裁决中提及了"特殊市场情况"标准,并认为"特殊市场情况"本身并不是适用结构价格的条件,只有当因"特殊市场情况"存在而导致国内市场价格不能进行合理比较时,才能使用结构价格来计算出口产品的正常价值。② 但是本案专家组对这个问题的分析也仅限于此,在这个案件中专家组只是讨论了"特殊市场情况"和"进行合理比较"之间的关系,对如何解释"特殊市场情况"本身并没有发表任何意见。

在此之后,一些学者基于 EEC-Cotton Yarn 案的裁决试图解释"特殊市场情况"的含义。例如 Weihuan Zhou 和 Andrew Percival 认为只有当相关情况排除了出口价格和正常价格之间的合理比较时才能产生。③ 这一观点也得到了其他学者的支持,例如 Yu Yessi Lesmana 和 Joseph Wira Koesnaidi 认为,这样的解释是符合《反倾销协定》第2.2 条所规定的在"特殊市场情况"存在的情况下国内市场价格不具有可比较性的要求的。④ 这些学者的观点将排除"合理比较"的要求纳入了判断"特殊市场情况"是否存在的判断标准,甚至将是否会排除"合理比较"作为"特殊市场情况"是否存在的唯一判断标准。这样的解释将"特殊市场情况"的判断与是否排除了"合理比较"的判断糅合在了一起,使《反倾销协定》第2.2 条规定的两步判断实质上成为一步判断,是对 EEC-Cotton Yarn 案专家组裁决的误读,因此这种将排除"合理比较"作为"特殊市场情况"存在的判断标准是值得商榷的。事实上,在"印尼诉澳大利亚 A4 纸反倾销措施案"中专家组明确否定了该观点,下文将会对此详述。

在"印尼诉澳大利亚 A4 纸反倾销措施案"中,专家组对"特殊市场情况"这一概念本身应该如何理解做出了界定。在此案中,澳大利亚认为印尼政府在林业和纸浆业的重大影响扭曲了印尼造纸业和造纸市场的价格,使得印尼造纸业能够使用价格远低于正常价值的原材料,因此印尼造纸市场存在"特殊市场情况",其国内价格不宜作为计

---

①Panel Report,Australia-Anti-Dumping Measures on A4 Copy Paper from Indonesia,WT/DS529/R (4. Dec. 2019) para. 7. 19.

②Panel Report,EEC-Imposition of Anti-Dumping Duties on Imports of Cotton Yarn from Brazil, ADP/137(30. Oct. 1995). para. 478.

③Weihuan Zhou,and Andrew Percival. Debunking the Myth of 'Particular Market Situation' In WTO Anti-dumping Law. Journal of International Economic Law,no. 4,881(2016).

④Yu Yessi Lesmana, and Joseph Wira Koesnaidi. Particular Market Situation:A Newly Arising Problem or a New Stage in the Anti-Dumping Investigation?. Asian Journal of WTO & International Health Law & Policy 14(2) ,417(2019).

算产品正常价值的基础。① 而印尼抗辩道"扭曲投入成本""并非单方面影响国内市场销售"和"政府行为"都不属于"特殊市场情况"的范畴。②

总体上来看,专家组的裁决是支持澳大利亚的主张的。

专家组首先认定,"特殊市场情况"与"合理比较"是两个互相关联但是又独立的概念,只有在二者都满足的情况下,反倾销调查机关才可以拒绝适用国内价格计算产品的正常价值。如果国内价格允许与出口价格进行合理比较,那么"特殊市场情况"存在与否都不能拒绝使用国内价格确定产品正常价值。③

在此基础上,专家组做出了以下裁定:

专家组认为澳大利亚根据印尼 A4 纸行业的低成本价格作出其国内存在"特殊市场情况"的判断并不违反《反倾销协定》第 2.2 条。④ 从这个结论中可以看出在判断"特殊市场情况"是否存在时,产品的成本价格是一个可以考量的因素,如果产品的成本价格过低是有可能构成"特殊市场情况"的。

"特殊市场情况"中所指称的"市场"是出口国的国内市场,但是这并不要求在判断"特殊市场情况"是否存在时就考虑其对国内价格和出口价格的影响程度是否相同。虽然印尼曾主张,只有在单方面影响国内市场价格的情况下才能认为存在"特殊市场情况",如果国内市场价格和出口价格均被影响,则不能认为存在"特殊市场情况"。但是专家组并不认同印尼的主张,如果按照印尼的理解,在判断是否存在"特殊市场情况"时就将仅影响国内市场作为考量的因素,实际上就剥夺了"合理比较"制度的功能。⑤

专家组认为《反补贴协定》第 32.1 条应当结合《反倾销协定》第 18.1 条和《反补贴协定》第 56 号脚注一起理解⑥,《反补贴协定》第 32.1 条虽然规定任何反补贴措施只有根据该协定才能作出,但是第 56 号脚注对该条做了补充,《反补贴协定》第 32.1

①Australia Anti-Dumping Commission, Report No. 341 A4 Copy Paper-Brazil, China, Indonesia and Thailand (17. March 2017), pp. 50-51. https://www. industry. gov. au/regulations-and-standards/anti-dumping-and-countervailing-system/anti-dumping-commission-archive-cases/epr-341? field_adc_document_type_tid=2104.

②Panel Report, Australia-Anti-Dumping Measures on A4 Copy Paper from Indonesia, WT/DS529/R (4. Dec. 2019) para. 7. 16.

③Panel Report, Australia-Anti-Dumping Measures on A4 Copy Paper from Indonesia, WT/DS529/R (4. Dec. 2019) para. 7. 27.

④Panel Report, Australia-Anti-Dumping Measures on A4 Copy Paper from Indonesia, WT/DS529/R (4. Dec. 2019) para. 7. 32.

⑤Panel Report, Australia-Anti-Dumping Measures on A4 Copy Paper from Indonesia, WT/DS529/R (4. Dec. 2019) para. 7. 37.

⑥第 56 号脚注规定,《反补贴协定》第 32. 1 条并不排斥成员方根据 GATT 1994 其他条款作出的合理行为。Agreement on Subsidies and Countervailing Measures, footnote 56.

条并不排斥根据 GATT 1994 其他条款做出的合理措施。换言之,如果在构成倾销的情况下,反倾销调查机关是可以做出反倾销措施的,而无论被调查产品是否享受了政府补贴。[①]

综合专家组对印尼这三个主张的反驳,可以得出这样的结论:在因政府干预而导致某一行业或者市场出现原材料价格过低(扭曲)时,是有可能被认定为存在"特殊市场情况"的。而是否能拒绝使用出口国国内市场价格来计算产品的正常价值还需要进一步判断,"特殊市场情况"是否对国内市场价格和出口价格造成了相同的影响,即是否能够进行"合理比较",在这个问题上专家组认为必须结合具体案件事实来判断。

专家组的这一裁决对于判断欧盟的新《反倾销条例》是否符合 WTO 的规定具有十分重大的意义。欧盟新《反倾销条例》将政府干预而导致的包括原材料和能源在内的价格和成本扭曲作为判断"严重市场扭曲"的标准,其在本质上和澳大利亚作出的"特殊市场情况"裁决的逻辑是一样的。都是把政府干预,如产业扶植政策、税收减免政策等行为导致的出口国国内价格低于其认为的合理价格作为判断市场异常情况存在的标准,只不过欧盟立法将其称为"严重市场扭曲",澳大利亚称为"特殊市场情况"。因此,从本案的裁决来看,欧盟立法所称的"严重市场扭曲"是有可能被认定为《反倾销协定》和 GATT 1994 第 6 条所称的"特殊市场情况"的。

而对于专家组所说的第二个条件,即国内市场价格不具有"合理比较"的可能性,欧盟的新《反倾销条例》也予以了制度化。其第 2(6a)(a)款规定,"因为出口国国内市场'严重市场扭曲',导致不适合使用出口国的国内价格和成本计算产品的正常价值时,应当依据'未经扭曲'的价格和基准计算"。在这个要求下,如果要拒绝使用出口国国内市场价格转而使用"未经扭曲"的价格计算时,必须要证明出口国的国内价格是"不合适"(not appropriate)的。但是欧盟立法对于如何界定出口国国内价格是否"不合适"并没有明确的规定,这将交给欧委会结合具体情况进行判断。但是,可以合理推断欧委会为了尽量避免在 WTO 被指控,会作出与本案专家组类似的解释。

(三)价格计算信息分析

GATT1994 第 6 条和《反倾销协定》第 2.2 条对于如何进行结构价格的计算做了相应的规定,这也成为判断欧盟新《反倾销条例》所使用的信息是否符合 WTO 规定的判断基准。在进行结构价格的计算时应当包括出口国国内的生产成本,以及合理的行政管理、销售和一般成本及利润。[②] 而《反倾销协定》第 2.2.1.1 条则做了更详细的规定,即在依照结构价格算法进行产品正常价值的计算时,应当依据被调查出口商和生

[①] Panel Report, Australia—Anti-Dumping Measures on A4 Copy Paper from Indonesia, WT/DS529/R (4. Dec. 2019) para. 7. 47.

[②] Anti-Dumping Agreement. Art. 2. 2

产商所提供的会计记录为基础进行计算,只要该会计记录符合出口国普遍遵守的会计准则以及合理地反映了被调查产品的生产和销售成本。① 在"阿根廷诉欧盟生物柴油反倾销措施案"中,专家组对《反倾销协定》第2.2.1.1条进行了细致的解读,其认为该条所称的"合理反映"应该理解为如实反映,即会计记录如实、准确地反映了被调查生产商的生产和销售等各项成本,而非欧委会主张的应当反映在欧委会认为的合理的市场情况下本应当产生的成本。② 因此,只要被调查出口商和生产商的会计记录如实、准确地反映了其生产和销售的各项成本,且符合其所在国普遍遵守的会计准则,进口国的反倾销调查机构便没有理由拒绝使用被调查出口商或生产商所提供的会计记录来计算。即使反倾销调查机构在计算时参考了其他信息,但是在计算时必须确保其所使用的任何信息都是为了计算被调查产品出口国的成本。③ 综上,结合本案专家组的几项分析,可以认为,在反倾销调查机构进行产品成本计算时必须确保其所得到的结果是出口国的成本价格。

而在欧盟的立法中,一旦被认定存在"严重市场扭曲",便应当运用"未经扭曲"的价格和基准来计算产品的正常价值。对此欧盟新《反倾销条例》第2(6a)(a)款规定,欧委会可以(may)使用包括未经扭曲的国际价格和成本、具有代表性的第三国的成本以及在被调查出口商成功证明其在市场经济条件下经营时才能够使用的出口国的国内价值。在欧盟新《反倾销条例》的表述中,欧委会是可以(may)而并不是应当(shall)使用所列举的几项价格信息,因此其所明确列举的几项可靠使用的价格信息仅仅是不完全列举,欧委会如认为恰当的话还能够使用其他价格信息来计算被调查产品的正常价值,只要能够符合该条所规定的是"未经扭曲"的。④ 而就这三项明确列举的价格信息来看,欧委会并没有被限制一定要使用出口国国内价格之外的价格来计算,只要被调查出口商能够证明市场经济条件存在,欧委会依然可以使用其国内价格。而且,因为欧盟新《反倾销条例》并没有明确规定要到什么程度才算是证明了,这便落入了欧委会的自由裁量权的范围内。换言之,是否使用出口国国内价格计算产品的正常价值在相当程度上是取决于欧委会自身的。因此,欧委会并没有被限制一定以违反WTO规定的方式来计算产品的正常价值,具体的计算方式属于欧委会的自由裁量权的范围内。

---

①Anti-Dumping Agreement. Art. 2. 2. 1. 1

②Panel Report, EU-Anti-Dumping Measures on Biodiesel from Argentina, WT/DS473/R. (29. March 2016) para. 7. 242.

③Appellate Body Report, EU-Anti-Dumping Measures on Biodiesel from Argentina, WT/DS473/AB/R, (6 Oct. 2016). para. 6. 73.

④Christian Tietje and Vinzenz Sacher, The New Anti-Dumping Methodology of the European Union: A Breach of WTO Law?. The Future of Trade Defence Instruments, 102(2018).

（四）小结

从上文分析可知,如果按照"阿根廷诉欧盟生物柴油反倾销措施案"的判断标准来看,欧盟新《反倾销条例》规定的"严重市场扭曲"算法难以被认为是"本身违法"。这一方面是因为在涉及"严重市场扭曲"算法之初便考虑到了与欧盟在 WTO 中的义务的关系,尽量避免产生法律争议①,另一方面因为在条文表述上使用了大量抽象性概念②,例如"严重(significant)""合适(appropriate)"等,使欧委会拥有了较大的自由裁量权,能够以符合欧盟在 WTO 中义务的方式进行反倾销执法。因此,很难认为欧盟新"严重市场扭曲"计算方法无法找到任何一种符合欧盟在 WTO 中义务的方式来执行,故此不能认为该条构成"本身违法"。

四、中国的应对之道

尽管欧盟新《反倾销条例》规定的"严重市场扭曲"计算方法难以被认定为"本身违法",这对中国来说无疑是一个十分不利的消息。但是从欧盟修改反倾销条例的目的来看,欧盟非常可能会构成"实施违法",即作出违反 WTO 规定的具体的反倾销措施。在《中华人民共和国加入世界贸易组织议定书》第 15(a)(ii)款到期失效以后,欧盟继续对中国使用"替代国价格"算法便存在法律争议,因此试图通过修改《反倾销条例》的方法既能够消弭潜在的法律争议,又能够继续保持其长期实行的"替代国价格"算法的本质。③ 因此,为了继续保持欧盟反倾销措施的有效性,欧委会极有可能会拒绝使用中国企业的出口申报价格作为计算正常价值的基础。如此中国企业依然可以以个案认定违法的方式来维护自身的权益。

从上文的分析可见,在"特殊市场情况"标准下很难认定欧盟新《反倾销条例》存在"本身违法"。事实上该标准也为欧委会的具体执法提供了辩护武器,即欧委会可能以"严重扭曲"属于"特殊市场情况"进行辩护。对此中国需要进行针对性预防,具体而言中国企业可采取三类针对性预防措施。

---

①European Commission, Commission Staff Working Document Impact Assessment Possible Change in the Calculation Methodology of Dumping regarding the People's Republic of China, Brussels, 9. 11. 2016. SWD(2016) 370 final. p. 44.

②Mikyung Yun, The Use of 'Particular Market Situation' Provision and its Implications for Regulation of Antidumping, Eastern Asia Economy Review vol. 21, no. 3. 231-257(2017).

③European Commission, Commission Staff Working Document Impact Assessment Possible Change in the Calculation Methodology of Dumping regarding the People's Republic of China, Brussels, 9. 11. 2016. SWD(2016) 370 final. p. 44; Christian Tietje and Vinzenz Sacher, "The New Anti-Dumping Methodology of the European Union: A Breach of WTO Law?", The Future of Trade Defence Instruments, 89-105, 2018. p. 103

第一,证明企业生产要素价格的合理性。从上述"印尼诉澳大利亚 A4 纸反倾销案"的专家组报告可以发现,在因政府干预而导致生产要素价格过低时有可能被认定为存在"特殊市场情况"。对此应当将重心放在证明生产要素的价格是在市场机制的调节下自发形成的,而非是因为政府干预。此外,在理论上还可通过证明生产要素在中国市场的价格和在国际市场的价格相似来否定"特殊市场情况"指控,但是考虑到中国实际价格的确偏低的情况,此种方式难度颇大。事实上,在 WTO 争端解决机构拜托"印尼诉澳大利亚 A4 纸反倾销案"中的论证框架之前,结合中国市场现状,否定"特殊市场环境"的存在并无更优的法律路径。[1]

第二,证明国内价格和国际价格具有"合理比较"的可能性。除中国存在"特殊市场情况"之外,欧盟还需证明因为"特殊市场情况"的存在导致国内价格不具有"合理比较"的可能性。在"印尼诉澳大利亚 A4 纸反倾销案"中,专家组认为如果某生产要素能同时影响国内市场和出口市场产品价格的话,则具有"合理比较"的可能性。在该问题上中国企业有较大的应对空间,因为在正常商业情况下,若生产要素成本低一般都会导致国内价格和出口价格有相应的下降,以便于产品的生产者通过降低价格来提高产品的吸引力和市场份额。对此中国企业应当将重心放在证明自己对内销产品和出口产品"一视同仁"。

第三,规范生产记录,如企业会计账簿等资料,如实反映真实的生产、销售情况。在"阿根廷诉欧盟生物柴油案"当中专家组认为只要出口商的会计记录准确地反映了生产、销售的真实情况,即使进口国反倾销机构采取结构计算价格方法也应当按照出口商提供的会计记录进行。对于中国企业来说,规范地制备自己的会计记录,如实反映生产、销售成本是最容易做到的,而且在无法改变"特殊市场情况"认定的情况下依照企业自己提供的信息计算产品的结构价格对于中国出口企业来说也是最优的选择。

五、结　论

如果从 WTO 争端解决机构判断其成员方国内规定是否构成"本身违法"的标准来看,欧盟的"严重市场扭曲"计算方法,从触发机制到价格计算的信息来看,欧委会都能够找到符合 WTO 规定的方式来执行该制度,如此很难证明其存在"本身违法"的情况。显然,这对中国来说并不是一个好消息,尤其是对中国数量庞大的外贸企业来说,其依然面临着被征收高额的反倾销税的可能。尽管如此,我们必须要清醒地认识

---

①赵海乐:《欧盟单边主义的新动向:反倾销规则中的"社会倾销"条款分析》,《欧洲研究》2020年第 3 期,第 97 页。

到这一事实,并采取理智、合法、合理的措施来应对。既然无法通过证明欧盟的"严重市场扭曲"计算方法构成"本身违法"而迫使欧盟主动修改其《反倾销条例》,那么中国便只能在个案中对欧委会的调查措施进行仔细研究,并以此为突破口尽力争取在个案中的胜利。

(责任编辑:王若曦)

实务研究

行政纠纷解决机制内的撤销嵌套

黄　味①

摘　要：为了规范行政机关的纠偏行为，现行行政法在行政行为效力理论的框架内搭建了一套行政行为撤销规则，在机制与制度匹配上主要依靠复议机关作出撤销决定、法院作出撤销判决。实务中也不乏撤销规则在行政争议解决各个阶段都得到充分适用的案例。检讨法院作出的撤销复议机关撤销原行政机关投诉处理决定的"套娃式"判决，发现行政法上撤销决定的溯及力影响范围尚待明确，行政复议和行政诉讼的制度衔接存在疏漏，有错必纠和合法预期两项原则之间也需要权衡。为了应对复杂的撤销嵌套情形，避免同类案件个体化处理的差异，有必要确立并严格遵循依撤销决定作出的先后顺序分阶段考量行政行为终局效果的分步式判断规则，使撤销判决的效果不至溯及复议决定作出之前，以思考路径的规范性削减审查对象的复杂性。

关键词：复议撤销决定　撤销判决　嵌套　分步式判断

一、问题的界定

行政行为撤销决定是依法行政原则的一项重要表征，②是对权力机关认定为违法的行政行为的及时纠正，而这一纠正过程往往发轫于具体的行政纠纷以及由相对人发动的配套争议处理机制。具体而言，其有可能发生在行政系统内部，表现为行政机关本身的投诉处理、上下层级之间的日常监督以及行政复议中复议机关的合法性检视；也有可能进入司法程序，经受中立第三方的权利救济并获得关于效力的最终裁决。在这复杂的纠纷解决机制中，一旦某些环节的解决主体同时作出了撤销的决定，就有可能发生撤销嵌套的问题。行政撤销决定的再撤销也就这样与行政纠纷解决机制发生了粘连。

---

①黄味，清华大学法学院 2020 级宪法学与行政法学硕士研究生。
②余凌云：《行政法讲义》，清华大学出版社 2019 年版，第 220 页。

关于如何看待被撤销的撤销决定会对原行政行为产生的影响,学界的研究甚少,仅见零星观点支持原行为效力自动恢复说。① 但其对撤销决定自始无效的效果缘何有条件发生未做出充分的回应。此外,受研究视角的惯性影响,目前还很少有学者关注撤销嵌套与纠纷解决机制的偕同关系,讨论还主要集中在撤销嵌套何以产生、是否有必要存在、如何分类处理等纯粹理论辨析上。② 对此,法社会学家欧根·埃利希曾提出一种名为"活法"的法律观照视角,专门用来描述制定法在与社会、司法和学术理论互动过程中所表现出来的一种鲜活状态。③ 对复杂的撤销嵌套问题,只有将其代入司法实务,才能通过具体案情的梳理和思考路径的探索弥合规范与现实之间的罅隙。本文如下要讨论的北京 XY 照明设备有限公司诉中国 MH 局招投标纠纷一案(下文简称"招投标纠纷案"),④便是撤销决定在行政复议和行政诉讼各环节先后作出并且再作出的典型案例。

二、基本案情与问题整理

(一)基本案情与法院观点

北京 XY 公司、上海 AB 公司与案外两家公司于 2016 年底参加了某机场飞行区助航灯光及供电工程高杆灯设备采购项目的公开招标。2017 年 1 月 5 日,根据公示的招标结果,上海 AB 公司为第一顺位的中标者,北京 XY 公司列为第二顺位。

2017 年 1 月 19 日,北京 XY 公司提出四点理由,要求 MH 华北局取消上海 AB 公司第一顺位的中标资格。MH 华北局在审慎考察了北京 XY 公司所提的投诉理由之后,于 3 月 6 日作出 1 号投诉处理决定,以上海 AB 公司更名后提交的产品检测报告与本项目投标时上报的产品外部参数不同为理由,决定撤销上海 AB 公司第一顺位的中标资格。

上海 AB 公司对 1 号投诉处理决定不服,向 MH 华北局的上级机关中国 MH 局申请行政复议。2017 年 5 月 17 日,中国 MH 局作出 2 号复议决定,以事实认定不清为

---

① 有学者认为若违法的撤销被撤销,原来因被撤销而失效的行政行为应自动恢复效力,参见许宗力:《行政处分》,载翁岳生主编:《行政法》(上册),中国法制出版社 2009 年版,第 700 页。

② 有学者将被撤销的撤销决定分为违法和合法两种类型去讨论其受撤销的原因以及应该适用的撤销规则,参见韩宁:《行政撤销决定之再撤销研究——基于行政活动合法性与稳定性的平衡》,《时代法学》2014 年第 5 期。也有学者重点论述撤销、再撤销这种纠错过程应该在多大的范围内发生,如何应对行政行为确定力的边界,参见章剑生:《"有错必纠"的界限》,《中国法学》2013 年第 2 期。

③ [奥]欧根·埃利希:《法社会学原理》,舒国滢译,中国大百科全书出版社 2009 年版。

④ 本案先后形成了三份判决书,分别是:北京市第二中级人民法院(2018)京 02 行初 40 号行政判决书(文中简称 1 号判决)、北京市东城区人民法院(2018)京 0101 行初 777 号行政判决书(文中简称 2 号判决)、北京市第二中级人民法院(2020)京 02 行终 618 号行政判决书(文中简称 3 号判决)。

由,撤销了 1 号投诉处理决定书,并责令 MH 华北局重作。

2017 年 8 月 4 日,MH 华北局经重新审查,作出被诉 2 号投诉处理决定,驳回了北京 XY 公司的投诉。为此,北京 XY 公司也向上级机关中国 MH 局申请行政复议,要求撤销 2 号投诉处理决定。同年 12 月 15 日,中国 MH 局作出了 6 号复议维持决定。北京 XY 公司遂提起诉讼。

2018 年 6 月 7 日,北京市第二中级人民法院作出 1 号行政撤销判决,以中国 MH 局作出行政复议决定的程序有瑕疵为由,判决撤销了中国 MH 局的 2 号复议决定,但未责令其重新作出复议决定或者判决恢复 MH 华北局 1 号投诉处理决定的法律效力。同月,北京 XY 公司再次起诉,提出要求撤销 2 号投诉处理决定和 6 号复议决定的诉讼请求。

为了更加直观地呈现案情发展,制图如下:

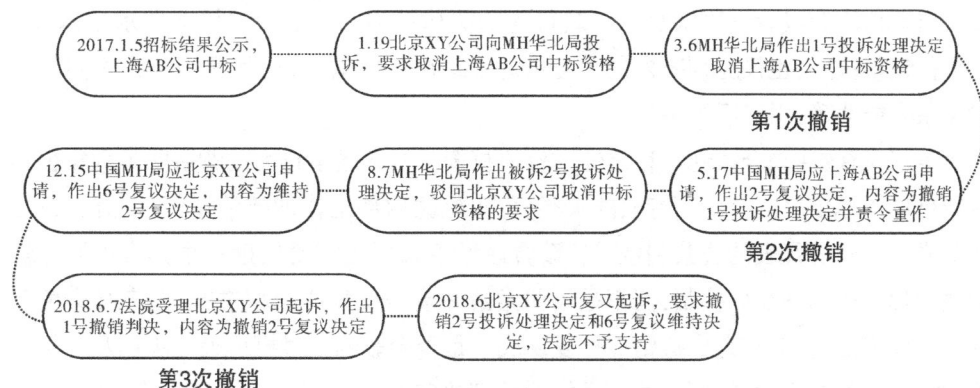

图 1　招投标纠纷案时间线图示

法院经审查后认为,北京市二中院的 1 号判决虽撤销了中国 MH 局作出的 2 号复议决定,但该复议决定只是原行政机关重作的一项指令,并不构成 2 号投诉处理决定成立的事实或者规范基础。即使缺位,也不会撼动 2 号投诉处理决定或者恢复 1 号投诉处理决定的效力。且被诉 2 号投诉处理决定本身事实认定清楚、规范依据选取适当;被诉 6 号复议决定于法定期限内作出,程序合法。综上,一审法院依法作出 1 号驳回诉讼请求判决后原告上诉,二审法院作出 3 号维持判决,本案至此终结。

(二)问题整理

招投标纠纷案历经一次投诉、两次复议、三次判决,最终以北京 XY 公司败诉,上海 AB 公司重获中标资格的结果尘埃落定。而复杂的撤销嵌套问题却远没有结束,被撤销的撤销决定会对原行政行为以何种次序产生何种影响,是本案需要研究的核心。鉴于此,笔者从本案所涉及的投诉处理决定书、复议决定书和法院判决书等文书中,整理出如下三个问题。

第一,撤销决定作出后溯及力范围尚待明确。适时双方的争议焦点主要是 2 号复议决定被撤销后,在复议机关要求下重作的 2 号投诉处理决定是否相应无效、被撤销的 1 号投诉处理决定效力是否自动恢复。法院认为答案是否定的,并就复议决定行为的定性和所发挥的价值进行了说理。笔者赞同法院最终得出的结论,但对通往答案的路径存有异议。本案争议问题的法理基础应落脚于撤销概念的辨析上,即撤销决定自始无效的效果波及范围的界限,原行为自动恢复的条件,违法性继承的顺序以及受上述因素影响的嵌套处理范式的搭建。

第二,撤销嵌套困境的制度化出路有待探索。本案历经投诉、复议和诉讼三个阶段,跨越了行政系统内外的权利救济渠道。制度衔接过程中除了原生性的联通障碍需要克服,还有实务操作中次发性的规范适用失灵现象留待解决。本案中,中国 MH 局的 2 号复议决定改变了原行政行为,法院 1 号判决在撤销 2 号复议决定之外,依最高人民法院关于适用《行政诉讼法》的解释第八十九条规定,可以一并责令复议机关重新作出复议决定或者判决恢复原行政行为的法律效力。而法院并没有要求中国 MH局重作复议决定,也没有判决恢复 1 号投诉处理决定的效力,这使得当事人之间的法律关系未能明确,引发后续诉累。

第三,行政活动合法性与稳定性的价值权衡。本案系争行为的背后除了两家公司对新机场招标项目的中标期待权的博弈,行政机关内部运作的政治逻辑,还有新机场的落成和运营所代表的公共利益。行政合法性审查原则需要借助一个具有可操作性的法律程序机制来加以控制,而不是放任撤销和废止反复或互相进行,延宕社会关系的最终稳定。比如,在考虑撤销 2 号复议决定是否会影响 2 号投诉处理决定及 6 号复议维持决定的效力时,需要关注 2 号投诉处理决定是否已经产生了实质确定力、上海AB 公司对其是否具有合理预期。确定力所带来的合理预期与合法性所要求的自我纠错相互碰撞,使得"有错必纠"[1]需要权衡,有了界限。

三、本案论点分析

(一)撤销决定作出后溯及力范围尚待明确

行政行为撤销是指,行政机关对于违法程度未及重大且明显标准,但又有必要作出否定性评价的行政行为,所作的消除该行为效力、使其效力自始不发生的行政行为。[2] 若依原告北京 XY 公司主张,1 号判决撤销了 2 号复议决定,将使 1 号投诉处理决定的效力自动恢复,那么自始无效的理论将会受到冲击。鉴于自中国 MH 局作出 2

① 毛泽东在《关于正确处理人民内部矛盾的问题》中指出:"我们的方针是:'有反必肃,有错必纠'。"因而,有错必纠更多表现为一项政策性原则。参见毛泽东:《毛泽东选集》第 5 卷,人民出版社1977 年版,第 377 页。
② 章志远:《行政行为效力论》,中国人事出版社 2003 年版,第 120 页。

号复议决定要求撤销 MH 华北局 1 号投诉处理书并责令其重作之日起，1 号投诉处理书就已经失去法律效力。若允许其效力日后可能因撤销决定被撤销而重新恢复，则将撤销决定作出后"效力自始不发生"的理论偷换概念为"附条件自始不发生"，使被撤销法律关系始终处于不确定的状态。同理，1 号投诉处理决定被撤销也不会导致最初的中标公示结果效力自动恢复，仍需由 MH 华北局再次启动行政程序，经审慎裁量作出 2 号投诉处理决定，重新赋予上海 AB 公司中标资格。

鉴于此，撤销决定作出后溯及力影响的范围并不是无限大的，其向前发生的效力仅限于系争被撤销的行为作出之时；且在作用对象上，遵守类似于具体行政行为的特定化规则，无特别指示不会波及其他关联性行政行为的效力。具体而言，每一行为作出、每一争议提起、每一处理决定都组成了一个撤销环节，每一环节既相互关联，又相对独立，仅在各自步骤内发生溯及力。同时，为了避免随机抽查某一环节可能造成的无序性，有必要按照各步骤发生的时间顺序确立一个连贯的思考过程，逐一对各个环节加以效力判断，最终得出递进式的结论。① 现在需要考虑的是，这一思考过程应该以正序还是倒序的逻辑进行。

随着相关当事人在依托于原行政行为所产生的含有一定违法性的行政法律关系上结成的特定社会关系——趋于稳固，权力机关欲以单方面的意志宣告②将社会关系一步倒推回本来面目，可能会给社会关系造成更大的冲击。因为人们往往是基于每一阶段行为背后的时间线索所作出的有关生产及生活的合理信赖，无法强求他们对将来可能发生的变化作出预判。③ 且倒推式思考本身还存在一个逻辑漏洞——撤销不仅针对行政行为，并且其本身也是行政行为，④也就是说，后一阶段被撤销的对象本身又是前一阶段发出撤销指令的行为，如此因果链条自然断裂根本无法把各个环节贯通起来。故而，为了社会安定与发展，权力机关行使撤销权不应超过当事人的合理预期，须按照撤销决定作出的先后顺序，分阶段考量行政行为终局效果，即遵循分步式判断规则。

以本案为例，第一阶段是 2 号复议决定撤销了 MH 华北局作出的 1 号投诉处理决定并责令其重作，其效果是 1 号投诉处理决定自始不发生法律效力，MH 华北局重新作出的 2 号投诉处理决定对上海 AB 公司的中标资格加以确认。接着，第二阶段是 1 号判决撤销了 2 号复议决定，2 号复议决定的效力同样自始被消除，但由于判决未对 2

---

① 关于法的安定性和秩序要素以及行政行为的存续性，参见赵宏：《法治国下的目的性创设——德国行政行为理论与制度实践研究》，法律出版社 2012 年版。

② [奥]凯尔森：《法与国家的一般理论》，沈宗灵译，中国大百科全书出版社 1996 年版，第 360 页。

③ 关于相对人合法期待的具体表述，参见余凌云：《行政法上合法期待之保护》，《中国社会科学》2003 年第 3 期。

④ [德]毛雷尔：《行政法学总论》，高家伟译，法律出版社 2000 年版，第 270 页。

号投诉处理决定作出任何安排，其效力将继续维持。故而，从某种程度上说，2 号判决驳回原告北京 XY 公司提出的撤销 2 号投诉处理决定及 6 号复议决定的诉讼请求，可以看作是对该分步式判断规则所得结论的司法确认。

（二）撤销嵌套困境的制度化出路有待探索

撤销嵌套的实质是在撤销后续行政行为的决定作成时，间接地否定了先前行政行为的效力，并通过这种间接打击，来达成后续行为效力自始不发生和先前行为合法性审查同时进行的效果。从理论上讲，只要不断作出的撤销决定始终达不到合法性的要求，先行为的违法性继承①和撤销行为的合法性审查就可以无限进行，陷入反复的漩涡。当然，这只是学理上的讨论，出于依法行政的要求以及法的安定性、明确性的内在品质，无意义的反复撤销严重违反比例原则，降低了行政效率，需要通过制度化的机制加以约束。也就是说，当原行政行为所具备的权利保障程序已足够充分、再加以后续的权利救济确无必要时，法院就应该阻断系争行为再度获得合法性评价的道路，将法律关系稳定下来。

体现在行政复议和行政诉讼相衔接的法规范上，即要求法院对撤销决定和其指向的先行政行为一并作出判决，以明确系争法律关系，实质化解争议。如《行政诉讼法》第七十九条规定，复议机关与原行为作出机关充当共同被告的案件，法院应当对复议决定和原行政行为一并裁判；《最高法关于适用〈行政诉讼法〉的解释》第八十九条规定，复议决定错误改变原行政行为的，法院判决撤销复议决定时，可以一并责令复议机关重新作出复议决定或者判决恢复原行政行为的法律效力。

招投标纠纷案中，中标决定在行政系统内历经投诉和复议后，进入了司法程序。对于北京市二中院作出的 1 号判决，被告认为法院虽撤销了中国 MH 局作出的 2 号复议决定，却没有责令其重作，也没有判决恢复 1 号投诉处理决定的效力，说明司法审查未否定 2 号投诉处理决定和 6 号复议决定的法律效力。而原告则坚持法院只是遵循当事人主义，仅对诉讼标的作出了判决，未涉及部分并不意味着积极的表态，遂就 2 号投诉处理决定及 6 号复议决定单独提起诉讼。面对如此语意不明的裁判文书，双方自然会出现理解差异。而实践中，除了本案所承载的沟通行政救济与司法审查制度之间的规范适用缺位②的难题之外，还有许多单一行政体系内存在的，缺乏相应法规范，仅有内部机制发生外部作用的反复撤销问题需要解决。因此，有必要参照前文所述原理，以行政诉讼法及其司法解释中的相关规定为模型，将复议与诉讼两项争议解决机制之间的桥梁拓宽至每一撤销环节之间的衔接部分，并确保其实施。具体而言，即当

---

①王贵松：《论行政行为的违法性继承》，《中国法学》2015 年第 3 期。

②即前文所提及的最高人民法院关于适用《中华人民共和国行政诉讼法》的解释第八十九条规定，适用该条本可以避免法院未对复议决定和原行为一并作出判决，致使当事人对原行为效力争持不下的问题。

原行为在前阶段的权利救济中已经得到充分检视,在后阶段间接针对该行为的争讼手段中也经受了相关的合法性审查,那么在撤销决定作出时一并宣布对原行为的处理意见,足以充当保障相关个人和组织权益的手段。

(三)行政活动合法性与稳定性的价值权衡

面对撤销嵌套案件,法官需要衡量行政活动合法性和社会关系稳定性各自所代表的价值。在权利救济确有必要时,解构行政行为的确定力,通过作出撤销后续行为并要求行政机关重作的司法判决纠正原行为的违法性。基于判决主文的羁束,①行政机关自觉矫正原行政行为与法律规范间的差异,重新交出一份合格的答卷。其实质是在原行政行为的权利救济不周延、稳定性需求欠缺足够的正当性基础的情形下,由法院依分步式判断规则对撤销嵌套作出终局式的回答,确保当事人权利的可救济性。反之,在先前各阶段的审查结果已足够明确,再行撤销或责令重作只是施加新一重嵌套的情况下,法院应直接作出驳回判决,释明法律关系的现实状态。

1 号判决中,法院认为按《行政复议法》第三条的规定,复议机关作出不利于利害关系人的决定,应严格贯彻正当程序原则,通知其参加行政复议。而中国 MH 局未告知北京 XY 公司具有参加行政复议,进行陈述、申辩的权利,即作出 2 号复议决定,程序违法。故而,法院依法判决撤销 2 号复议决定,于此行政行为合法性的价值高于相对人对行为稳定性所产生的信赖利益。其后,在北京 XY 公司单独提起的 2 号投诉处理决定和 6 号复议维持决定的撤销之诉中,法院表面上是对被诉行为认定事实是否清楚、适用依据是否准确加以检视;更深层是拷问 1 号撤销判决在多大范围内发挥作用,已在前阶段接受合法性检视的行为是否还需要处在不断变动的效力评价体系之中;其核心则是司法审查的目光需要在法安定性、合目的性与正义性这三项价值间反复流转,②找到个案的价值重心。当然,这是一个颇为复杂的主观认知与说理论证的过程,毕竟,这些价值一般无法量化,需要丰富的经验和缜密的说理,方可给出令人信服的判断。

具体而言,在运用分步式规则作出效力判断之前,可以综合考虑以下三种因素:相关法规是否存在赋予行政相对人以及利害关系人在同一机制中的不同阶段或者跨机制的不同阶段获得相应救济的渠道,规定是否周延;在后一撤销环节决定前一环节行为的效力,会引发整个行政过程安定性受损害的程度以及阶段性地让行政行为形成的法律关系不受动摇的必要性的程度;③当受益人不存在信赖不值得保护的情形,且信赖利益显然与公共利益存在正相关,可能还要考虑撤销所欲维护之正义是否具有其他有效措施予以救济。

---

①潘自强,邵新:《裁判文书说理:内涵界定与原则遵循》,《法治研究》2018 年第 4 期。

②关于法律理念的二律背反,参见[德]拉德布鲁赫:《法哲学》,王朴译,法律出版社 2013 年版,第 81 页。

③[日]海道俊明:《违法性继承论再考》,《自治研究》2014 年第 5 期。

四、本案可以参考的范围与可能的突破

(一)参考的范围

面对现代行政法中一项争议多由数阶段联合处理的行政实况,分步式判断规则应该得到重视。招投标纠纷案案是北京市二中院作出的二审判决,虽然不具有指导案例"应当参照"的法效力,但也是法官反复推敲、审慎作出的地方判例,可以弥合司法解释与裁判实务之间的裂隙。"法官的工作不只是机械地找法并将其运用于具体的案件,他们选择相关法规范和援引类似案例的过程本身就是对法律的解释和发展。"①法律的普遍正义是由个案正义攒簇累积起来的。因此,法院有必要从招投标纠纷案等个案正义抓起,将裁判理由归纳成一条在类案中得以反复适用的指导原则,以实现同案同判的普遍正义。

那么,招投标纠纷案的参考范围究竟有多大,适用技术上又该如何判断案件之间的类似性呢?② 通过比较本案中各要素对于判决结果的贡献程度,③笔者从中抽象出以下三点最能凸显其裁判思路、方法和理由的参考范围划定标准用来判断日后将要面临的新案件与本案是否具有法律意义上的相似性。

其一,前阶段的撤销决定。招投标纠纷案的特殊之处即在于"套娃式"的撤销决定,以及因此引发的效力评价困境。在划定参考范围时,可以将本案中具体的复议撤销和判决撤销统合为前阶段作出的撤销决定,以囊括他案中可能存在的行政机关因复议决定以外的行政指令而作出的撤销决定。

其二,撤销行政行为的诉讼请求。行政诉讼是争议处理的最后一道防线,再疑难的撤销嵌套案件最终也将在撤销诉讼中面临终结,区别仅在于所经历的判决份数不同而已。此外,撤销之诉与前阶段的撤销决定两项标准相配合,就从外观上满足了"套娃"的要件。因此,撤销判决是撤销嵌套最后也是最重要的一环,其他的判决类型即被排除在参考范围之外。

其三,撤销对象是授益性行政行为。本案两家公司争夺的对象是北京新机场飞行区灯光设备采购项目,行政机关作出有利于任何一方的决定都可能关乎另一方的合理

---

①[美]马修·戴弗雷姆:《法社会学讲义》,郭星华等译,北京大学出版社2010年版,第90页。
②由于相似性的认定在我国尚未建立起一套统一的标准,遂通过参考德国主流学说"构成要件类似说"和"实质一致说",来判断招投标纠纷案中哪些要素可以担当类似性判断的职责。并得出以下结论:只有两案各自对于法律评价具有重要意义的要素之间具有实质的一致性时,才可以认为所要处理的案件属于本案参考范围之内。学说内容参见黄建辉:《法律阐释论》,新学林出版股份有限公司2000年版,第37页。
③[德]卡尔·拉伦茨:《法学方法论》,陈爱娥译,商务印书馆2003年版,第257页。

期待,牵涉项目的动工和落成。因此,本案的撤销嵌套困境还具有各种价值相互博弈的底色。

(二) 可能的突破

招投标纠纷案确实具有成为指导案例的潜力,但是,原判决书中没能发展出具有可操作性的规则,来助力司法审查由形式正义转向实质正义。且其撤销的对象局限于授益性行政行为,对于负担性或者复合性的行为缺乏借鉴意义。此外,招投标纠纷案作为贯通各个救济阶段的典型案件,本应为行政系统内外的纠纷解决机制提供更清晰、更优化的衔接指引。为此,本部分提出以下三点可能的突破,希望能够拓宽本案影响的范围。

其一,确立以成文法为基础但又不囿于成文法的分步式判断规则。前文述及,分步式判断规则是从行政诉讼法及其司法解释中有关复议和诉讼制度衔接的裁判规范引申而来的。随着制度化出路与价值权衡这两部分论述的深入,其内涵也逐步细化,渐渐有了司法策略的影子,在某种意义上证成了"法院是行政法理论的开拓者"①的命题。将其定位为本案的裁判要旨,有助于在现行法尚未发展出具有可操作性的具体规范之时,先引导法官们基本掌握走出嵌套困境的实用法则,待条件成熟后自可完成规范成文化的过渡。

其二,形成撤销对象的类型化思考,拓宽规则辐射的范围。授益性决定的行为相对人固然有合理的信赖利益需要保护,但负担性决定的相对人也有受到权力恣意限制程序机制保障的需要,而分步式判断规则中预设的检视原行为在前阶段是否得到了充分救济的启动条件,在一定程度上可以避免行政系统内不合理的权力干预通过撤销决定被合法化。至于复合性决定的撤销,其既然包含了授益性和负担性双重的法律效果,对于能够区分的部分自可分别落入前两种类别,适用分步式判断规则;对于不能区分的部分,从相对人权益保障角度考虑,应当归属于授益性决定,也可以适用该判断规则。因此,可以把本案关于授益性行政行为的撤销对象范围推广至所有类型的行政决定。

其三,以撤销嵌套的争议解构为切入点,明晰各环节相互配合的制度化保障。②本案佐证了撤销嵌套与争议处理进程的粘连性,并提示了纠纷解决机制项下各环节彼此间联通的不畅。而正是这种滞涩感使得原行政行为的违法性反复继存,没能最大限度地发挥每一闭环最初设置时的筛选和分流功能。为此,有必要将分步式判断规则从单纯处理复议撤销与判决撤销的嵌套情形,推广至每一可能发生嵌套的救济手段的衔

---

① 胡敏洁:《论行政法中的案例研究方法》,《当代法学》2010年第1期。

② 此处"制度化保障"意为,对于纠纷解决不同环节间勾连部分处理的有关模式,给予特定化的承认和保护,使其本身被理解为如行政复议、行政诉讼等救济手段一般客观受到保障的制度性内容。

接部分,并在嵌套内容上拓宽至撤销决定以外的改变原行政行为的决定中。当然,这一制度化出路的探索必须是以服务于救济权保障和施压于行政权恣意为目的的,也必须受到诸如前阶段的权利救济已经得到充分检视等本质要求的相关限定,否则该理论外延的拓展只可能发挥弱化行政相对人合法权益保障功能的反作用。

五、结　论

综上所述,招投标纠纷案其实是对分步式判断规则在撤销嵌套困境中所能够发挥的作用的司法背书。以撤销决定作出的先后顺序为原则,分阶段考量行政行为终局效果;同时,为了防止无意义的反复撤销严重降低行政效率,规则又增设了检视原行为在前阶段的权利救济中是否得到充分保障的启动条件,以决定在后阶段间接针对该行为的争讼手段中是否还需经受相关的合法性审查;最后,正如每一成文法规范都是蕴含其中的价值权衡的体现,规则也同样面临行政行为公定力、合法性、社会公益以及相对人信赖利益保护等项价值的博弈。弄清这三重面向,才算有可能通过本案在中国的"行政程序法"中留下关于撤销嵌套难题的条文化规则,固化以上理论探讨的结果,为行政纠纷解决各项机制的衔接带来一些正面的影响。

论重罪案件中认罪认罚从宽程序的适用

——以 S 省 L 市检察院认罪认罚从宽程序的适用为切入点

许源源、刘星辰①

摘　要:重罪案件作为刑事案件中较为特殊的组成部分,其认罪认罚从宽程序适用的方式应在注重认罪认罚从宽程序适用基本法理的同时兼顾自身特殊性。目前重罪案件认罪认罚程序适用中存在程序适用率、量刑建议采纳率、辩护率均偏低以及值班律师法律帮助作用微弱、检察官适用程序激励机制不健全等矛盾。应从正确理解《刑事诉讼法》第 15 条、承认检法审前沟通的合理、完善值班律师配套制度、证明标准阶段化处理等方面进行制度与程序的勾勒。

关键词:重罪案件　认罪认罚　法解释学　实证研究

一、引　言

2016 年 7 月 22 日,《关于认罪认罚从宽制度改革试点方案》由中央全面深化改革委员会第二十六次会议审议通过,自此,认罪认罚从宽制度逐步在全国展开试点。认罪认罚从宽制度的实施一则有助于贯彻宽严相济、繁简分流的刑事政策;二则为庭审实质化与审判中心主义改革贡献制度基础。重罪案件作为刑事案件中较为特殊的组成部分,其认罪认罚从宽程序适用的方式理应在注重认罪认罚从宽程序适用基本原理的同时兼顾自身独特性。但根据笔者近期在 S 省 L 市检察院的调研,部分检察官在进行重罪案件认罪认罚从宽制度程序适用工作时存在部分理论认识和实务操作上的偏差,本文将从《刑事诉讼法》第 15 条的法解释学分析入手,结合 S 省 L 市目前重罪案件中认罪认罚从宽制度的运行现状,通过对运行现状充分的剖析,试提出一定法解释学路径与制度勾勒的对策,以促进重罪案件中认罪认罚从宽制度的适用与发展。

---

① 许源源,四川大学法学院 2019 级司法制度专业硕士研究生;刘星辰,四川大学法学院 2020 级诉讼法学硕士研究生。

二、重罪案件的定义

厘清"重罪案件"的概念是研究"重罪案件中认罪认罚从宽程序"的前置条件。目前学界对这一概念的界定主要有三种观点:实质标准说、形式标准说、实质与形式结合说。① 实质标准说的划分依据是罪行的性质,实质标准说认为危害国家安全、危害社会公共安全等犯罪应认定为重罪,而侵犯财产等犯罪应认定为轻罪;持形式标准说观点的学者则意图将重罪案件与轻罪案件进行量化分类,将法定刑轻重作为重罪案件与轻罪案件的划分标准;实质与形式相结合的观点则处于上述两观点的中间位置。

在本文的研究与分析中,重罪案件与轻罪案件界分方式为形式标准说,其原因在于:概念的界分应考虑到实际适用的可行性,若将界分标准定义为实质标准说,那么危害国家安全类犯罪便是理所应当的重罪案件,但其中如分裂国家罪也可能会被判处三年以下有期徒刑,财产类犯罪在持实质标准说的学者眼中应为轻罪案件,但其中盗窃罪却有可能被判处无期徒刑。现代刑法中涉及公民生命、健康和国家安全等重大法益的犯罪在刑法所规定的犯罪总量中仅占绝对少数,而涉及经济、社会基本秩序的维护等方面的犯罪则占绝大多数,绝大多数情况下,后者在一般人的观念中并不具有重大的恶性程度,不是必须动用苛厉的实体、程序处遇才为恰当。故这种划分依据或不具现实合理性。由于实质与形式标准结合说的观点具有一定模糊性,而法律只有在明确的情况下才能适用②,概念的界定亦如是。形式标准说将刑罚作为重罪案件与轻罪案件的划分标准,该观点是三种观点中最具实用性与确定性的标准。

同时,法定刑轻重是直接体现犯罪分子所犯罪行轻重的尺度,犯罪性质或具体罪名仅是影响因素。③ 根据 S 省 L 市检察院实际办理案件的相关数据,可见该院所办法定刑三年以下的案件占 79.33%,三年以上、不满七年的案件占比 16.41%,七年以上、不满十五年的案件占比 4.09%,十五年以上案件占比 0.17%。不难看出,法定刑不满三年的案件占绝大多数,而法定刑三年以上的案件仅占少数。同时,刑法中法定刑三年以上有期徒刑的罪名往往也是较为严重的刑事犯罪④;在程序法中,三年之界限往往也是简易程序是否能够独任审判的判断要点之一。基于此,本文所述重罪案件为法定刑罚三年以上有期徒刑的案件,轻罪案件为法定刑不满三年有期徒刑的案件。

---

①郑丽萍:《轻罪重罪之法定界分》,《中国法学》2013 年第 2 期。
②于晓艺:《"基本法律神话"的破灭——评〈法与现代心智〉》,《法律科学(西北政法学院学报)》2007 年第 1 期。
③郑丽萍:《轻罪重罪之法定界分》,《中国法学》2013 年第 2 期。
④王文华:《论刑法中重罪与轻罪的划分》,《法学评论》2010 年第 2 期。

三、重罪案件中认罪认罚从宽制度的运行现状

首先,本次调研的样本位于 S 省 L 市,L 市位于 S 省中部,系国家首批对外开放城市。2018 年 10 月,随着刑事诉讼法的修改,认罪认罚从宽制度在我国正式确立,该制度在我国全面推开仅两年多光景,而本次调研数据就涵盖了 L 市 6 区 4 县基层检察院及市检 2019 年至 2020 年上半年的认罪认罚从宽案件数据,因此对本文的分析以及该制度在全国的实践优化具有相当的参考价值。其次,L 市地形复杂,辖区面积较广,其下辖的县、区中,既有经济发展相对落后、案件数量较少的地区,也有经济相对发达、案件数量较多的地区。因此,案件样本的选择大致可以代表全国的平均水平。最后,L 市检察官所反映的相关问题,均系法律法规、司法解释所直接或间接导致的,而非源于 S 省或 L 市出台的认罪认罚从宽制度地方性配套文件。同时,该市检察官的工作环境及情况与其他检察院并无明显差异。

笔者通过对 S 省 L 市基层检察院的调研发现,就重罪案件而言,目前存在认罪认罚从宽程序适用率和辩护率偏低、适用后精准量刑建议提出比例、量刑建议采纳率均偏低,以及值班律师制度运行效果不佳和检察官适用该程序积极性不高等问题,具体如下所述。

(一)重罪案件中认罪认罚从宽制度适用率较低

我国认罪认罚从宽制度自 2016 年开始试点,该制度旨在建立繁简分流的刑事政策,为庭审实质化改革与审判中心主义的诉讼制度改革奠定基础。但认罪认罚从宽制度的建立并不仅仅出于单一的效率目的,同时也出于贯彻宽严相济的刑事政策以及促使被告人真诚悔过、赔偿被害人,以推动恢复性司法构建的目的。基于此,认罪认罚制度的适用理应一视同仁,但在检察实践中,重罪案件中认罪认罚制度的适用率却远低于轻罪案件。

通过对 S 省 L 市 2019—2020 年适用认罪认罚程序的 927 份案卷的统计分析,得出结果如下:其中适用认罪认罚从宽程序且法定刑期在有期徒刑三年以上、不满七年的案卷占比 9.57%;适用认罪认罚从宽程序且法定刑期在有期徒刑七年以上、不满十五年的案卷占比 1.75%。相较而言,在 2019—2020 年 L 市全市已决案件中,法定刑期在有期徒刑三年以上、不满七年的案件占比 16.41%,七年以上、不满十五年的案件占比 4.09%。可见,仅法定刑期在有期徒刑三年以下的案件在适用认罪认罚案件中的占比高于在 L 市整体案件中的占比,而法定刑期在有期徒刑三年以上、不满七年与有期徒刑七年以上的案件,在认罪认罚案件中的占比则远低于在整体案件中的占比。根据上述统计结果及数据分析,不难得出:在 L 市适用认罪认罚的过程中,重罪案件中的适用比例远低于轻罪案件,且罪行的严重程度与适用比例成反比。

下表反映 L 市适用认罪认罚案件与 L 市整体案件中不同法定刑期所占比例：

表1 S 省 L 市检察院 2019—2020 年办理案件比例表

	有期徒刑三年以下	有期徒刑三年以上、不满七年	有期徒刑七年以上
L 市适用认罪认罚从宽制度的案件中占比	88.68%	9.57%	1.75%
L 市整体案件中占比	79.33%	16.41%	4.26%

根据笔者在 L 市基层检察院的访谈，重罪案件中认罪认罚从宽程序适用比例较轻罪案件低的部分原因在于，部分检察官在认识理解上存在一定的误区。一线检察官往往将《指导意见》中的"对犯罪性质和危害后果特别严重、犯罪手段特别残忍、社会影响特别恶劣的被追诉人，认罪认罚不足以从轻处罚的，依法不予从宽处罚。"理解为"对于犯罪性质严重的被追诉人不适用认罪认罚从宽程序"，对认罪认罚在重罪案件中的适用抱有选择性心态，认为对于犯罪性质严重的犯罪嫌疑人不宜适用认罪认罚从宽程序。

(二)检法的提前沟通促成重罪案件中的量刑建议高采纳率

重罪案件区别于轻罪案件的关键点，在于二者的处理结果对被追诉人的影响差异巨大。相较于轻罪案件中的管制、拘役或三年以下有期徒刑的处理结果，重罪案件中动辄数年、数十年的人身自由甚至是生命权的剥夺，使得对重罪案件的处理应当持充分谨慎的态度，不宜与轻罪案件适用同一标准，认罪认罚从宽程序的适用亦如是。具体而言，重罪案件中量刑建议的提出应综合评判全部量刑因素，从而尽可能地提高量刑建议的采纳率，避免出现因检察官工作疏忽导致被告人虽签署具结书，但实判刑罚却与量刑建议不一致的情况。上述情形不仅是对被告人期待利益的侵犯，也是对检察机关公信力的严重侵蚀。

根据本次统计结果，L 市 2019—2020 年轻罪案件中量刑建议直接采纳率为 83.01%，调整后采纳率为 10.57%，不采纳率为 9.79%；重罪案件中，量刑建议直接采纳率为 91.55%，调整后采纳率为 4.23%，不采纳率为 4.23%。从数据来看，重罪案件的量刑建议采纳率(包括直接采纳与调整后采纳)较轻罪案件更高。

下表反映 2019—2020 年 L 市轻、重罪案件适用认罪认罚程序量刑建议采纳率：

表2 S 省 L 市 2019—2020 年办理轻重罪案件适用认罪认罚制度时量刑建议采纳率表

	直接采纳率	调整后采纳率	不采纳率
轻罪案件	83.01%	10.57%	9.79%
重罪案件	91.55%	4.23%	4.23%

　　根据常理,轻罪案件相对简单,量刑建议提出的难度也相对较低,检察官按理可以更加准确地提出量刑建议,重罪案件则应当相反,但为何数据显示重罪案件中的量刑采纳率更高?根据笔者对当地检察官的访谈,主要原因在于,相较于轻罪案件,实践中检察官与法官就重罪案件交流、沟通得更加频繁,在交换意见的过程中就量刑等关键问题往往已经达成一致。

(三)重罪案件中辩护率偏低、值班律师法律帮助效果微弱

　　重罪案件对被追诉人动辄三年以上人身自由乃至生命权的剥夺,相较于轻罪案件而言,被追诉人前者的否定性后果更为严重。此外,重罪案件案情复杂的可能性远大于轻罪案件,发案率也低于轻罪案件,这直接导致侦查机关、检察机关对重罪案件的处理并不像轻罪案件一样信手拈来,量刑建议的提出和证据链的闭合往往也不如轻罪案件的办理更加准确和顺利。换言之,重罪案件的办案难度往往大于轻罪案件,因此,在适用认罪认罚从宽程序的重罪案件中,应给予被追诉人更多实质协商的可能和机会,以保障其程序利益的实现。

　　然而,由于被追诉人自身大多并不懂法,值班律师在认罪认罚从宽具结书的签署过程中往往也仅起到"见证人"的作用,因此,辩护律师是否在场并参与检察官主导的量刑建议提出与认罪认罚具结书的签署便尤为关键,最直观的体现便是认罪认罚具结书签署时的辩护律师在场率。

　　以 L 市为例,其适用认罪认罚从宽程序的轻罪案件中,辩护律师在场的共占 58 件,值班律师在场的占 498 件;在 71 件重罪案件中,辩护律师在场的占 14 件,值班律师在场的占 57 件。从比例上看,轻罪案件中的辩护律师在场率为 10.43%,重罪案件中的辩护律师在场率为 19.71%。不论是重罪还是轻罪案件,具结书签署时的辩护律师在场率均未超过 20%。看似重罪案件中辩护律师介入认罪认罚具结书签署过程的比例要略高于轻罪案件,但也仅有 19.71%,似乎远未达标。轻罪案件中,由于定罪、量刑的事实往往更加明晰,加之较高的发案率,为检察官提出准确的量刑建议并确保类案类判提供了一定基础;而在重罪案件中,犯罪事实通常更为复杂,因此,在检察官办案的过程中,证据出现瑕疵或量刑建议出现偏差的可能性也要高于轻罪案件。若在认罪认罚从宽程序中没有辩护律师的介入,那么在该程序中的实体正义与程序正义恐难保障。综上,在重罪案件中,目前 19.71%的辩护律师介入率显得过低。

　　下表反应 S 省 L 市 2019—2020 年轻、重罪案件中辩护律师介入情况:

表 3　S 省 L 市 2019—2020 年轻、重罪案件中辩护律师介入情况表

	辩护律师在场率	值班律师在场率
轻罪案件	10.43%	89.56%
重罪案件	19.71%	80.28%

此外,值班律师制度的建立旨在缓解目前中国刑事辩护率不容乐观的问题①,同时为认罪认罚从宽制度提供配套。但在实际操作中,值班律师往往沦为见证人,并未发挥出实质的法律帮助作用。可以说,为解决辩护率偏低问题而诞生的值班律师制度与预期目标相去甚远。

（四）检察机关工作人员在重罪案件中适用认罪认罚从宽程序的激励供给机制不足

首先,在检察官视角下,适用认罪认罚程序的效率目的较难实现。《全国人民代表大会常务委员会关于授权最高人民法院、最高人民检察院在部分地区开展刑事案件认罪认罚从宽制度试点工作的决定》将认罪认罚从宽程序的主要目的定义为提高效率以合理配置司法资源。但在与 S 省 L 市基层检察院的检察官进行访谈中,部分检察官指出:认罪认罚从宽程序的适用对检察官的工作效率提升并没有明显帮助,在某种程度上甚至适得其反。一方面,相比其他案件,检察官就认罪认罚案件要提出精确的量刑建议,且该量刑建议是否被采纳与其绩效考核成绩直接挂钩,这在相当程度上增加了检察官的学习成本。此外,在认罪认罚案件中,为了具结书的签署,检察官往往要比普通案件多会见一到两次。另一方面,虽然《指导意见》规定了适用速裁程序审理案件,一般不进行法庭调查、法庭辩论;适用简易程序审理认罪认罚案件,公诉人可以简要宣读起诉书,法庭调查可以简化,裁判文书可以简化;适用普通程序办理认罪认罚案件,可以适当简化法庭调查、辩论程序。但在实际运行中,由于简易程序的庭审本就已经相当简略,适用速裁程序审理之案件的庭审耗时并不会比简易程序缩短良多。再者,虽然适用认罪认罚从宽程序的普通程序之庭审可以相对简化,但基于我国目前对客观真实的追求,特别是在重罪案件中,案件影响力往往较大、对被害人的侵害也较强,即便适用认罪认罚,庭审程序也不会过分简略。同时,法官、检察官出于案件终身负责制的考量,也不敢轻易简化程序以提高效率。因此,认罪认罚在效率提升方面并没有明显的帮助。

其次,由于检察机关在决定对犯罪嫌疑人适用该程序时,案件证据往往已经收集固定完毕并达到定罪标准,检察官此时并无利用该程序来补正瑕疵证据或完善证据链的需求。也即,适用认罪认罚,在证据收集方面并不会起到正向作用,仅在程序适用方面会有所简化。但正如上文所述,程序适用层面的简化对检察官办案效率的提升作用有限。综上,在上述两项因素的共同作用下,检察官适用该程序的激励供给机制不足。

① 程衍:《论值班律师制度的价值与完善》,《法学杂志》2017 年第 4 期。

四、重罪案件认罪认罚从宽程序现实图景的原因分析

（一）对《刑事诉讼法》第 15 条的曲意释法、对认罪认罚从宽程序适用权的权利属性定位不明

《刑事诉讼法》第 15 条规定："犯罪嫌疑人、被告人自愿如实供述自己的罪行，承认指控的犯罪事实，愿意接受处罚的，可以依法从宽处理"。"两高三部"《关于适用认罪认罚从宽制度的指导意见》（下称《指导意见》）第 5 条对认罪认罚从宽制度的适用范围也有明确规定："认罪认罚从宽制度没有适用罪名和可能判处刑罚的限定，所有刑事案件都可以适用，不能因罪轻、罪重或者罪名特殊等原因剥夺犯罪嫌疑人、被告人自愿认罪认罚获得从宽处理的机会。"运用文义解释方法，上述两法条的意涵在于认罪认罚从宽程序的适用在法规范层面并无禁区，只要被告人自愿如实供述罪行并愿意接受处罚、签署具结书，就可适用认罪认罚从宽程序。

实践中，部分检察官将《刑事诉讼法》第 15 条中的"可以"解释为检察官对是否适用认罪认罚从宽程序享有一定裁量权，即便犯罪嫌疑人、被告人自愿如实供述其罪行，检察官也有自由裁量权决定是否适用该程序，"可以"适用，也"可以不"适用。这种理解背后的逻辑是：认罪认罚从宽程序是一种犯罪嫌疑人、被告人通过认罪认罚换取量刑上的优惠的机制，而是否给予这种优惠全由检察机关决定。在无法给予相应量刑优惠的情况下，通过认罪认罚换取从宽的交换机制就不能适用。循此逻辑，该条中的"可以"就从修饰"依法从宽处理"异化为对认罪认罚从宽程序的适用享有自由裁量权。而在被害人及其家属要求严惩的愿望比较强烈，或是社会关注度较高，又或是基于罪行性质与在案证据有较大可能判处死刑的重罪案件中，从宽幅度又往往有限，因此在重罪案件中检察机关往往选择不适用认罪认罚从宽程序。这一逻辑并非不存在省察和调校的空间。首先，认罪认罚从宽程序不仅在实体上指涉量刑优惠换取机制，其范畴还包括程序从简与强制措施从缓。将这一程序的意涵限缩为只有实体上的意义，既侵损了犯罪嫌疑人、被告人在程序和强制措施方面应有之权利，也违背了上述两法条的规定。其次，《刑事诉讼法》第 15 条中"可以"的修饰对象仅为"依法从宽处理"，将"可以"一词的修饰对象扩及认罪认罚从宽程序的适用，在解释方法上也存在疑问。最后，在重罪案件中适用认罪认罚从宽程序，符合刑法面前人人平等原则，符合现代司法的宽容精神，符合刑罚惩戒与教化并重的价值追求，也有利于司法资源优化配置和维护社会和谐稳定。①

---

① 苗生明，卢楠：《重罪案件适用认罪认罚从宽制度的理论与实践》，《人民检察》2018 年第 17 期。

(二)检法的提前沟通影响庭审实质化的开展及认罪认罚的真实性保障

根据笔者对S省L市基层检察院的访谈,重罪案件中量刑建议采纳率相对较高的很大一部分原因在于,检察院、法院在开庭审理前就已提前沟通,且沟通的内容并不局限于罪名,还会就具体量刑进行沟通,从而保证量刑建议采纳率保持在较高的水准。然而,这种沟通是否妥当却有待商榷:一方面,由于《刑事诉讼法》第201条要求法院一般应当采纳检察机关的量刑建议,检法的提前沟通反而体现了检察机关对法院量刑裁判权的尊重。因为如果检察机关单方面提出量刑建议,法院也只能一般应当采纳,只有在出现法律规定的五种情形时才能不采纳检察机关的量刑建议。如果检法没有提前沟通,那么法院的量刑裁判权将进一步走向形式化。另一方面,被追诉人在这种沟通中被遗忘了,这主要体现在以下两个方面:其一,被追诉人无法参与到量刑建议的沟通之中,不仅丧失了程序参与权,程序主体地位也没有得到尊重;其二,被追诉人认罪认罚的真实性受到一定影响,若检、法在审前就已经完成了沟通,也即法官内心伊始便有了近乎终局的判断,那么法院对被追诉人认罪认罚的自愿性的审查义务就很难真正落实。

(三)值班律师性质定位限制了值班律师的作用发挥

值班律师制度虽业已建立,但并没有发挥出预期的法律帮助效果,部分学者归咎于值班律师所享有的权利并不足以支撑其提供法律帮助,故提出要进一步授予值班律师相关权利。[1] 这种判断可能脱离实际,因为《指导意见》明确规定值班律师拥有"查阅案卷材料、了解案情"的权利,作为"法律帮助提供者",上述权利已足够值班律师履行职责。

根据笔者在L市基层检察院的访谈,大多数检察官均认为,虽然值班律师享有"查阅案卷材料、了解案情"的权利,但基于值班律师制度的运行模式与性质定位,值班律师不会因为对个案用心而获得外部的正向反馈,因此也就没有足够的积极性去行使这项权利。在司法实务中,值班律师往往扮演的是"见证人"的角色,一般不会实际阅卷,也不会对案情进行深入了解。因此,值班律师并没有起到应有的法律帮助的作用,原因不在于值班律师所享有的权利的多少,而在于值班律师的性质定位限制了这一制度的彻底激活——本应作为法律帮助者的值班律师沦为诉讼行为合法性的"背书人"。如果值班律师"背书人"的性质定位没有得到改善,即便授予值班律师相应的权利,也如同无本之木、无源之水。

---

①顾永忠:《刑事辩护制度改革实证研究》,《中国刑事法杂志》2019年第5期。

认罪认罚从宽程序作为一个"从审判走向放弃审判"①的程序,被追诉人在选择适用该程序时已放弃了审判中的部分权利,若在审前阶段无法保障其获得法律帮助的权利,那么程序中的正义也恐难保障,进而实体真实能否实现也有待商榷。

(四)认罪认罚从宽程序启动所需证明标准过严

学者们关于认罪认罚从宽程序中的证明标准的讨论,大多聚焦于定案证明标准②,鲜涉认罪认罚程序启动时的证明标准。当下实在法未对认罪认罚从宽程序启动标准明确规定,这一空白给实务带来了诸多不确定性。

其中,S省L市检察院采用从严处理的标准。根据笔者在S省L市基层检察院的访谈,该市基层检察院只有在已达到提起公诉的证明标准时,才会决定是否适用认罪认罚从宽程序。换言之,即便被追诉人不同意适用或检察机关决定不适用认罪认罚从宽程序,也因已达提起公诉的证明标准而无需补充证据即可径行提起公诉。若依目前L市实务中的操作标准——只有证据链已经完全闭合,证据之间相互印证达到定罪证明标准后,检察机关才会决定是否适用认罪认罚,那么,检察官便没有适用该程序以弥补证据瑕疵的积极性。再者,如前所述,在检察机关的视角下,适用认罪认罚并不会对检察机关的工作效率有很大的提升,因此也不存在效率方面的积极性。若仅借助绩效考核从外部对检察官适用认罪认罚程序提出要求,而非通过内部的程序运行机理对检察官进行有效激励,可以说,这种路径无疑是不可持续的。

五、重罪案件认罪认罚从宽制度之完善路径

(一)厘清认罪认罚从宽程序适用的原则

实践中对《刑事诉讼法》第15条的错误解释,已如前述,但正确适用认罪认罚从宽程序,还需要进一步分析。首先,《刑事诉讼法》第15条并未在"犯罪嫌疑人、被告人"前加修饰语,这从法解释学上就能得出法律并未因案件类型而对被追诉人适用认罪认罚从宽程序进行限制。因此,只要被追诉人认罪认罚,检察机关均应适用该程序。换言之,被追诉人认罪认罚是适用程序的唯一前置条件。其次,从立法目的看,化解社会矛盾也是认罪认罚从宽程序的重要任务。不限制认罪认罚从宽程序的适用范围,根

①熊秋红:《比较法视野下的认罪认罚从宽制度——兼论刑事诉讼"第四范式"》,《比较法研究》2019年第5期。

②肖沛权:《论认罪认罚案件的证明标准》,《法学杂志》2019年第10期;杨立新:《认罪认罚从宽制度理解与适用》,《国家检察官学院学报》2019年第1期;谢澍:《认罪认罚从宽制度中的证明标准——推动程序简化之关键所在》,《东方法学》2017年第5期;陈瑞华:《认罪认罚从宽制度的若干争议问题》,《中国法学》2017年第1期;孙远:《论认罪认罚案件的证明标准》,《法律适用》2016年第11期。

本原因是所有刑事案件的犯罪嫌疑人、被告人都有幡然悔悟、真心忏悔,通过赔礼道歉、积极退赃退赔等行为修复被自己所破坏的社会关系的可能性,从程序上为这样的悔罪态度和悔罪表现提供机会,从实体上为其提供从宽处遇的奖励,从而促使这种可能性变为现实,社会矛盾才能真正得以化解,刑事司法预防再犯的功能才能真正得以实现。① 最后,究竟能否给予量刑优惠应由法院决定。虽然按照《刑事诉讼法》第 201条规定,法院一般应当采纳检察机关的量刑建议,但量刑权仍由法院所独享,检察机关在认罪认罚从宽程序中的主导地位不能代入到审判程序中。"如果案件进入审判阶段,检察官将其主导地位转移给法官。"②因此,即使将认罪认罚从宽程序视为量刑优惠的交换机制,检察机关也不能代行法院的量刑职能,更不能因检察机关在审前认为不存在量刑优惠或者优惠幅度有限而拒绝适用认罪认罚从宽程序。

(二)承认检法审前沟通的合理性,同时考虑被追诉人的利益

检法的审前沟通经常面临着阻碍庭审实质化的质疑,但认罪认罚从宽程序的本质是一种"放弃审判制度"③,或者说是一种检察官替代法官的"替代程序"④,因此这样的质疑并不成立。检法审前沟通存在尊重法院量刑裁判权的现实合理性,其最大问题在于遗忘了被追诉人的权益。然而,规定被追诉人有权参与检法沟通的做法也不妥当,因为检法沟通不是法律所规定的程序,而是一种"隐形刑事诉讼程序",即使做上述规定也会因为缺乏法律的必要规制而难以实行。基于一种更为现实的改革取向,还是应当考虑保障被追诉人的利益没有在检法沟通中被遗忘。

笔者认为,比较妥当的做法是将《刑事诉讼法》第 201 条第 2 款关于量刑建议调整的规定通过法解释的方法做适当改造。虽然该条款规定被告人、辩护人提出异议时,检察机关也可以调整量刑建议,但由于认罪认罚从宽程序中控方处于绝对优势地位,辩方很难提出异议。因此,更为可行的方案是发挥"法院认为量刑建议明显不当"这一调整量刑建议条件的作用。一方面,可以将提出异议的方式、场所和指向进行改造,辩方对量刑建议的异议通过书面方式在开庭前或者开庭后提交合议庭,不再公然在法庭上提出;另一方面,辩方一旦向法庭提交异议,即可认为量刑建议"明显不当",建议检察机关进行调整,如果检察机关不调整或者调整后仍有异议,法院应结合全案证据并考虑被告人认罪认罚的情况作出量刑裁判。

---

① 史立梅:《认罪认罚从宽制度中的修复性逻辑之证成》,《法学杂志》2021 年第 3 期。

② [德]托马斯·魏根特:《德国刑事诉讼程序》,岳礼玲,温小洁译,中国政法大学出版社 2004年版,第 38 页。

③ 熊秋红:《比较法视野中的认罪认罚从宽制度——兼论刑事诉讼第四范式》,《比较法研究》2019 年第 5 期。

④ [瑞士]古尔蒂斯·里恩:《美国和欧洲的检察官——瑞士、法国和德国的比较分析》,王新玥等译,法律出版社 2019 年版,第 8 页。

（三）明确值班律师的性质定位、提高重罪案件辩护律师介入率

值班律师从"背书者"到"帮助者"的转变,需考虑从配套机制的完善以及激励机制的建立方面推进,以明确值班律师的正确定位。具体而言,应关注现存值班律师制度中报酬分配机制不完善、风险防范措施不全面、制度规范不健全等缺陷。与辩护律师相比,值班律师所处理的案件多,但报酬却很少,与普通辩护律师的报酬不成正比。若期望值班律师能够真正发挥法律帮助的作用,首先应当在报酬分配机制方面提升合理性,在综合评价值班律师所提供法律帮助的实际工作量和效果的基础,计算报酬;在风险防范措施方面,应参照辩护律师为值班律师提供一定的执业保障,以确保其能毫无顾虑地为被追诉人提供法律帮助;在制度规范方面,要用制度来对值班律师的办案质量进行监督、考核、规范,从而确保其能够"有效"提供法律帮助,而非仅仅扮演见证人的角色。

此外,目前适用认罪认罚程序的重罪案件的辩护律师的介入率和轻罪案件并无明显区别,即使值班律师的作用在配套设施完善、性质定位明确后得到一定提升,但对于证据相对复杂的重罪案件,若仅仅依靠值班律师初步的法律帮助是远远不够的。因此,对于适用认罪认罚从宽程序的案件,为部分类型或刑期以上的案件设立强制辩护制度或许是一种可能的路径。

（四）适度降低认罪认罚从宽程序启动证明标准以提高检察官适用认罪认罚程序的积极性

正如前文所述,认罪认罚从宽制度在程序、工作流程简化层面对检察官并无太大激励作用,因此,与其在绩效考核上强行要求检察官的认罪认罚适用率标准,不如从其办案过程内部制度着手,激励其积极适用该程序。

目前在《关于认罪认罚从宽制度改革试点方案》等关于认罪认罚从宽程序的规范性文件中,仅规定了案件最终定案的证明标准应当和其他案件保持一致,但未涉及认罪认罚从宽程序的启动证明标准问题。在 S 省 L 市基层检察院检察官的办案实务中,均将认罪认罚程序启动的证明标准认定为定案证明标准。如此,检察官在适用认罪认罚从宽程序后,无须另行补充证据即可提起公诉;由于检察机关在决定适用该程序之前已将全部证据收集完毕,证据链已然闭合,即便被追诉人不同意适用该程序,检察机关也可直接提起公诉。因此,在目前的实务中,检察官是否适用该程序对其证据的搜集和固定并没有太多帮助。

因此,认罪认罚的相关司法解释可以考虑规定,在部分案情较为复杂、证据链相对不完善的案件中对案件证明标准进行阶段化处理,通过降低认罪认罚程序启动的证明标准,使得检察官能够借助认罪认罚从宽程序的量刑优惠来获取被追诉人的口供或其他证据,以完善证据链体系,进而提高其办案质量。这样或可在某种程度上给予检察官适用认罪认罚从宽程序一定的内部激励,也能在一定程度上提高重罪案件中认罪认罚从宽程序的适用率。

需要说明的是,这种证明标准的降低并不意味着检察官可以违反"证据裁判原则"而肆意降低证明标准,其依旧是在目前的法律框架内进行的一种适度合理化改造。由于审查起诉阶段的认罪认罚从宽程序的适用是在移送审查起诉之后、提起公诉之前,因此,认罪认罚从宽程序证明标准的降低也必须在两程序所要求的证明标准之间,即不得低于移送审查起诉的证明标准,但可以适当低于提起公诉的证明标准。若检察官在审查起诉时发现案件的证明标准未达到移送审查起诉的标准,不得出于启动认罪认罚从宽程序而再度降低证明标准。仅在该案件已达到了移送审查起诉的标准而未达到提起公诉的证明标准时,检察官才可以考虑适用该程序以完善证据链,进而提高办案质量。

（责任编辑：熊万杰）

新形势下检察官助理制度现状及改善路径

——以 C 市 A 区检察院为主样本

肖杨钟①

摘 要:在检察人员分类管理改革的新形势下,有必要对检察官助理制度进行专门探析,以更好地发挥检察官助理辅助之作用。通过以 C 市 A 区检察院为主样本进行实证研究,结合辅助样本 H 市 L 区和 G 市 B 区检察院相关情况,发现检察官助理制度运行存在职责界限划定模糊,职权行使指向不够清晰;考核机制不够科学健全;缺乏交流转任机制;职业保障机制不完备;职业发展前景待提高等问题。并借鉴美日和我国台湾地区之规定,提出相应改善路径,以加强检察官助理队伍建设,推动形成各类人员各归其位、各司其职、各行其道的检察人员分类管理体系。

关键词:检察官助理 运行现状 存在问题 法律定位 改善路径

一、引 言

"检察官助理"这一概念是我国进行检察人员分类管理改革之后的产物,该概念最初正式出现在我国的官方文件上,是在 2004 年最高检公布的《2004—2008 年全国检察人才队伍建设规划》中,第十六条写道:"检察人员分为检察官、检察事务官(检察官助理)和检察行政人员",并在第十八条对"检察官助理"的概念下了定义,纲领性地规定了应如何进行检察官助理队伍建设。② 随着改革的逐步推进,检察官助理成为

---

①肖杨钟,四川大学法学院 2019 级诉讼法学硕士研究生;本文受四川大学法学院研究生科研创新项目"新形势下深化检察人员分类管理的实证研究"(sculaw20200120)的资助。

②最高人民检察院《2004—2008 年全国检察人才队伍建设规划》(2004 年)(十六):积极推行检察人员分类管理改革……按照检察机关的职能需要和各类人员的岗位特点,将检察人员分为检察官、检察事务官(检察官助理)和检察行政人员。要依据工作职能、职责权限,合理设置和划分各类人员职位和职务层次,实行规范化管理……(十八)大力加强检察事务官(检察官助理)队伍建设。检察事务官(检察官助理)是指在检察活动中从事辅助性、事务性、技术性工作的检察人员。要建立符合检察事务人才素质考核标准,规范检察事务人才的选拔任用工作,重视加强专业技术人才队伍建设,努力建设一支思想政治素质较高、服务意识较强、精通本职业务的检察事务官(检察官助理)队伍。

"检察辅助人员"的组成部分,2013 年《人民检察院工作人员分类管理改革意见》(下称《改革意见》)明确写明检察官助理属于检察辅助人员的范畴。① 2015 年《关于完善人民检察院司法责任制的若干意见》(下称《意见》)中,明确列明了检察官助理在检察官的指导下履行的七大职责。② 2018 年,我国检察院组织法在第四十三条中正式将检察官助理写入了法律条文当中,对检察官助理下了简要定义,并规定检察官助理可以经过遴选任命为检察官。③ 最高人民检察院制定下发的《2018—2022年检察改革工作规划》要求建立健全检察官助理职务序列,按规定组织检察官助理职务晋升。④ 2019 年修订的检察官法第六十八条则明确提出人民检察院应当加强检察官助理队伍建设,为检察官遴选储备人才。⑤ 从我国进行检察人员分类管理开始,检察官助理从产生到被写入法律条文经历了近 20 个年头,但在目前改革过程中,对于检察官助理的认识仍处于初步层面:关注目光少、重视程度不足、改革规定不够详细。

按照文件之规定,检察官助理是指在检察活动中从事辅助性、事务性、技术性工作的检察人员。与改革前的助理检察员相比⑥,其没有独立而完整的办案权,是在员额检察官的指导下从事相关检察辅助工作。从法律性质层面来说,检察官助理最重要的

---

①2013 年中共中央组织部、最高人民检察院《人民检察院工作人员分类管理改革意见》(中组法〔2013〕11 号):"……(一)明确人员类别和职责……人民检察院工作人员划分为检察官、检察辅助人员、司法行政人员……(二)检察辅助人员是协助检察官履行检察职责的工作人员。包括检察官助理、书记员、司法警察、检察技术人员等。检察官助理在检察官的指导下履行对法律规定由人民检察院直接受理的犯罪案件进行侦查、协助检察官审查各类案件、对案件进行补充侦查、草拟案件审查报告及有关法律文书等职责……"

②最高人民检察院《关于完善人民检察院司法责任制的若干意见》(2015 年):"20.检察官助理在检察官的指导下履行以下职责:(一)讯问犯罪嫌疑人、被告人,询问证人和其他诉讼参与人;(二)接待律师及案件相关人员;(三)现场勘验、检查,实施搜查,实施查封、扣押物证、书证;(四)收集、调取、核实证据;(五)草拟案件审查报告,草拟法律文书;(六)协助检察官出席法庭;(七)完成检察官交办的其他办案事项。"

③《中华人民共和国人民检察院组织法》(2018 修订)第四十三条:"人民检察院的检察官助理在检察官指导下负责审查案件材料、草拟法律文书等检察辅助事务。符合检察官任职条件的检察官助理,经遴选后可以按照检察官任免程序任命为检察官。"

④最高人民检察院《2018—2022 年检察改革工作规划》(2019):"36.完善编制内检察辅助人员、司法行政人员管理制度。建立健全检察官助理职务序列,按规定组织检察官助理职务晋升。探索实行检察辅助人员集中管理、统一调度使用和所在部门管理、动态管理相结合的管理使用模式……"

⑤《中华人民共和国检察官法》(2019 修订)第六十八条:"人民检察院的检察官助理在检察官指导下负责审查案件材料、草拟法律文书等检察辅助事务。人民检察院应当加强检察官助理队伍建设,为检察官遴选储备人才。"

⑥根据我国《中华人民共和国检察官法(2001 修正)》和《中华人民共和国检察官法(2017 修正)》第二条均规定,"检察官是依法行使国家检察权的检察人员,包括最高人民检察院、地方各级人民检察院和军事检察院等专门人民检察院的检察长、副检察长、检察委员会委员、检察员和助理检察员"。"助理检察员"是我国检察官类别的一种,依法享有国家检察权。

属性是辅助性，其是在检察官的指导下协助检察官开展办案工作，完成检察辅助事务。不比助理检察员，检察官助理不能独立办案，也不对办案结果直接承担责任。其次，检察官助理的法律性质之二为法律性①，与同为检察辅助人员的书记员不同，检察官助理从事的法律性辅助工作，如审查案件材料、草拟法律文书、讯问犯罪嫌疑人等，而书记员主要从事的则是归档、文书校对等事务性辅助工作。

而所谓检察官助理制度则是指在检察人员分类改革的当下，对于"检察官助理"这一人员类别所适用的选拔录用、绩效考核、职务序列、工资薪酬、职务保障等一系列规定的管理机制。

作为检察官的专业化助手，检察官助理队伍建设的良好与否，事关能否达到检察人员分类改革的目的与初衷。基于此背景，笔者聚焦于当下检察院对于检察官助理制度的改革实践，以 C 市 A 区检察院为主样本，H 市 L 区和 G 市 B 区检察院为辅样本进行实证研究，以寻找当下改革进程中，检察官助理制度构建与运行中存在的桎梏与症结，并对症下药，寻求解决途径，以期能推动建立起一支专业化、高素质、职业化的检察官助理队伍；从而有效地分担员额检察官的工作负担，辅助检察官更好地完成检察工作，与员额检察官发挥出"1+1>2"的效果；进而促进我国检察人员分类改革的目的落到实际。

二、观察：样本检察院检察官助理制度运行现状与问题

笔者以西部新兴城市 C 市的 A 区检察院为主样本，通过人员访谈、数据收集、实地调研等方式获取了该院现行检察官助理运行的现状。并为对比研究之需要，额外选取了东部沿海城市 H 市 L 区检察院以及我国一线经济发达城市 G 市 B 区检察院为辅样本。以 C 市 A 区检察院为主，H 市 L 区和 G 市 B 区检察院为辅，东西部参照对比研究，以更好地发现当下检察官助理运行现状中存在的问题与阻碍。

（一）运行现状

1. 在院检察官助理的基本情况

C 市 A 区检察院自 2016 年年底开始进行检察人员分类管理改革，目前在院的检察官助理共有 22 人。22 名检察官助理有 1 人在政治部、4 人在综合业务部、其余 17 人则在各大检察部。② 目前在院的员额检察官则有 27 人。位于东北部沿海的 H 市 L 区检察院，现有在编政法干警 66 人，其中检察官助理 19 人，员额检察官 25 人。而位

---

① 曾宇：《检察官助理制度研究》，载贵州省人民检察院、贵州省人民检察院法律政策研究室：《贵州省人民检察院. 贵州省检察理论研究 2017 年年会论文集》，第 1—12 页。

② 其中 8 人在第一检察部、2 人在第二检察部、5 人在第三检察部、1 人在第四检察部、1 人在第五检察部。

于我国一线经济发达城市的 G 市 B 区检察院目前在院有 26 位检察官助理,63 位员额检察官。(图 1)

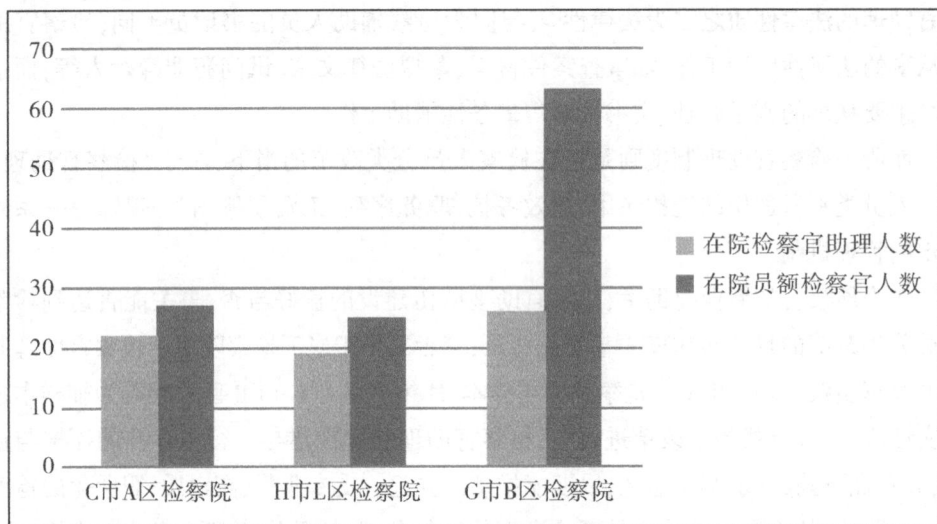

图 1 各样本检察院在院检察官助理及员额检察官人数统计

在学历情况上,C 市 A 区的 22 名检察官助理均为本科学历以上(硕士学历 8 人,本科学历 14 人),在专业层面上,除个别外,绝大部分检察官助理的专业均为法学类相关专业(包括侦查学)。

在工作年限上,C 市 A 区 22 名检察官助理中最长者已工作了 32 年,工作年限超过 9 年的有 11 人,最短工作年限为 1 年,平均计算 C 市 A 区检察院检察官助理的平均工作年限为 9.9 年。在更具体的进院时间的统计上,C 市 A 区检察官助理中,进院时间最长的已有 18 年,进院时间超过 9 年的有 10 人,最短为 1 年,平均进院时间为 7.8 年。

2. 检察官助理的选拔录用

目前 A 区检察院在院的检察官助理的选拔录用途径主要有二。第一,在检察人员分类管理改革前属于检察员或者助理检察员的人员,如果在员额检察官的遴选中落选,未能入额,则会转岗成为检察官助理。第二,是新招录的检察官助理,通过列明报考条件,公开对外考核招录新入院的检察官助理。也是因为这两种检察官助理产生途径的不同,才会出现一个院内不同检察官助理的工作年限相差巨大。

3. 检察官助理的职务序列

在人员分类管理改革之初,由于改革的重点基本聚焦于员额检察官之上,所以在 2018、2019 年均有不少人提出应当建立检察官助理独立的职务序列。在改革深入推进下,目前 A 区和 B 区检察院都已初步建立起检察官助理单独职务序列。以 A 区检察院为例,检察官助理职务序列由低到高分为:5 级检察官助理、4 级检察官助理、3 级检察官助理、2 级检察官助理、1 级检察官助理、4 级高级检察官助理、3 级高级检察官助理、2 级高级检察官助理、1 级高级检察官助理,9 个级别。新进转正之后的检察官助理为 5 级检察官助理,对应的行政级别为一级科员。

(二)新形势下检察官助理制度运行存在的问题

1. 立法存在缺位、空白较多,缺乏可操作性规定

从法律层面,无论是 2018 年修订的《检察院组织法》、还是 2019 年修订的《检察官法》里,条文基本聚焦于检察官,而对于检察官助理的规定仅仅只有一条,仅表明检察官助理是在检察官的指导下从事检察辅助实务。对于检察官助理的选拔、职责、考核管理等方面均没有提及。而反观美国,《美国法典》第 28 章第 542 条等条文对助理检察官的任免等内容进行了明确的规定。台湾地区《法院组织法》(1999 年修订)第 66 条中也明确对检察事务官的配置原则、职责范围、法律定位等内容做出了明确的规定。《检察院组织法》和《检察官法》两部基本法是当下检察系统进行改革的基本依据,法律层面的缺位导致检察官助理的运行与发展缺乏基本法保障。而从改革的文件层面看,无论是《改革意见》《关于深化检察改革的意见(2013—2017 年工作规划)》,还是《2018—2022 年检察改革工作规划》等各个改革文件中,对于检察官助理的规定均较为笼统,仅在宏观层面上简单提及以把控大局方向,但对于检察官助理的考核、培训、职业保障等方面的规定均不够明晰,缺乏具体的可操作性。各地方检察院虽有在出台自身对于检察官助理改革的规范性文件,但具有地方性和局限性。

2. 检察官助理的职业发展前景有待提高

虽然这一年来大部分检察院均建立起了检察官助理单独的职务序列,构建了检察官助理分级制度,为检察官助理的职业就业前景规划了一条看得见的道路。然而,在职业发展前景上仍有待提高。

第一,员额基本已满,短期内再次入额的可能性极低。如前所述,C 市 A 区检察院的检察官助理主要由两部分人组成:一是入额失败的检察员、助理检察员转岗产生;二是近几年新招录的高学历人才。对于转岗产生的"老检察官"来说,其曾经是检察员,可以依法享有独立的检察权;但转岗成检察官助理之后,"辅助性"成为其主要属性,失去了独立办案权,给其造成巨大的心理失落感,迫切想未来有机会能尽早入额。而对于新招录的检察官助理来说,他们年龄大多在 30 岁上下。他们刚刚从高校毕业步入社会 4~5 年,对司法公正心怀憧憬,也希望日后能早日入额成功。且他们大多到了而立之年,面临着工作和家庭双重压力。无论是从理想还是薪酬等现实考量来说,新老检察官助理均是想要摆脱助理的职位,成功入额。在 A 区检察院中 90.9% 的检察官助理就明确表示希望成为员额检察官。然而 A 区检察院目前在院员额检察官人数 27 人,占比已达 39%。H 区检察院同样如此,在院员额检察官人数 25 人,占比达 38%。目前基层检察院经过几轮员额检察院的遴选之后,员额数基本已满,而实务中导致检察官退出员额的原因大多在于退休和调出所在检察院两类,但目前 A 区检察院的员额检察官离退休都还有一段不短的时间。所以在调研中,有已在检察院工作了 6 年的检察官助理就表示,至少在 5 年内,其看不到进入员额的希望。

第二,职务序列虽已建立,但配套措施仍不够完善。这一年来,检察院为检察官助理建立了单独的职务序列,列明其可以晋升的途径和方法,一定程度上让检察官助理看到了自身职业的就业前景。然而,对于该序列的相关配套奖惩措施仍过于简单和粗陋,不够完善,无法完美发挥出对检察官助理的正向激励作用。

因检察官助理职业就业前景的惨淡,导致不少检察官助理选择辞职离开检察系统。A 区检察院近两年来辞职离开检察院的在编人员,均为检察官助理,且均是 33 岁左右的优秀青年骨干,拥有 5~6 年的检察工作经历,业务娴熟,技术过硬。然而迫于工作和家庭压力,因看不到职业发展前景选择退出检察系统。检察官助理是检察官队伍的优质储备人才,人员的流失势必会影响我国检察官队伍的建设与发展。

3. 职责界限划定模糊,职权行使指向不够清晰

在立法和改革规定层面上,缺乏对检察官与检察官助理二者之间职权行使范围和界限的明确规定。从表 1 可知,检察官法只列举了员额检察官的职责,而没有对检察官助理的职责进行详细规定。在《关于完善人民检察院司法责任制的若干意见》中则对二者的职责均进行了列举,然而对比可见,二者的职责里面有诸多重叠的部分,区别仅在于强调检察官助理需要在检察官的指导下履行。这种交叉和不够具体的划分,导致二者在职权行使上出现不少问题。

在实务中,不少地方检察院出台了检察官权力清单,如 S 省明确规定检察办案 10 个类别 237 项权限。然而也还是主要集中于对检察官的规定,缺乏对二者之间的划分,检察官与检察官助理二者之间事务分工的不明确,导致难以达到检察各类人员各归其位、各司其职、各行其道的改革目标。

而在责任承担层面,改革规定,检察官助理根据职权和分工承担相应的责任。但因检察官方有独立办案权,案件的决定权是掌握在检察官手上。故需要出台更细的规定厘清检察官助理与检察官之间的责任划分,避免在责任追究上出现推诿扯皮,使二者真正成为相互协作、相互配合的整体。①

在调研中发现,因检察官与检察官助理职权行使和责任承担规定不够明确,导致出现了两种情况:一是因案多人少的矛盾突出,有些检察院存在检察官助理事实上代行检察官职责的情况。二是有检察官在访谈中坦言,因终身责任制等原因,以至于其势必要小心谨慎,对于检察官助理处理过的事务,要重新进行全面审查,自己再亲身处理一遍,以防止出现疏漏。由此导致检察官工作量巨大,辅助人员设置的目的落空。

---

① 凌观桦:《检察官助理制度运行现状与思考》,《检察调研与指导》2018 年第 5 期。

检察官助理除了与检察官的职责存在交叉之外,实务中检察官助理与书记员的工作也存在混同。按照改革要求,检察官助理从事的应当是辅助性法律事务工作,而书记员从事的应当是辅助性事务工作,也即归档、收发文件等。然而实务中,书记员多采用临聘的合同制(比如 A 区检察院只有一位在编书记员,其余书记员均为合同制员工),一方面,囿于地方财政的限制,部分基层检察院合同制书记员人数少,无法满足1:1:1办案模式的需要①,导致部分检察官助理不得已需要兼任书记员的工作。另一方面,合同制的书记员人员流动性极大,大部分选择从事合同制书记员的人员仅将该份工作视为短暂过渡性工作,导致检察院每年均需花费时间和精力对新入职的合同制书记员进行必要的就业培训,在他们能正式独当一面之前,书记员的工作就需要由检察官助理帮忙分担。由此,导致实务中书记员和检察官助理的工作在实际上也存在混同的现象。

表1　员额检察官与检察官助理各自的职责

	员额检察官	检察官助理
中华人民共和国检察官法(2019 修订)	第七条　检察官的职责:(一)对法律规定由人民检察院直接受理的刑事案件进行侦查;(二)对刑事案件进行审查逮捕、审查起诉,代表国家进行公诉;(三)开展公益诉讼工作;(四)开展对刑事、民事、行政诉讼活动的监督工作;(五)法律规定的其他职责。检察官对其职权范围内就案件作出的决定负责	第六十八条　人民检察院的检察官助理在检察官指导下负责审查案件材料、草拟法律文书等检察辅助事务
关于完善人民检察院司法责任制的若干意见	下列办案事项应当由检察官亲自承担:(一)询问关键证人和对诉讼活动具有重要影响的其他诉讼参与人;(二)对重大案件组织现场勘验、检查,组织实施搜查,组织实施查封、扣押物证、书证,决定进行鉴定;(三)组织收集、调取、审核证据;(四)主持公开审查,宣布处理决定;(五)代表检察机关当面提出监督意见;(六)出席法庭;(七)其他应当由检察官亲自承担的事项	20. 检察官助理在检察官的指导下履行以下职责:(一)讯问犯罪嫌疑人、被告人,询问证人和其他诉讼参与人;(二)接待律师及案件相关人员;(三)现场勘验、检查,实施搜查,实施查封、扣押物证、书证;(四)收集、调取、核实证据;(五)草拟案件审查报告,草拟法律文书;(六)协助检察官出席法庭;(七)完成检察官交办的其他办案事项

①1:1:1指一个员额检察官配备一个检察官助理和一位书记员。

4.考核机制不够科学健全

一套科学、健全的考核机制,可以帮助评价、监督、促进检察官助理的工作,对检察官助理具有明显的激励作用,还可以为确定检察官助理的各项绩效奖金、职务晋升等提供科学依据。然而在调研的过程中,发现当下检察院仅建立起了员额检察官的考核机制,对于检察官助理的考核机制构建不够科学健全,甚至有检察院对于检察官助理的考核方式还沿用以前,完全参照普通公务员的考核方式进行考核。

首先是考核主体不统一。调研中发现,对于检察官助理的考核由哪个考核主体进行,各地检察院操作方法不一。如 M 市 X 县检察院对于检察官助理的考核由政工部单独进行,考核结果提交院务会确定优秀名单,并提交组织部报备。仅由政工部进行考核存在一定的缺陷性,原因在于检察官助理主要从事的是检察事务,平常工作与政工部不同,接触也较少,完全由政工部进行考核,难以完整体现检察官助理日常工作的状态和水平。而 C 市 A 区检察院则规定由检察官业绩考评委员会进行考核,且规定需要吸取员额检察官的意见,但检察官意见是否占考核评价的比重,以及比重多少并没有进明确,存在一定的主观随意性。

其次是考核规则不够科学贴切。调研中发现有些检察院对于检察官助理的考核仍参照普通公务员的考核方式进行。相比起普通公务员,检察官助理的工作具有司法的特殊性,仍然参照普通公务员的考核方式进行,不能满足检察官助理职务特殊性的需要,不够科学贴切。而 A 区检察院对于检察官助理的考核规则参照的是检察辅助人员考核方式,即所有类别的检察辅助人员共用一套考核规则。检察官助理、书记员、司法警察等不同类别的辅助人员的工作具有各自的特殊性,统一适用同一套考核规则,无法体现检察官助理职业的特殊性。

最后是考核内容没有量化,考核内容规定笼统。实务中,部分检察院没有对检察官助理的考核内容进行具体细分、量化。这与检察官助理所从事的工作,如办案案件难易程度如何判断、案件结果成效在算诸检察官头上的同时是否应当算上检察官助理的功劳,以及按何比例测算等内容难以量化衡量有关。当下,实务中以简单规则加以规定易造成考核工作的随意性,不利于发挥考核结果的倒逼、激励效用。[1]

5.缺乏交流转任机制

目前,无论是《检察官法》等法律还是各个改革文件,对于交流转任机制的规定主要集中于员额检察官、司法行政人员和检察技术人员。[2] 对于检察官助理的交流转任机制基本未谈及。只有《改革意见》第(五)点附带提及了检察辅助人员的交流转任机

---

[1]娄永涛,唐祥:《司法改革背景下检察官助理制度的新思考——以 C 市 J 区检察院调研情况为样本》,《黑龙江省政法管理干部学院学报》2020 年第 2 期。

[2]例如《2018—2022 年检察改革工作规划》第 36 条规定:"……按照公务员管理有关规定,建立健全检察技术人员和司法警察管理、使用和交流制度。"

制。且在实务中,基本没有检察官助理进行交流转任。但审慎建立检察辅助人员与检察官的交流转任渠道是必要的,尤其是建立检察官助理与检察官之间的交流转任机制。① 而参考域外日本之经验,日本检察官的准入途径有三,其中第三条就明确规定符合法定条件的检察事务官可以通过专门开辟的选考途径成为检察官。建立检察官助理与检察官之间的交流转任机制,不仅有利于提高检察官助理的工作水平、完善检察官职业养成制度,还有利于缓解案多人少的困境,激发检察官助理的工作积极性。所以,在日后的改革当中,需要建立完善检察官助理内、外部沟通交流机制。

6.职业保障机制不完备

完善而优渥、具有竞争力的职业保障机制,有助于提高检察人员的凝聚力、自豪感,防止人才过分流失。然而当下改革进程中,重心均放在员额检察官职业保障的配套措施落实之上,对于检察官助理的职业保障机制未进行完整规划,机制不够完善。

从薪酬上来说,检察官助理工作压力大,但薪酬待遇缺乏竞争力。当下检察院案多人少的压力一直存在。如图 2 所示,2016—2019 年间,A 区检察院的收案数量基本维持在 2000 件左右,而 B 区检察院因位于一线经济发达城市,收案量要远远高于 A 区检察院。在如此大量的收案量下,A 区检察院仅拥有 27 位员额检察官和 22 位检察官助理。B 区检察院则拥有 63 位员额检察官和 23 位检察官助理。无论是 A 区还是 B 区检察院,在基本办案模式下均无法达到员额检察官与助理检察官人员配比的 1:1。并且,A 区检察院还有 5 位检察官助理并非处于各大检察部门,其所承担办案量将远少于另外的 17 人。

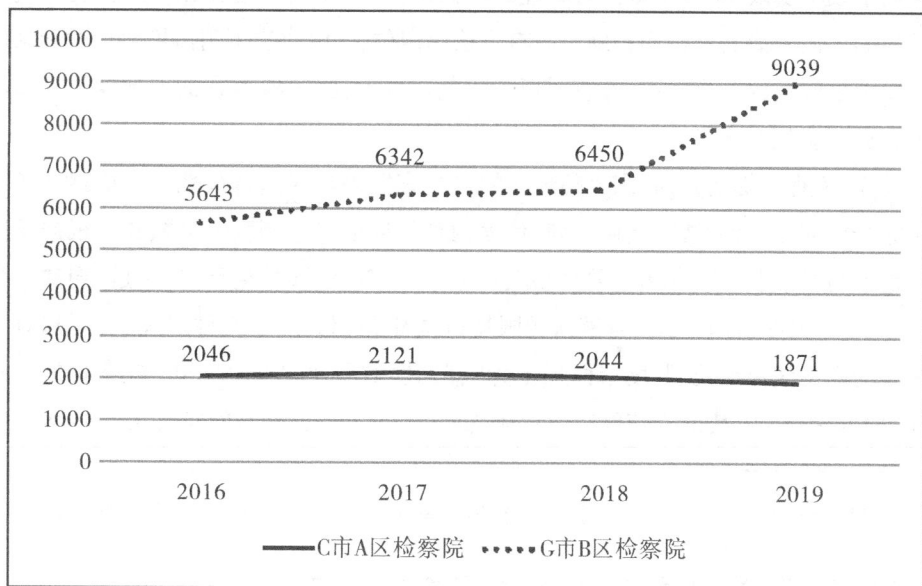

图 1　C 市 A 区检察院和 G 市 B 区检察院收案量统计②

①徐鹤喃,李天昊:《检察辅助人员的职业发展》,《人民检察》2017 年第 7 期。
②收案量只统计了审查逮捕收案和审查起诉收案两类之和。

由此可见,从此层面上来说,检察官助理需要承担的人均办案量相比起检察官来说更甚。然而,在薪酬待遇上,同级别的员额检察官的待遇却高于检察官助理。据了解,某些检察院甚至在改革以扩大员额检察官和检察官助理之间的薪资差距,S市基层检察院中员额检察官的薪资高于检察官助理的40%。薪资待遇没有竞争力,"同工不同酬"严重打击了检察官助理的工作积极性。[1]

在司法绩效奖金的分配上,缺乏差别性。A区检察院司法绩效奖金的发放是只要检察官助理考核成绩合格以上即可获得,对于考核合格或良好的检察官助理统一平均分配。不同考核结果获得的司法绩效奖金相同,无法体现差别性,无疑会挫伤部分检察官助理的积极性,造成"干好与否都一个样"的不良后果。

在退休待遇、奖金福利、职业培训等方面,当下改革实践中均没有作出完整而合理的规定,检察官助理在同样承担巨大办案压力的情况下,职业保障却不够完善,导致检察官助理缺乏积极性,进而导致检察官助理选择放弃理想,退出检察系统,加剧了检察系统内的人员流动性,降低了检察工作的连续性和稳定性。[2]

三、破题:我国检察官助理制度的改进路径

(一)明确检察官助理的法律定位

当下改革实践中,对于检察官助理的法律定位、法律角色是存在一定程度的模糊和差异的。而厘清我国检察官助理应有之法律定位,是解决当下阻碍检察官助理制度改革发展之问题的首要关键,唯有明晰其角色定位后,我国检察官助理制度的具体层面才有进一步理顺之可能。

首先,值得一提的是,我国大陆地区的检察官助理与我国台湾地区的检察事务官不可完全等同,二者的法律定位不同,代表两种不同的检察制度发展模式。根据我国台湾地区"法院组织法"第66条之规定,检察事务官的法律角色有二,一是"司法警察官",二为"检察官助理"。[3] 但根据我国现行法律和相关改革文件之规定,可知对于检察官助理的法律定位,制度层面规定为"辅助性的专业化助手",兼"检察官的储备人才"两大定位。[4] 其中,"辅助性的专业化助手"为主,"检察官的储备人才"为辅。

---

① 詹曦,娄永涛:《司法体制改革视域下检察官助理制度刍论》,《湖北警官学院学报》2020年第2期。

② 林瑶瑶:《检察官助理制度探析》,《福建法学》2018年第1期。

③ 万毅:《检察事务官:台湾检察系统的"王朝、马汉"》,《检察日报》2015年4月7日。

④《中华人民共和国检察官法》(2019修订)第六十八条规定:"人民检察院的检察官助理在检察官指导下负责审查案件材料、草拟法律文书等检察辅助事务。人民检察院应当加强检察官助理队伍建设,为检察官遴选储备人才。"可见,检察官助理不仅是检察官的辅助性助手,还是其储备人才。

法律定位之一"辅助性的专业化助手":首先,"辅助性"主要是针对检察官助理与检察官之间职责界限而言的,检察官助理是在检察官的指导下从事草拟文书等相关检察辅助事务的人员,其对于案件没有实质性的决定权,是检察官的助手,辅助检察官办理案件,以使检察官得以将自身精力主要集中于案件的实质问题之上。其次,"专业化助手"则主要是相对于检察官助理与书记员而言的,不同于从事其他辅助性事务工作的书记员,检察官助理充当的是专业化助手的角色。然而,当下改革实践中却出现了检察官助理充当"人力助手",而非"专业助手"的不良现象,此现象与检察官助理制度设立的目标相违背。再者,借鉴日韩及我国台湾地区的检察事务官之角色,在改革深化过程中,该"专业化助手"不仅指检察官助理应负责处理审查案件材料,草拟法律文书等法律专业性辅助工作,还应当如同检察事务官一般给予检察官以金融、电子、建筑等领域内相关专业化知识的支持与辅助。

法律定位之二"检察官的储备人才",根据现行《检察官法》之规定,检察官助理还是检察官的储备人才。而对此,万毅教授表示不赞同,其认为将检察官助理作为一个过渡性角色,作为候补检察官,与检察人员分类管理制度改革的终极目标(专业化、职业化)相悖。认为一旦选择了成为检察官助理就应当一直是检察官助理,只能在检察官助理既定的职务序列中往上发展。[①] 然而,笔者认为结合我国特殊国情和检察官人员分类改革开展之背景,检察官助理该法律定位至少在目前确有存在之必要。

(二)明确职责范围、完善责任承担机制

如前所述,因检察官助理的职责范围并未明确划分清楚,实务中检察官助理与检察官和书记员的职责行使方面存在混同,无法达到检察各类人员各归其位、各司其职、各行其道的改革目标。

而借鉴我国台湾地区和日本的检察事务官制度可以发现,明确职权行使是定纷止争最有效的方式,他们都明确规定了检察官与检察官事务官各自的职权范围,界限清晰明确。对此,需要科学界定检察官助理的法律定位以及职权范围,出台更为清晰的权力清单以明确规定检察官助理的职责范围。

案件的法律工作可以划分为实体性法律工作(核心事务、决定案件定罪量刑的实质工作)、程序性法律工作(围绕定罪量刑的程序性法律工作)、其他事务性工作(与案件定罪量刑无关的其他工作)三种。[②] 首先,根据司法亲历性原则,实体性法律工作需要由检察官亲自处理,而根据检察官助理的专业性助手的法律定位,程序

---

①万毅:《检察改革"三题"》,《人民检察》2015 年第 5 期。
②曾宇:《检察官助理制度研究》,载贵州省人民检察院、贵州省人民检察院法律政策研究室:《贵州省人民检察院.贵州省检察理论研究 2017 年年会论文集》,第 1—12 页。

性法律工作则应由检察官助理完成,在检察官助理进行程序性法律工作处理的过程中,需要接受检察官的领导。最后的其他事务性工作,如归档、收发文件等则由书记员完成。通过对检察事务的界分,以此来划分检察官、检察官助理、书记员等人员的职责范围。

在调研中,有检察官建议可以授予检察官助理以独立办案权,学界也有学者提出可以适当授予检察官助理部分办案职权,以缓解案多人少的压力。笔者认为此建议不妥,如果检察官助理可以独立办案,则与改革前的助理检察员基本无异,人员分类改革恐回原点,检察官助理制度无异于"穿新鞋、走旧路"。其次,我国不比德国、日本等国,在检察官上任之前,需要到专门的司法官训练所进行学习和工作,检察官唯有在司法官训练所完成由法律知识向法律技能的转换后方能正式上岗。我国缺乏司法官训练所这一环节,改革实施后,除了转岗的检察官助理外,此后入职检察官助理的绝大部分是刚刚毕业的高校学生,如果就此授予其办案权,因缺乏实务经验,办案质量令人担忧。所以检察官助理在协助员额检察官办理案件,处理程序性事务的过程,可以视为是我国在对检察官助理(这一检察官的储备人才队伍)在上任检察官之前的培训。

最后,在职责承担方面,也要将检察官助理纳入司法责任制的追责对象。应详细规定如果在处理程序性法律工作时出现故意或重大过失,并对案件质量出现实质性影响之时,检察官助理应当承担的纪律责任和法律责任。并规定可参考按检察官与检察官助理7∶3的比例①,让案件质量由检察官与检察官助理成果共享,责任共担,缓解二者之间的矛盾局面,加强二者的合作。

(三)建立科学合理的交流转任机制

建立科学合理的交流转任机制,有助于提高工作积极性、盘活检察队伍。可以在中央政法专项编制、人员比例等条件下,采取检察官助理自愿申请制,规定交流的次数和条件。一是本院内部交流,不同部门的检察官助理可以申请在其他部门中进行轮换。二是满足条件者可以申请去上级或者下级检察院进行交流。通过交流,可以提高检察官助理处理不同类型案件、不同法律程序的技能,增强其综合业务能力。三是外部交流,可以在合理范围内规划检察官助理向外部进行流动,以丰富检察官助理的视野,激发起工作积极性。四是转任制度,效仿日本之经验,专门开设检察官助理向员额检察官转任的特殊通道,让检察官助理有动力、有激情、有希望地在检察系统内工作。

① 杨春磊,王斌:《司法改革背景下员额检察官与检察官助理关系探析》,《江汉大学学报(社会科学版)》2017年第2期。

（四）分类考评、建立检察官助理独立考核机制

建立一套科学健全的检察官助理考核机制,可以有效评价检察官助理的工作情况,形成正向激励作用和结果倒逼作用;还可以为确定检察官助理的各项绩效奖金、职务晋升等提供科学依据。

在考核主体上,建议可以设置专门的检察官助理考核委员会,成员由检察长、政工部工作人员、检察官组成。在具体考核内容上,应尽可能地对检察官助理的各项工作进行量化考评。或可采"将检察官助理的每一项职责确定一个基础指数,疑难复杂案件确定一个加权指数,协助办理一件案件得到一个案件指数"①的方法,将这些指数进行加权计算可得检察官助理在业务部门的工作量。而在政治部等综合部门工作的检察官助理,则对其具体性事务工作进行考核。在考核权重占比上,检察官助理的工作量化考核分数占比 50%,检察官评价占比 30%、德勤廉指标占比 10%、民主测评和自我测评各占 5%。采百分制进行计算。

考核的周期分为月考和年终总考两种,即每个月都对检察官助理进行一次小考核,计算并评价该检察官助理该月的工作情况;年终对该检察官助理进行综合大考,全面评价该检察官助理一年的表现情况,以防止一年只考一次会出现的"突击表现"的情况。月考和年终大考的成绩均以百分制,并分为四个等级:优秀为 90 分以上,良好为 75~90 分,合格为 60~75 分,不合格为 60 分以下。② 并结合每月小考和年终大考的综合加权成绩(每月的成绩占 40%,年终占 60%)最终确定该检察官助理本年度考核的评价等级,其中表现优秀者,可以适当缩短等级晋升所需年限,以及获得更多的司法绩效奖金,还可以在遴选员额检察官之时在同等条件下优先考虑。

（五）完善职业保障体系

完备而优渥、具有竞争力的职业保障体系,可以提高检察官助理的工作积极性,减少人才流失。调研中,A 区检察院的检察官助理离岗的主要原因均在于工作压力与职业保障、薪酬待遇不相匹配。而美国为了减少助理检察官的流动性,在不断加强助理检察官的职业保障力度,提高助理检察官的薪酬待遇。同样在日本,检察事务官的工资比一般的公务员要高,比警察也要高,所以有不少警察会选择报考检察事务官。且检察事务官在社会上的地位也比较高,检察事务官的职业尊荣感较强。

首先,应在财政预算上结合检察官助理的工作量,提高检察官助理的薪酬待遇,形成相比起同级别行政岗位更有竞争力的薪酬待遇体系。而在薪酬的发放上,应结合检察官单独职务序列,对不同等级的检察官助理发放级别不同的基本薪资。还应当在一

---

①曾宇:《检察官助理制度研究》,载贵州省人民检察院、贵州省人民检察院法律政策研究室:《贵州省人民检察院.贵州省检察理论研究 2017 年年会论文集》,第 1-12 页。

②优秀≥90 分,75≤良好<90 分,60≤合格<75 分,不合格<60 分。

定程度上提高司法绩效奖金等奖励的力度,并按不同考核等级发放不同的司法绩效奖金,以鼓励检察官助理争取评优。而在退休保障上,应当规划好完整的退休保障机制,让检察官助理没有后顾之忧。在就业发展前景上,则可以效仿日本,开辟专门由检察官助理考核晋升检察官的通道,让检察官助理更有动力待在检察系统,做好本职工作,以期早日入额。

(责任编辑:陈煜洁)

《监察法》适用背景下行政监察制度的存续路径

周远洋[①]

摘　要：国家监察体制改革深刻地改变了我国的监督体系。在从行政监察向国家监察的制度升级中，《监察法》将行政监察制度中的部分职能进行了整合，但该种整合并不完全。其中，与反腐败职能密切相关的廉政监察与纠风工作已被国家监察充分吸纳，但执法监察与效能监察在很大程度上依然保留于行政系统内部，即行政监察制度在功能层面仍有存续价值。对此，应当以《监察法》为依据明确国家监察在何种程度上整合了行政监察制度的原有职能，进而重构行政监察制度，建立"双轨制"的行政监督体系，实现由行政监察向政府督查的制度转型，促进国家监督体系的完善。

关键词：国家监察　行政监察　监察法　行政内部监督　政府督查

一、问题的提出

2018 年 3 月，第十三届全国人大一次会议通过《宪法修正案》，设立国家监察委员会，原有的监察部与国家预防腐败局不再保留，《行政监察法》亦随着《监察法》的公布而废止。新机构的组建与旧机构的撤销是国家监督权重新配置的外观表现，监察委员会及其监察权则是权力再分配的结果。[②] 有学者将改革前的国家监督体系概括为以党纪委为主导、检察院为保障、政府监察机关为补充的"三驾马车"模式。[③] 在国家监察体制改革中，监察委员会合并了原属政府的监察机构与预防腐败机构，整合了人民检察院查处贪污贿赂、失职渎职以及预防职务犯罪等反腐败相关职责，并与党的纪律

---

①周远洋，中央财经大学法学院 2019 级宪法学与行政法学硕士研究生。

②秦前红：《我国监察机关的宪法定位以国家机关相互间的关系为中心》，《中外法学》2018 年第 3 期。

③秦前红：《困境、改革与出路：从"三驾马车"到国家监察——我国监察体系的宪制思考》，《中国法律评论》2017 年第 1 期。

检查委员会合署办公,实现了由"三驾马车"到"一马当先"的整合式跨越。这一转变必然将引起"国家监督系统中其他有机构成要素的重构"。①

围绕监察体制改革后国家监督系统的变革问题,学界从不同角度开展了较多研究:有的从纵向视角总结我国监察制度的变迁,分析不同时代监察制度的特点与变化原因;②有的则从横向视角尝试厘清监察委员会的监察监督与人民检察院的行政检察监督、审计部门的审计监督、行政系统的内部监督等的关系。③ 其中,监察体制改革后行政系统内部监督体制的整合与重塑是亟待解决的问题。行政权向来是国家公权力体系的监督重心,④改革前的行政监察制度则是行政系统内部监督的最为重要形式。然而,从行政监察到国家监察的制度升级,并非单纯的机构合并与职能叠加,其在监察的组织体系、范围、行为性质等方面都发生了深刻变化,因此,国家监察难以全盘吸纳行政监察。改革前的行政监察是行政权的自我监督,具体包括执法监察、廉政监察、效能监察三项规范性职能以及极具中国特色的纠风工作。⑤ 在《监察法》实施前,已经有学者提出执法监察和效能监察属于行政系统的内部监督,不宜整合入监察委员会,廉政监察则应当在调整后纳入监察委员会。⑥ 还有学者则在承认不完全整合的基础上,提出了行政监察制度的存续价值与转型之道。⑦ 尽管政府监察机关的撤销以及《行政监察法》的废止宣告着原有的行政监察制度不复存在,但面对着《行政监察法》废止后所留下的对行政权监督的真空地带,行政监察制度在功能意义上或许依然具有存续的正当性。2021 年 2 月 1 日起实施的《政府督查工作条例》中的诸多规定亦不乏原《行政监察法》的色彩,但未能完全弥补其废止所留下的监督空白。

《行政监察法》随着《监察法》的实施而废止,行政监察制度将何去何从成为了国

---

① 颜德如,栾超:《国家监督权力结构转换与系统重构》,《社会科学》2019 年第 12 期。

② 颜德如,栾超:《当代中国监察制度变迁的动力分析》,《社会科学》2020 年第 8 期;冯铁拴:《中国监察体制改革论析:过去、现在与未来》,《甘肃政法学院学报》2018 年第 2 期;梁永成:《中国行政监察制度变迁 30 年(1987—2018 年)》,《地方立法研究》2018 年第 5 期。

③ 赵卿:《双重改革视域下行政检察监督与监察委监督的关系辨析》,《江西社会科学》2020 年第 7 期;李声高:《新监察制度下的侦诉关系之重构——兼论监察权与法律监督权关系》,《西部法学评论》2018 年第 4 期;冀睿:《审计权与监察权之关系》,《法学》2018 年第 7 期;江利红:《行政监察职能在监察体制改革中的整合》,《法学》2018 年第 3 期;刘峰铭:《国家监察体制改革背景下行政监察制度的转型》,《湖北社会科学》2017 年第 7 期。

④ 杨解君:《全面深化改革背景下的国家公权力监督体系重构》,《武汉大学学报》(哲学社会科学版)2017 年第 3 期。

⑤ 《行政监察法》(已废止)第 18 条规定:"监察机关对监察对象执法、廉政、效能情况进行监察……监察机关按照国务院的规定,组织协调、检查指导政务公开工作和纠正损害群众利益的不正之风工作。"

⑥ 江利红:《行政监察职能在监察体制改革中的整合》,《法学》2018 年第 3 期。

⑦ 刘峰铭:《国家监察体制改革背景下行政监察制度的转型》,《湖北社会科学》2017 年第 7 期。

家监察体制改革的残留问题。对此,需要立足改革实践,结合监察委员会的定位、《监察法》及其相关法规范的解释、行政监督体系的完善需求等,具体分析行政监察制度的存续价值,厘清其原有职能在《监察法》中的整合程度,在此基础上探索行政监察制度的存续之道。

二、行政监察制度存续的正当性

(一)《行政监察法》的废止留下监督空白

《行政监察法》的废止留下了对行政权的监督空白,这是由于《行政监察法》与《监察法》在监察对象、监察范围上的差异所导致的。由于国家监察与行政监察的定位、重心以及功能等并不完全相同,《监察法》未能实现对《行政监察法》原有监察范围的全面覆盖,从而产生了一定的监督真空地带。

1.《监察法》缺乏针对行政机关的对事监察

原《行政监察法》第三章"监察机关的职责"明确规定了行政监察的对象包括行政机关及其公务员等公职人员,即兼采了"对事监察"与"对人监察"双重原则:"对事监察"以行政机关为监督中心,关注行政机关行使行政权的合法性与合理性;"对人监察"则以公职人员为中心,关注行政机关中公务人员执法行为的合法性与规范性。《监察法》第三章"监察范围和管辖"明确监察对象为公职人员,监察委员会仅依"对人监察"原则行使监察权,没有"对事监察"权。[1] 这也就意味着,从行政监察向国家监察的制度升级中,对行政机关的监督被排除在外。在《监察法》公布之前,曾有观点认为应当将国家机关纳入国家监察的对象范围,[2]但更多的观点则认为监察对象应当严格限于人员而非机构,因为对国家机关的监督涉及国家政治体制以及国家机关之间的制约关系,这并不符合宪法对于监察委员会的定位,甚至对人的监察也要以不产生对其所在机关的监督制约效果为前提。[3] 在现有法律框架下,行政系统内部的层级监督侧重于事后监督、纠正式监督,审计监督则是对于财政财务事项的专项监督,二者对于行政机关的监督效果有限;检察机关的法律监督权虽然具有"对事"监督属性,但遵循有限原则,只能监督行政行为的合法性而不涉及合理性,并同样以事后监督为主,这就导致了预防式监督的制度缺口。[4]

---

① 魏昌东:《国家监察委员会改革方案之辨正:属性、职能与职责定位》,《法学》2017年第3期。

② 姜明安:《国家监察法立法的几个重要问题》,《中国法律评论》2017年第2期。

③ 刘小妹:《人大制度下的国家监督体制与监察机制》,《政法论坛》2018年第3期。

④ 钱小平:《监察委员会监督职能激活及其制度构建——兼评〈监察法〉的中国特色》,《华东政法大学学报》2018年第3期。

2.《监察法》的监察范围存在模糊与空白

鉴于监察委员会的定位为反腐败机构,并与党的纪律委员会合署办公,所以《监察法》全面吸收并发展了原《行政监察法》中所规定的廉政监察与纠风工作,但对于是否整合了执法监察、在何种程度上承接了执法监察职能,《监察法》未作出明确的规定,其所规定的对公职人员"依法履职""秉公用权"进行监督检查,存在较大的解释空间。此外,效能监察并不在《监察法》所规定的监察范围之列,而既有的监督体系也未能给效能监察以新的归属。尤其是在国家监察将反腐败定位为基本职能的基调下,即使对执法监察和效能监察有所承接,这些职能也只能依附于廉政监察,①而不会成为国家监察的重点内容。新颁布的《政府督查工作条例》虽然规定了对行政机关进行执法监督与效能监督的内容,但却不包含对行政机关中公职人员的监督。这便导致在现有的行政权监督体系中,执法监察与效能监察存在制度性缺位,执法活动与行政效能难以得到有效监督。

(二)《监察法》实施后行政监察仍具功用

改革后的监察权具有独立于立法权、行政权、司法权的"第四权"地位,②对于行政权的监督是一种外部监督、异体监督。但新的外部监督体系的建立并不必然代表旧有内部监督的消亡,③行政监察因其所独有的特征,不宜轻易被其他监督形式所取代。

1. 行政监察所具有的综合性能够与国家监察形成互补

如上所述,国家监察一方面未包含对事监督权,不具有监督国家机关依法规范运转的权力;④另一方面则以反腐败作为工作重心,未能给执法监察和效能监察以清晰定位。而行政监察兼具"对人监察"与"对事监察"的双重属性,既能对公职人员进行监督,又能对行政机关进行监督。同时,它还是管理与监督的有机结合,根据原《行政监察法》第1条的规定,行政监察不仅要"促进廉政建设",还要通过执法监察和效能监察来"保证政令畅通""改善行政管理"以及"提高行政效能"。这可以与国家监察的当前职能定位形成有效互补,达到对行政权监督的全覆盖。

2. 行政监察所具有的专业性能够有效监督行政权的运行

随着公共事务日趋多样化和复杂化,政府机构林立,行政职权繁多复杂并具有专业化、技术化的特征,涉及行政的大量信息与理解信息的专业技术都集中于政府内部。⑤ 来自行政系统外部的监督往往难以准确了解行政职权的运作与行政事务的处

---

① 姜明安:《国家监察法立法的几个重要问题》,《中国法律评论》2017年第2期。
② 徐汉明:《国家监察权的属性探究》,《法学评论》2018年第1期。
③ 任巧:《论对行政公务员的行政处分和政务处分双轨机制之间的调适》,《重庆社会科学》2019年第2期。
④ 王希鹏:《国家监察权的属性》,《求索》2018年第4期。
⑤ [美]盖伊·彼得斯:《官僚政治》,李姿姿译,中国人民大学出版社2006年版,第244页。

理,加之公权的滥用与腐败属于行政的内部流转过程,外部监督通常难以介入权力的生成与运行中。① 作为行政系统内部监督的行政监察则便于沟通与获取相关的监督信息,并具有较强的专业技术来分析和解读这些信息,这一点是外部监督所无法比拟的。② 此外,虽然《行政监察法》已经废止,但行政机关仍具有保留处分权能的法律依据。例如,《公务员法》依然保留了行政机关对于公务员的行政处分权,与监察委员会所具有的政务处分权并轨存在,这也为行政监察在功能意义上的存续提供了可能。

3. 行政监察的存续与政府督查工作的开展相契合

2021 年 2 月 1 日,《政府督查工作条例》(以下简称《条例》)正式实施,《条例》将为行政监察在功能主义层面的存续提供法规范基础。将《条例》与原《行政监察法》比较可发现:首先,二者的立法目的高度相似,都包含"保障政令畅通"、"提高行政效能"、"推(促)进廉政建设"的目的;其次,《条例》所确定的督查内容涵盖了行政执法监督与行政效能监督等原《行政监察法》第 18 条所规定的监察内容;③最后,《条例》还赋予了督查机构对督查对象的调查权能与一定的处置权能。由此可见,《政府督查工作条例》正是政府对《行政监察法》废止所留下的监督空白的填补,承接了改革前行政监察的部分职能,是政府健全行政监督体制重要举措,并为行政监察制度在功能意义上的存续提供了法规范基础。

三、行政监察职能在《监察法》中的整合

厘清行政监察中何种职能已为国家监察所整合、何种职能被国家监察排除在外,这是探究行政监察制度存续路径的前置性问题。关于监察职能的范围,原《行政监察法》与《监察法》都从横向的事项范围与纵向的行为范围两个方面作出了规定。其中,原《行政监察法》在横向上将其事项范围规定为执法监察、廉政监察、效能监察三大职能以及检查指导政务公开工作与纠风工作,这里的政务公开工作仍属于广义上的执法活动,因此可将其归入执法监察的范畴;在纵向上则概括为检查、受理、调查以及提出监察建议等行为类型,可以对应到《监察法》所规定的监督、调查、处置三项职责之中。分析行政监察职能在《监察法》中的整合程度,主要应当关注横向上事项范围的整合,但也不能忽视纵向行为的变化。

---

① 魏昌东:《国家监察委员会改革方案之辨正:属性、职能与职责定位》,《法学》2017 年第 3 期。

② 刘峰铭:《国家监察体制改革背景下行政监察制度的转型》,《湖北社会科学》2017 年第 7 期。

③《政府督查工作条例》第 4 条规定:"政府督查内容包括:(一)党中央、国务院重大决策部署落实情况;(二)上级和本级人民政府重要工作部署落实情况;(三)督查对象法定职责履行情况;(四)本级人民政府所属部门和下级人民政府的行政效能。"其中,前三项在事项上基本覆盖了原《行政监察法》属于执法监督的内容,第四项则明确指出开展效能监督。

(一)廉政监察

廉政监察是指监察机关所负有的对各种腐败行为进行监督、纠正和惩戒的职权。① 廉政监察职能已全面整合入国家监察的范畴。原《行政监察法》第18条所规定的受理检举控告、受理申诉、调查处理违反行政纪律的行为即为廉政监察的内容。在行政监察机关与预防腐败局合并入监察委员会后,廉政监察职能也为之吸收。这与监察委员会反腐败的职能定位保持一致,同时也是对改革前行政监察所存在的反腐力量分散、缺乏独立性等问题的纠正。② 在原有的行政监察体系之下,反腐败体系的重合化、制度构建的非系统化、机构职能的非统筹化等问题严重降低了反腐败效果。③ 本次改革将监察机关的廉政监察职能以及人民检察院查处贪污贿赂、失职渎职以及预防职务犯罪等反腐败相关职责一并整合为监察委员会的职能,对于整合国家反腐败力量,形成集中统一、权威高效的反腐败体制具有重要意义。④ 随着履行廉政监察职能的主体的改变,整合后的廉政监察职能也面临一些调整:监察委员会所负有的廉政监察的对象仅限于公职人员而不包括行政机关。因此,监察委员会与被监督对象所属机关的关系应当是配合关系而非监督与被监督关系,对公职人员的监察不能对其所属机关产生制约效果。⑤ 此外,整合后的廉政监察在调查权能与处置权能上比以前更为强大,例如具有了限制人身自由与查封、扣押财产的强制措施权。

(二)纠风工作

纠风工作即纠正损害群众利益的不正之风,这项工作不仅规范行政行为,还寻求对公务人员的思想改造。纠风工作极具中国特色,这使得国家监察体制改革前的行政监察与法律意义上的监察工作有所区别,而更加具有政治伦理成分,即党的意志、政策与行政监察的目标往往整合在一起。⑥ 因此,在实际工作中,纠风工作与党风廉政建设逐融合,形成了党政联合的"整合式监察"体系。在较长的一段时期内,纠风工作实际履行了行政监察的绝大部分职能,包括但不限于纠正不正确履行职责、违反职业道德情形、以权谋私等行为,甚至纠风工作的重要性还要凌驾于执法监察、廉政监察与效能监察之上。⑦《监察法》第11条中所规定的秉公用权、廉洁从政,尤其是道德操守等的监督事项实质上已经将纠风工作完全整合入其中。

---

① 监察部法规司:《〈中华人民共和国行政监察法〉释义》,中国方正出版社2010年版,第77页。
② 江利红:《行政监察职能在监察体制改革中的整合》,《法学》2018年第3期。
③ 刘艳红:《中国反腐败立法的战略转型及其体系化构建》,《中国法学》2016年第4期。
④ 马怀德:《再论国家监察立法的主要问题》,《行政法学研究》2018年第4期。
⑤ 刘小姝:《人大制度下的国家监督体制与监察机制》,《政法论坛》2018年第3期。
⑥ 梁永成:《中国行政监察制度变迁30年(1987—2018年)》,《地方立法研究》2018年第5期。
⑦ 梁永成:《中国行政监察制度变迁30年(1987—2018年)》,《地方立法研究》2018年第5期。

(三)执法监察

执法监察主要对应的是原《行政监察法》第 18 条第 1 款第 1 项,但对象却不限于行政机关,还包括了行政机关的公职人员,即对监察对象遵守和执行法律、法规和人民政府的决定、命令的情况进行检查的活动。① 执法监察的目的是规范行政行为,防止有法不依、执法不严、非法执法等现象的发生,从而保证政令通顺。② 对于执法监察职能是否为国家监察所整合这一问题,有的观点认为执法监察属于行政机关的内部监督方式,并且是一种日常性、全面性的工作监督,涉及法的适用或实现问题,与监察委员会反腐败的职能定位不符,所以应当保留于行政系统内部监督的范畴,而不宜整合成为监察委员会的职能。但也有观点认为监察委员会作为推进公权善治的机制,其反腐败职能固然值得获得最充分的关注,但从长远而言,墨守于此却难以实现最佳的治理效果。③

从《监察法》的规定以及实践来看,行政执法监察是否为国家监察所整合是有待商榷的,完全将其排除于国家监察的范围恐怕不妥。首先,行政系统内部监督是否仍可以进行执法监察与执法监察是否可以纳入国家监察的范围并非对立关系,对于行政权行使的监督向来便存在内部监督体系与外部监督体系,正是由于行政系统的内部监督可能存在监督不力的惰性,所以才更加重视外部监督的建设。因此,即使国家监察与行政系统内部监督都享有执法监督职能,这也不存在任何不妥。其次,依照《监察法》的规定,"依法履职"属于监察委员会行使监督权的范围,依照文义解释,"依法履职"即依照法律、法规等履行职责,应当属于执法监察中的"执法"内容。此外,监察委员会行使调查权的范围包括滥用职权、玩忽职守等职务违法情形,这同样也是执法过程中容易出现的问题。因此,依照《监察法》的规定,对行政人员执法行为的监察应当整合到国家监察之中。最后,在实践中,2020 年 2 月,国家监察委曾派出调查组赴武汉,就群众反映的涉及 LWL 医生的有关问题作全面调查,该事件并未涉及任何腐败问题。从调查组发布的《关于群众反映的涉及 LWL 医生有关情况调查的通报》中可知,该事件涉及的问题是"中南路派出所出具训诫书不当,执法程序不规范",所以也不属于职务违法与职务犯罪,而是行政处罚行为不当的问题,这属于执法监察的范畴。这一实践案例也进一步印证了监察委员会具有实施执法监察的职能。

---

① 曾超鹏:《论执法监察的法律界限》,《暨南学报》(哲学社会科学版)2011 年第 3 期。

② 常天义:《谈行政监察、执法监察、廉政监察和效能监察》,《黑龙江教育学院学报》2002 年第 4 期。

③ 魏昌东:《国家监察委员会改革方案之辨正:属性、职能与职责定位》,《法学》2017 年第 3 期。

(四)效能监察

效能监察是以提高行政效能为目的,对政府机关及其公务人员在行政管理活动中的效率、效果、效益的监督检查活动。① 其目的是改善行政管理,提高行政效率,从而做到高效便民。效能监察职能未能整合到国家监察之中。首先,《监察法》中未提及任何与行政效能监察相关的职能,《公务人员政务处分法》第30条虽然将拖延执行上级依法作出的决定、命令作为处分事项,但此处的"拖延执行"与"拒不执行或者变相不执行"等并列,涉及的主要是行政执法监察的问题,而非常规意义上的行政效能监察。其次,效能监察具有较强的行政内部性、经常性、全面性和专业性。行政效能原则要求以更少的成本换得更多的产出,即收益的最大化。在行政管理中,成本包括人力、财力、物力和时间等,产出即行政任务完成的数量和效果,效率性不单纯要求更快,还要求成效更好。开展效能监察主要依靠行政系统内部的日常检查与专项检查,对于行政活动是否满足效能原则的判断也主要依赖于行政系统所占有的信息以及专业判断技术,因此不宜由国家监察这一外部监察来实施行政效能监察。

四、行政监察制度的存续之道

(一)制度定位:构建"双轨制"行政监督体系

所谓的"双轨制"行政监督体系,是指监察委员会整合行政监察以及人民检察院的反腐败相关职能后,作为行政外部监督体系的重要组成部分进行国家监察;同时,以整合后依然保留于行政系统的行政监察职能为基础,结合行政系统既有的一些监督方式,重构行政监察制度,从而完善行政内部监督体系。二者共同发挥对行政权的监督作用,促进国家治理体系和治理能力的现代化。

1.国家监察在行政监督体系中的定位

就国家监察而言,监察权属于反腐败和监督执法权,侧重加强党和国家对反腐败工作的领导,在当前以及未来的一段时间内,反腐败将一直是监察权的本质特征。② 监察委员会的监察权总体上包括日常监督、专门调查和最终处置三项内容,并涵盖党纪监察、政务监察、刑事监察三个方面。③ 也正因为其监察对象涵盖范围广、监察领域众多,所以其重点行使的监察权就是对于职务违法和职务犯罪的监督、调查与处置权能,对于行政系统也同样侧重于职务违法与职务犯罪等反腐败相关事项的监察。但这也并不意味着国家监察便完全不涉及执法监察的内容,只不过对于执法监察可以定位

---

① 沈岿:《论行政法上的效能原则》,《清华法学》2019年第4期。
② 朱福惠:《国家监察体制之宪法史观察》,《武汉大学学报》(哲学社会科学版)2017年第3期。
③ 陈瑞华:《论国家监察权的性质》,《比较法研究》2019年第1期。

为被动式监察,即接到投诉、检举、控告、社会舆论反馈后或在进行廉政监察过程中发现执法问题,才对行政执法活动展开监督调查,并依法作出处置,但通常并不对行政执法活动开展日常检查。即,国家监察在行政监督体系中主要进行行政廉政监察,发挥发腐败作用,同时被动式地对行政执法活动进行执法监察,以弥补行政内部监督可能存在的自我监督的惰性问题。

2. 行政监察在行政监督体系中的定位

就行政监察而言,随着行政监察机关的撤销,承接行政监察剩余职能的行政机构也不再与党的纪律委员会合署办公,这使得其可以更加纯粹地发挥法律意义上的监督职能。在国家监察体制改革之前,行政监察往往将工作重心放在廉政监察上,而轻视了执法监察与效能监察。这一方面是因为原《行政监察法》对廉政监察的权限和程序等规定较多,而对执法监察与效能监察规定较少,各地监察机关难以把握监察尺度。① 另一方面则是受党政合署办公的影响,纪检监察更加侧重于反腐败工作,即使偶有开展执法监察与效能监察也收效甚微。"双轨制"下的行政监察则将主要通过开展日常监督与专项监督相结合的方式,对行政机关及其公职人员的执法情况、效能情况进行监督,具体可以包括:执法活动超越行政职权;违反法定程序;适用法律、法规、规章错误;认定事实不清、证据不足;具体行政行为明显不当;不履行或不及时履行法定职责;不及时落实上级要求等事项。在"双轨制"之下,监察法律关系着重于规范国家监察权的运行,实现反腐败目的;行政(监察)法律关系侧重通过行政监察,保障政令畅通,提高行政管理水平与行政工作效率,同时二者又互有补充。②

(二)职能梳理:原有职能的限缩与保留

如前所述,国家监察体制改革前的行政监察主要包括执法监察、廉政监察、效能监察三项职能以及纠风工作,其中纠风工作主要与廉政监察一同开展,并且在党的十八大之后纠风工作有所变动与式微。③ 另外三项职能则经过国家监察体制改革的整合而不同程度地在行政系统中继承下来。

1. 廉政监察职能的部分保留

国家监察体制改革的核心目标就是建立集中统一、权威高效的反腐败体制,从而克服此前所存在的反腐败职能分散、多头负责、权威不够等问题。④ 因此,政府原监察机构的廉政监察职能应当完全整合入监察委员会,以实现反腐败职权的统一行使,但这并不意味着作为行政内部监督的行政监察便完全与廉政监察毫无关联。如前文所述,监察权或行政监察权的行使在纵向上包括监督、调查和处置三个环节。其中,监察

①刘峰铭:《国家监察体制改革背景下行政监察制度的转型》,《湖北社会科学》2017年第7期。
②徐汉明:《国家监察权的属性探究》,《法学评论》2018年第1期。
③梁永成:《中国行政监察制度变迁30年(1987—2018年)》,《地方立法研究》2018年第5期。
④马怀德:《〈国家监察法〉的立法思路与立法重点》,《环球法律评论》2017年第2期。

委员会仅对调查权和处置权享有排他的行使权限,而监督权可以与其他国家机关共同享有。例如,《公务员法》第 57 条规定了机关应当对公务员"开展勤政廉政教育,建立日常管理监督制度",当发现公务员涉嫌职务违法或职务犯罪时,将该情况移送监察机关处理。这就说明行政机关对于其公务人员具有廉政教育与监督的职能,只不过不享有调查权和处置权。由此可见,廉政监察职能在行政系统内部得以部分保留,保留的部分即为对廉政情况的监督权。同时,"公权的滥用与腐败属内部流转性过程",①行政机关保有廉政监督权也有利于弥补监察委员会廉政监察可能存在的不足,行政内部监督与监察委员会的外部监督共同具有廉政监督权,有利于反腐败工作的开展,实现对行政权更强有力的监督。

2. 执法监察职能的全部保留

执法监察职能的全部保留是指行政机关依然享有对行政执法活动的监督权、调查权和处置权。同时,行政机关与监察委员会也基于行政处分与政务处分的共存关系而形成了对行政执法共同监督、择一处置的竞合关系。由于行政机关与监察委员会都享有对行政机关公务人员执法活动的监督权、调查权和处置权,那么对公务人员的同一执法不当行为,何者具有优先处置权便成为《公务员法》以及《公职人员政务处分法》所要解决的问题。根据《公务员法》以及《公务人员政务处分法》的有关规定可以发现,政务处分并不会完全替代行政处分,二者可以并存。②《公务员法》第 61 条第 2 款规定:"对同一违纪违法行为,监察机关已经作出政务处分决定的,公务员所在机关不再给予处分。"《公务人员政务处分法》第 16 条规定:"对公职人员的同一违法行为,监察机关和公职人员任免机关、单位不得重复给予政务处分和处分。"由此可见,对于行政执法监察,行政机关与监察委员会在处置权上遵循谁先处分谁优先、不得重复处分的原则。但是,当行政机关公务人员在行政执法中具有职务违法或职务犯罪情形时,则应当移送监察委员会调查并处置。

需要注意的是,有观点认为为了实现监察全覆盖,应当将《监察法》第 11 条所规定的"职务违法"扩张解释为履行公务过程中的一切违法行为,而不仅限于可能构成职务犯罪的违法行为。③ 该种理解或有不妥。一方面,这样会极大压缩行政系统内部调查与处置权的作用范围;另一方面更会模糊国家监察机关的定位,导致其职权边界过于宽泛,进而自我膨胀并最终沦为"一般监督"。④ 所以对于"职务违法"的理解,应

①魏昌东:《国家监察委员会改革方案之辨正:属性、职能与职责定位》,《法学》2017 年第 3 期。
②秦前红,刘怡达:《制定〈政务处分法〉应处理好的七对关系》,《法治现代化研究》2019 年第 1 期。
③邱陵:《由〈监察法〉立法目的看职务违法行为的含义及范围》,《河南科技大学学报》(社会科学版)2020 年第 2 期。
④秦前红,石泽华:《基于监察机关法定职权的监察建议:功能、定位及其法治化》,《行政法学研究》2019 年第 2 期。

当立足监察委员会的定位以及《监察法》《公务人员政务处分法》等的规定,具体涉及贪污贿赂、滥用职权、玩忽职守、权力寻租、利益输送、徇私舞弊、浪费国家资财以及相似性质的情形。

3. 效能监察职能的专属保留

《行政监察法》废止后,《监察法》未能明确效能监察的归属。但是,效能监察职能既不符合监察委员会的定位,也未被《监察法》以及《公务人员政务处分法》所规定,如果将其纳入国家监察的范围则既不合理,亦不合法。因此,行政效能监察职能应当由行政系统专属保留。在国家监察体制改革之前,行政系统内部就将效能监察作为一项重点工作而广泛开展。青海省、甘肃省、河南省、湖北省、兰州市、成都市、哈尔滨市等多个省、市都曾以政府规章的形式制定了专门的行政效能监察办法,有关行政效能监察的规范性文件更是不计其数。在行政监察机关被撤销后,可以尝试由政府法制部门与法制机构来承接行政效能监察职能。

(三)机构转型:由行政监察到政府督查

《政府督查工作条例》所确定的政府督查目前仅将督查对象限于行政机关及被授权、被委托组织,而不包含行政公务人员;在督查事项内容上亦未明确将廉政监督包含其中。这貌似依然留下了一定的监督空白,实则不然。尽管《条例》在对象与事项范围上有所限制,但这并不意味着政府督查的过程中便不能对人进行监督、不能对廉政情况进行监督。实践中,政府督查机构在进行政府督查过程中仍可依据《公务员法》对公务人员进行监督、对公务人员的廉政情况进行监督。因此,监察体制改革后,剩余的行政监察职能完全可以由政府督查承接,从而实现其制度转型。

另外,关于具体的机构设置问题,《政府督查工作条例》第6条规定了在中央层面由国务院办公厅督查机构承担督查工作,在地方层面则由政府督查机构承担督查工作。但在各地方、各级政府中,并不都设有督查机构,而统一要求新设专门的督查机构恐怕与行政体制改革中"机构精简""职能整合"的要求背道而驰。[1]《条例》第7条也规定了:"县级以上人民政府可以指定所属部门按照指定的事项、范围、职责、期限开展政府督查。"这便意味着各地方、各级政府应当根据实践的需要来确定是否确实需要新设机构来承担政府督查工作,倘若并不必要,则可通过行政授权或行政委托的方式来指定既有的其他部门来开展该工作。在监察体制改革之前,执法监察与政府法制部门便存在职能交叉,效能监察也与政府绩效考核等职责重合。[2] 在实践中,法制部门与法制机构也多承担执法监督功能或是作为执法责任制度的承担主体。例如,国家市场监督管理总局制定的《市场监督管理执法监督暂行规定》中规定:"各级市场监督

---

①江利红:《行政监察职能在监察体制改革中的整合》,《法学》2018年第3期。
②罗亚苍:《国家监察体制改革的实践考察和理论省思》,《理论与改革》2017年第5期。

管理部门法制机构在本级市场监督管理部门领导下,具体负责组织、协调、指导和实施执法监督工作。"黑龙江省、陕西省也都规定由法制机构具体承担行政执法责任制工作。因此,法制部门将是一个适当的选项。委托法制部门开展政府督查工作,既符合机构精简、职能整合的要求,也能够与其原有的职能相整合,更具专业性,也更能够发挥监督合力。

五、结　论

国家监察体制改革完成后,"行政监察"已然成为历史。然而,国家监察体制改革并非仅限于新设监察委员会与新增监察权,更势必会引起国家监督体系的系统性重构。在行政监察制度成为过去式后,行政内部监督体系出现了一定的"真空地带",需要对行政内部监督权进行系统性的重构,其中的一项重要工作就是对监察体制改革后剩余的行政监察职能进行承接。在此过程中,一方面要结合监察委员会的定位以及《监察法》所规定的监察权范围,合理划定转型后行政监察制度的适用范围;另一方面则要探索建立国家监察与行政内部监督的分工与衔接机制,以实现对行政权的充分监督。

(责任编辑:刘宇杰)